Ryszard Kapuściński
Die Erde ist ein gewalttätiges Paradies

W0090016

Zu diesem Buch

Seit über vierzig Jahren reist Ryszard Kapuściński um die Welt,
und nur wenige haben so viel von ihr gesehen wie der sagen-
umwobene Schriftsteller aus Polen. Er hat nicht nur legendäre
Reportagen über seine Reisen nach Afrika und Lateinamerika
geschrieben, sondern auch atmosphärische Berichte aus seinem Heimatland, sei es über das entschwundene Polen seiner
Kindheit oder über politische Ereignisse der jüngsten Vergangenheit. Nach dem Fall des Kommunismus erkundete Kapuściński die umfassenden gesellschaftlichen Veränderungen in
Deutschland, Amerika und der westlichen Welt. Sein literarischer Kosmos wird in diesem Band erschlossen: Wolfgang
Hörner hat in seiner Auswahl neben den berühmtesten Reportagen auch brillante Essays und Interviews versammelt. Kapuścińskis Werke sind nicht nur zeitlose Studien der Macht,
sondern zugleich literarische Meisterwerke.

Ryszard Kapuściński, geboren 1932 in
der ostpolnischen Stadt Pinsk, gestorben 2007 in Warschau, wurde in den
fünfziger Jahren als Korrespondent
nach Asien und in den Mittleren
Osten, später auch nach Lateinamerika und nach Afrika entsandt. Er
zählte zu den großen Journalisten seiner Zeit, seine Reportagen aus der
Dritten Welt sind weltberühmt. 1994 war er der erste Preisträ-
ger des Leipziger Buchpreises zur Europäischen Verständigung,
1999 wurde er in Polen zum »Journalisten des Jahrhunderts«
ernannt, 2004 erhielt er in Wien den »Bruno-Kreisky-Preis für
das politische Buch« des Jahres 2003.

Ryszard Kapuściński

Die Erde ist
ein gewalttätiges Paradies

Reportagen, Essays, Interviews aus vierzig Jahren

Aus dem Polnischen von
Martin Pollack, Renate Schmidgall und Edith Heller

Herausgegeben von
Wolfgang Hörner

Piper München Zürich

Mehr über unsere Autoren und Bücher:
www.piper.de

Der Herausgeber dankt Martin Pollack und Esther Kormann für ihre Mitarbeit
und Unterstützung.

Von Ryszard Kapuściński liegen bei Piper vor:
Die Erde ist ein gewalttätiges Paradies
Die Welt im Notizbuch
Meine Reisen mit Herodot
König der Könige

Mix
Produktgruppe aus vorbildlich bewirtschafteten
Wäldern und anderen kontrollierten Herkünften
www.fsc.org Zert.-Nr. GFA-COC-001223
© 1996 Forest Stewardship Council

Ungekürzte Taschenbuchausgabe
Piper Verlag GmbH, München
1. Auflage Oktober 2002
7. Auflage April 2010
© Ryszard Kapuściński
© 2000 Eichborn AG, Frankfurt am Main
Umschlagkonzept: semper smile, München
Umschlaggestaltung: Birgit Kohlhaas, München
Umschlagfoto: argus Fotoarchiv
Autorenfoto: Irmi Long
Satz: Fuldaer Verlagsagentur, Fulda
Papier: Munken Print von Arctic Paper Munkedals AB, Schweden
Druck und Bindung: CPI – Clausen & Bosse, Leck
Printed in Germany   ISBN 978-3-492-23644-7

Inhalt

Mir geht alles, was ich erlebe, sehr nahe. Aber ich bin von Natur aus Optimist. Mein Optimismus rührt aus der Tatsache, daß wir jetzt − zu Ende des 20. Jahrhunderts − fast sechs Milliarden Menschen sind, mit Hunderten von Sprachen und Kulturen, in 180 Staaten, darunter zahlreichen Vielvölkerstaaten. Das ist eine so ungeheure Anhäufung unterschiedlicher Interessen und Wertvorstellungen, daß es eigentlich − wenn man davon ausgeht, daß gegensätzliche Interessen zu Konflikten führen − auf unserem Planeten ganz schrecklich zugehen müßte. Wenn man jedoch in der Welt herumreist, stellt man fest, daß sie − von einigen Krisenherden abgesehen − sehr friedlich ist. *Interview FR 16. 3. 1994*

★

Raffael Radilla Meganda − des siebenundzwanzigfachen Mordes beschuldigt, starb gestern so, wie er gelebt hat − mit der Pistole in der Hand. Radilla, den die Polizei jahrelang nicht festnehmen konnte, wurde gestern in einer Bar in Chilpancingo von fünf Männern überrascht, die seinen Körper mit 125 Kugeln durchsiebten. Radilla zog seine automatische Pistole, doch der Kugelhagel riß ihn von den Füßen, und er kam nicht mehr dazu, abzudrücken. Die Angreifer flohen auf Pferden in Richtung der Berge vor der Stadt. Die Polizei ist der Ansicht, es handle sich um die Brüder eines Mannes, den Radilla eine Woche zuvor erschossen hat.

In derselben Stadt, in derselben Bar, erschoß ein Mann einen anderen. Sie kannten sich nicht. Sie saßen einander gegenüber und tranken Bier. Keiner der beiden war betrunken. Plötzlich zog der eine seine Pistole und erschoß seinen Gegenüber. Als er später vom Richter gefragt wurde, warum er das getan hatte, antwortete er: »Weil mir sein Gesicht nicht gefiel.«

Eine Notiz aus der Tageszeitung »Ovaciones«,
Mexiko-Stadt, 28. 2. 72

★

Paul Gray schreibt, die Splitter des Kometen, die vor kurzem auf der Oberfläche des Jupiter einschlugen, hätten dort eine Energie ausgelöst, millionenfach größer als jene der Bombe von Hiroshima. Diese Bombardierung des Jupiter erinnert uns daran, schreibt Gray, daß das Weltall an incredibly violent place ist. Wieviel von dieser Gewalt, die im Kosmos herrscht, dringt zu uns, und wieweit beeinflußt sie unser Verhalten? »Time«, 1. 8. 1994

1. Anfänge in der Dritten Welt Europas

Pińsk

Holzschuhe und Kuhweide

Das Entstehen der Dritten Welt schuf die Voraussetzungen für einen künftigen Fortschritt. Ich war und bin fasziniert von den Menschen in der Dritten Welt, die im Kampf ihre eigenen Staaten und Nationen schufen. Das ist das Thema meines Lebens. Vielleicht hat das damit zu tun, daß ich aus einem armen Teil Europas stamme. Als ich sieben Jahre alt war, brach der Krieg aus. Oft litt ich Armut und Hunger. Die Situation war hoffnungslos, es gab nichts. Als ich zehn Jahre alt war und der Winter hereinbrach, besaß ich keine Schuhe. Die Eltern konnten mir keine kaufen, sie hatten kein Geld. Ich lief verzweifelt umher, bis mir ein Nachbar, der illegal Seife herstellte, ein lockendes Angebot machte: »Ich geb dir Kredit, versuch die Seife zu verkaufen.« Ein Stück Seife sollte mir einen Zloty Gewinn bringen, ein Paar Schuhe hingegen – 400 Zloty; und das waren keineswegs Lederschuhe, sondern Holzschuhe, andere gab es gar nicht. Ich mußte 400 Stück Seife verkaufen, doch die Menschen waren arm und konnten sich keine Seife leisten. Ich war hungrig, weinte und erzählte jedem meine Geschichte; ich kämpfte, aber es dauerte unendlich lang, bis ich die 400 Zloty beisammen hatte. Ich gehöre zu den Menschen, die keine Kinderstube haben. Als James Joyce zwölf Jahre alt war, schrieb er bereits bemerkenswerte Briefe; ich lief in diesem Alter noch auf der Weide hinter den Kühen her und hatte kein einziges Buch gelesen. Vielleicht komme ich deshalb so leicht mit Menschen zurecht, die nichts zu essen haben und immer davon träumen, etwas ihr eigen zu nennen, und schon glücklich sind, wenn sie überhaupt etwas besitzen.

Gedächtnisübungen

Der totale Krieg hat tausend Fronten, in einem solchen Krieg befindet sich jeder an der Front, auch wenn er nie im Schützengraben lag und keinen einzigen Schuß abfeuerte.

Wenn ich mir heute jene Jahre ins Gedächtnis rufe, stelle ich nicht ohne Verwunderung fest, daß ich mich besser an den Beginn des Krieges als an sein Ende erinnern kann. Der Anfang ist für mich deutlich in Raum und Zeit eingebettet, und es macht mir keinerlei Mühe, sein Bild zu rekonstruieren, denn dieses hat sich all sein Kolorit und seine emotionelle Intensität bewahrt. Es beginnt damit, daß ich eines Tages plötzlich am klaren, blauen Himmel (und der Himmel im September 1939 war von einem wunderbaren Azurblau, von keiner einzigen Wolke getrübt) zwölf silbern schimmernde Punkte entdecke, die hoch oben schweben. Die helle Kuppel des Himmels füllt sich mit monotonem, mir bis dahin unbekanntem Dröhnen. Ich bin sieben Jahre alt, stehe auf einer Wiese und schaue zu den Punkten hinauf, die sich kaum über den Himmel zu bewegen scheinen. Da ertönt ganz in der Nähe, vor dem Wald, ein schreckliches Krachen, ich höre, wie die Bomben mit infernalischem Lärm explodieren (daß es sich um Bomben handelt, werde ich erst später erfahren, in diesem Moment habe ich noch keine Ahnung, daß es so etwas wie Bomben überhaupt gibt, dieser Begriff ist mir, einem Kind der tiefsten Provinz, das weder Radio noch Kino gesehen hat, nicht schreiben und nicht lesen kann und auch keinerlei Kenntnis hat von Krieg und todbringenden Waffen, unbekannt), und ich sehe, wie gigantische Erdfontänen hochgeworfen werden. Ich möchte hinlaufen zu diesem ungewöhnlichen Schauspiel, das mich anzieht und fasziniert, denn ich weiß noch nichts vom Krieg und bin nicht imstande, Ursache und Wirkung jener silbern glänzenden Flugzeuge, der krachenden Bomben und der Erdfahnen, die bis zu den Baumwipfeln hinauf lodern, mit dem drohenden Tod in Verbindung zu bringen. Ich laufe also in Richtung des Waldes, auf die fallenden und explodierenden Bomben zu, doch da packt mich eine Hand von hinten an der Schulter und wirft mich zu Boden. Leg dich hin, höre ich die bebende Stimme der Mutter, rühr dich nicht. Und ich erinnere mich, wie die Mutter mich an sich preßt und etwas sagt, von dessen Existenz ich nichts weiß, dessen Sinn mir verborgen bleibt, worüber ich sie später befragen möchte; sie sagt: *Dort ist der Tod.*

Es ist Nacht, und ich möchte schlafen, aber das darf ich nicht; wir müssen gehen, wir müssen fliehen. Wohin wir fliehen, weiß ich nicht, aber ich begreife, daß die Flucht plötzlich zur höheren Notwendigkeit geworden ist, zu einer neuen Form des Lebens, denn alle flüchten, alle Straßen, Wege und selbst die kleinsten Fußpfade sind verstopft mit Fuhrwerken, Leiterwagen und Fahrrädern, übersät mit Bündeln, Koffern und Eimern, überschwemmt mit verschreckten, ratlos herumirrenden Menschen. Die einen flüchten nach Osten, die anderen nach Westen, nach Norden, nach Süden, sie ergreifen in alle Himmelsrichtungen die Flucht, bewegen sich im Kreise, rennen durcheinander, fallen erschöpft neben der Straße nieder und versinken in Schlaf, um nach kurzem Verschnaufen den letzten Rest der Kräfte zu sammeln und neuerlich die ziellose Wanderung aufzunehmen. Auf der Flucht muß ich meine jüngere Schwester fest bei der Hand nehmen, wir dürfen einander nicht verlieren, schärft uns die Mutter ein, aber auch ohne ihre Ermahnung spüre ich, daß die Welt mit einem Mal bedrohlich, fremd und böse geworden ist und man sich in acht nehmen muß. Ich stapfe mit der Schwester neben dem Fuhrwerk her, einem einfachen hölzernen Leiterwagen, der mit Heu ausgelegt ist, und hoch oben auf dem Heu, auf einer leinenen Plache, liegt mein Großvater. Er liegt still und kann sich nicht rühren, denn er ist gelähmt. Wenn ein Fliegerangriff beginnt, bringt sich die geduldig dahinziehende, aber nun schlagartig von Panik erfaßte Schar von Flüchtlingen im Straßengraben in Sicherheit, versteckt sich in Büschen, sucht in Kartoffeläckern Deckung. Auf der leergefegten, wie ausgestorbenen Straße bleibt allein das Fuhrwerk zurück, auf dem mein Großvater sich befindet. Der Großvater sieht, wie die Flugzeuge auf ihn zukommen, er sieht, wie sie plötzlich niederstürzen, wie sie das auf der Straße zurückgelassene Gefährt aufs Korn nehmen, er sieht das Feuer der Bordwaffen und hört das Dröhnen der Maschinen, die über ihn wegdonnern. Wenn die Flugzeuge in der Ferne verschwinden, laufen wir zum Fuhrwerk zurück, und die Mutter wischt dem Großvater den Schweiß vom Gesicht. Manchmal gibt es mehrere Luftangriffe an einem Tag. Nach jedem Angriff ist das hagere, erschöpfte Gesicht des Großvaters schweißüberströmt.

Die Landschaft, die wir durchqueren, wird immer düsterer. Fern am Horizont stehen Rauchsäulen. Wir passieren verlassene Ortschaften und einsam liegende, niedergebrannte Gehöfte. Wir kommen an Schlachtfeldern vorbei, die übersät sind mit zurückgelassenem Kriegsgerät, an ausgebombten Bahnstationen, umgestürzten Automobilen. In der Luft hängt der Geruch von Pulver, von Brand, von verwesendem Fleisch. Immer wieder stoßen wir auf die Kadaver von Pferden. Das Pferd – ein großes, wehrloses Tier, kann sich nicht verstecken, es bleibt reglos stehen, wenn die Bomben fallen, und wartet auf den Tod. Auf Schritt und Tritt tote Pferde, hier direkt auf der Fahrbahn, dort neben der Straße im Graben, dann wieder etwas weiter weg im Feld. Sie liegen da mit steif in den Himmel gereckten Beinen und drohen mit ihren Hufen der Welt. Nirgends sehe ich getötete Menschen, denn diese werden sogleich begraben, nur überall die Kadaver von Pferden, Rappen, Braunen, Schecken, Füchsen, ganz so, als wäre dies nicht ein Krieg der Menschen, sondern der Pferde, als führten diese untereinander einen Kampf auf Leben und Tod, als zählten sie zu den einzigen Opfern des Krieges. Ein harter, eiskalter Winter bricht an. Wenn es uns schlecht geht, leiden wir um so mehr an der Kälte unserer Umgebung, empfinden wir den Frost um so durchdringender; für Menschen, die unter normalen Bedingungen leben, ist der Winter kaum mehr als eine der Jahreszeiten, bedeutet er nichts anderes als das Warten auf den Frühling, aber für die Armen und Unglücklichen ist er eine schreckliche Plage, eine Katastrophe. Dieser erste Kriegswinter war aber wirklich empfindlich kalt. Die Öfen in unserer Stube sind eisig, die Wände bedeckt mit weißem, pelzigem Reif. Wir können nicht heizen, denn es gibt kein Brennmaterial zu kaufen, und Diebstahl wird strengstens geahndet. Auf den Diebstahl von Kohle steht der Tod, auf den Diebstahl von Holz ebenfalls. Das menschliche Leben ist in diesen Zeiten nicht viel wert, gerade so viel wie ein Brocken Kohle, so viel wie ein Scheit Holz. Wir haben nichts zu essen. Die Mutter steht stundenlang am Fenster, ich sehe ihre reglose Miene vor mir. In vielen Fenstern sieht man Menschen stehen und auf die Straße starren, offenbar rechnen sie mit etwas, erwarten etwas. Mit einer Bande Buben treibe ich mich in den Hinterhöfen herum, ein wenig zum

Spiel, ein wenig auf der Suche nach etwas Eßbarem. Manchmal dringt durch eine Tür der Duft von kochender Suppe. Dann steckt einer meiner Freunde, er heißt Waldek, seine Nase in diesen Türspalt und beginnt den Duft eilig und fieberhaft einzuatmen, wobei er sich genießerisch über den Bauch streicht, als säße er an einer üppig gedeckten Tafel. Eines Tages bringen wir in Erfahrung, daß im Geschäft am Ringplatz Bonbons ausgegeben werden sollen. Sofort stellen wir uns an – eine lange Schlange frierender, hungriger Kinder. Es wird Nachmittag, die Dämmerung bricht herein. Wir stehen den ganzen Abend in klirrender Kälte, die ganze Nacht und noch den nächsten Tag. Wir stehen und drängen uns dicht aneinander, umklammern einander, um uns ein wenig zu wärmen, damit wir nicht erfrieren. Endlich wird der Laden geöffnet, aber statt der Bonbons erhält jeder von uns eine leere Blechdose, in der einmal Fruchtdrops gewesen sind (was mit den Bonbons geschehen ist, wer diese genommen hat, weiß ich nicht). Schwach und steif gefroren, aber in diesem Moment ungeheuer glücklich, trage ich meine Beute nach Hause – sie stellt einen großen Wert dar, denn an den Innenwänden der Büchse klebt noch etwas Zuckerstaub. Meine Mutter macht Wasser heiß und gießt es in die Dose – das ergibt ein wärmendes, süßliches Getränk: unsere erste Nahrung seit ein paar Tagen. Dann machen wir uns neuerlich auf den Weg, wir verlassen die Region Polesie, unser kleines Städtchen Pińsk, und fahren nach Westen, denn dort, so sagt die Mutter, in einem Dorf in der Nähe von Warschau, befindet sich unser Vater. Der Vater war an der Front, dann geriet er in Gefangenschaft, aus der er entfloh, und nun unterrichtet er Kinder in einer Dorfschule. Wenn wir jetzt, die wir während des Krieges Kinder waren, an jene Zeit denken und das Wort Vater oder Mutter aussprechen, läßt uns die Achtung vor diesem Wort ganz vergessen, daß unsere Mütter junge Frauen waren und unsere Väter junge Männer und daß sie einander begehrten, großes Verlangen füreinander empfanden, zusammen sein wollten. Auch meine Mutter war damals noch eine junge Frau, und sie verkaufte alles, was sie im Haus besaß, mietete ein Fuhrwerk und machte sich mit uns auf, den Vater zu suchen. Wir fanden ihn durch einen Zufall. Als wir durch ein Dorf kamen, rief die Mutter plötzlich einem des Weges kommenden Mann zu: Dziudek! Das war mein Vater. Von nun an wohnten wir gemeinsam in einer kleinen Kammer ohne Licht und Wasser. Wenn es dunkel wurde, gingen wir schlafen, denn wir besaßen nicht einmal eine Kerze. Der Hunger hatte uns von Pińsk bis hierher begleitet, und ich war ständig auf der Suche nach etwas Eßbarem, einer Brotrinde, einer Karotte, egal was. Eines Tages sagte mein Vater, der sich nicht mehr anders zu helfen wußte, in seiner Klasse: Kinder, wer morgen die Schule besuchen möchte, muß eine Kartoffel mitbringen. Der Vater verstand sich nicht aufs Handeln, daher sah er die einzige Rettung darin, die Schüler um ein paar Kartoffeln zu bitten. Manche Kinder brachten eine halbe, ja, nur eine viertel Kartoffel. Eine ganze Kartoffel war damals ein ungeheurer Schatz.

Neben meinem Dorf ist ein Wald, und in diesem Wald, in der Nähe einer kleinen Siedlung namens Palmiry, eine Lichtung. Auf dieser Lichtung führt die SS die Exekutionen durch. Anfangs werden die Menschen nur nachts erschossen, die dumpfen, in regelmäßigen Abständen aufeinander folgenden Salven reißen uns aus dem Schlaf. Später erfolgen sie auch bei Tag. Die Verurteilten werden in geschlossenen dunkelgrünen Kastenwagen gebracht, und am Ende der Kolonne fährt in einem Lastkraftwagen das Erschießungskommando. Die Männer des Kommandos tragen immer lange Mäntel, man könnte glauben, der lange, mit einem Gürtel zusammengehaltene Mantel stellte ein unverzichtbares Requisit des Mordrituals dar. Wenn eine solche Kolonne vorbeikommt, folgen wir, die Dorfkinder, ihr, wobei wir uns im Gebüsch am

Wegrand verbergen. In wenigen Augenblicken beginnt in der Deckung der Bäume etwas, das wir Kinder nicht mit ansehen dürfen. Ich spüre, wie mich ein eiskalter Schauer überläuft, wie ich am ganzen Leib zittere. Mit angehaltenem Atem warten wir auf das Krachen der Salve. Da ist es. Dann sind einzelne Schüsse zu hören. Nach einer Weile kehrt die Kolonne nach Warschau zurück. Am Ende des Zuges, auf einem Lastkraftwagen, fahren die SS-Männer vom Erschießungskommando. Sie rauchen Zigaretten und unterhalten sich.

Nachts kommen die Partisanen. Ich sehe ihre Gesichter, wie sie mit einem Mal am Fenster erscheinen, sich an die Scheiben pressen. Wenn sie dann an unserem Tisch sitzen, betrachte ich sie und denke immer dasselbe: daß sie vielleicht noch heute ums Leben kommen werden, daß sie gleichsam dem Tod geweiht sind. Natürlich konnten wir alle umkommen, aber sie wichen vor dieser Möglichkeit nicht zurück, boten ihr die Stirn. Einmal kamen sie, wie immer nachts. Es war Herbst, und es regnete. Sie besprachen etwas im Flüsterton mit meiner Mutter (den Vater hatte ich seit Monaten nicht gesehen, ihn sollte ich bis Kriegsende nicht mehr zu Gesicht bekommen – er hielt sich versteckt). Wir mußten uns rasch ankleiden und unsere Stube verlassen: In unserer Gegend wurden die Dörfer umstellt und alle Bewohner in Lager gebracht. Wir flohen nach Warschau, in ein vorbereitetes Versteck. Ich war zum ersten Mal in einer großen Stadt, sah zum ersten Mal eine Tramway, hohe, mehrstöckige Mietshäuser, lange Reihen großer Geschäfte. Wie wir später wieder ins Dorf kamen, weiß ich nicht mehr. Es war dies ein anderes Dorf, am jenseitigen Ufer der Weichsel. Ich erinnere mich nur, daß ich abermals neben einem Fuhrwerk hergehe und höre, wie der Sand des warmen Feldweges durch die hölzernen Radspeichen rinnt.

Während des ganzen Krieges träumte ich von Schuhen. *Schuhe zu besitzen.* Aber wie sollte ich dieses Ziel erreichen?

Was tun, um zu Schuhen zu kommen? Im Sommer laufe ich barfuß, und die Haut auf den Fußsohlen ist so hart wie Leder. Zu Beginn des Krieges fertigte mir der Vater ein Paar Schuhe aus Filz, aber mein Vater ist kein Schuster, und das Schuhwerk fällt unförmig aus, außerdem bin ich gewachsen, und es ist längst zu eng. Ich träume von festen, massiven, beschlagenen Schuhen, mit denen man aufs Pflaster treten kann, daß es laut und deutlich widerhallt. Zu jener Zeit waren Schaftstiefel in Mode, die Stiefelschäfte waren ein Symbol der Männlichkeit und Kraft. Ich konnte stundenlang schöne Stiefel betrachten, war verliebt in den Glanz von Leder, verliebt in sein Knarren. Aber es ging nicht nur um die Schönheit eines guten Schuhes, um Bequemlichkeit und Komfort. Ein kräftiger Schuh war ein Symbol für Prestige und Macht, Symbol der Herrschaft, ein schlechter, zerschlissener Schuh ein Zeichen der Erniedrigung, ein Schandmal des Menschen, dem man jegliche Würde genommen, den man zu einer unmenschlichen Existenz verurteilt hatte. Gute Schuhe zu besitzen hieß Macht haben, es bedeutete sogar ganz einfach, *daß man existierte*. Aber in jenen Jahren gingen alle diese ersehnten Schuhe, die mir auf Straßen und Wegen begegneten, gleichgültig an mir vorüber. Ich aber blieb zurück (und glaubte, ich würde nun für immer so bleiben) in meinen klobigen Holzpantinen, die mit wasserfester Leinwand überzogen waren, der ich mit Hilfe irgendeiner Tinktur vergeblich den Anschein von Glanz zu verleihen suchte.

Im Jahre 1944 wurde ich Ministrant. Mein Priester war Kaplan von einem Feldspital. In einem Kiefernwald am linken Ufer der Weichsel standen versteckt lange Reihen getarnter Zelte. Während des Warschauer Aufstandes, und später zur Zeit der Januar-Offensive, herrschte hier ein fieberhaftes, erschöpfendes Treiben. Von der Front, die in der Nähe donnerte und qualmte, kamen in rasender Fahrt Ambulanzwagen. Sie brachten Verwundete, oft ohne Bewußtsein, die eilig und nachlässig, einer über den anderen, in den Wagen geladen worden waren, wie Getreidesäcke (nur, daß aus diesen Säcken Blut hervorquoll). Die Sanitäter, selbst bereits halbtot vor Erschöpfung, hoben die Verletzten aus dem Wagen und legten sie ins Gras, dann nahmen sie einen Gummischlauch und spritzten sie kräftig mit kaltem Wasser ab. Wenn ein Verwundeter ein Lebenszeichen von sich gab, wurde er ins Zelt geschleppt (auf dem Boden vor dem Zelt lag jeden Tag ein frischer Berg amputierter Arme und Beine), wer sich nicht mehr bewegte, wurde zu einer riesigen Grube gebracht, die hinter dem Zelt ausgehoben worden war. Dort, an jenem nicht enden wollenden Grab, stand ich stundenlang mit dem Priester, sein Brevier und den Kessel mit Weihwasser in Händen. Ich sprach ihm das Totengebet nach. Für jeden einzelnen Gefallenen sagten wir amen, dutzende Male am Tag amen, ständig in Eile, denn irgendwo gleich in der Nähe, hinter dem Wald, war der Tod unermüdlich am Werk. Bis es dann endlich wieder still und leer wurde – die Ambulanzwagen hörten auf zu fahren, die Zelte verschwanden (das Spital wurde nach Westen verlegt), und im Wald blieben nur die Kreuze zurück.

Was war dann? Wenn ich hier nun ein paar Seiten meines Buches über die Kriegsjahre zu Papier bringe (eines Buches, das ich nie geschrieben habe), denke ich nach, wie wohl die letzte Seite, das Ende, der Epilog ausschauen könnte. Was würde dort über das Ende des großen Krieges gesagt werden? Ich glaube, nichts, das heißt nichts endgültig Abschließendes. In einem gewissen, aber wichtigen Sinn ist der Krieg für mich weder im Jahre 1945 noch unmittelbar darauf zu Ende gegangen. Etwas von diesem Krieg dauerte in mancherlei Weise immer noch fort, einiges bis zum heutigen Tag, denn für diejenigen, die ihn überlebt haben, wird dieser Krieg, davon bin ich fest überzeugt, nie endgültig vorbei sein. Bei afrikanischen Stämmen begegnet man dem Glauben, daß ein

Mensch erst dann wirklich tot ist, wenn auch der Letzte von denen gestorben ist, die ihn gekannt haben und sich an ihn erinnern können. Das heißt, jemand (oder etwas) hört erst dann wirklich auf zu existieren, wenn alle Träger der Erinnerung an ihn aus der Welt geschieden sind. Mit dem Krieg verhält es sich ähnlich. Diejenigen, die ihn überlebt haben, können sich nie mehr von dieser Erfahrung befreien. Sie bleibt an ihnen wie ein geistiger Buckel haften, wie eine schmerzhafte Geschwulst, die nicht einmal ein geschickter Chirurg, wie die Zeit einer ist, entfernen kann. Hört einmal aufmerksam hin, wenn Leute zusammenkommen, die den Krieg mitgemacht haben. Es ist gleichgültig, worüber sie zu Beginn sprechen. Sie können Tausend verschiedene Themen berühren, am Ende kommt immer dasselbe: Kriegserinnerungen. Selbst unter veränderten, friedlichen Bedingungen werden diese Menschen in Bildern des Krieges denken, sie werden diese an jede neue Wirklichkeit anlegen, mit der sie sich nicht mehr zur Gänze zu identifizieren vermögen, weil diese Wirklichkeit in der Gegenwart wurzelt, sie aber sind verstrickt in die Vergangenheit, kehren ständig zu ihren Erlebnissen zurück und dazu, wie es gelang, diese zu überleben. Ihr ganzes Denken besteht aus einer einzigen, sich zwanghaft wiederholenden Rückbesinnung. Aber was bedeutet das – in den Bildern des Krieges denken? Das heißt, sehen, daß sich alles in unerträglichem Spannungszustand befindet, daß alles Grausamkeit und Schrecken verbreitet. Denn die Wirklichkeit des Krieges ist eine Welt der radikalen manichäischen Reduzierung, die alle weichen, warmen Farbzwischentöne verschwinden läßt und alles auf einen scharfen, aggressiven Gegensatz bringt, auf den Gegensatz zwischen Schwarz und Weiß, die ständige Auseinandersetzung zwischen Gut und Böse. Niemand sonst befindet sich auf dem Schlachtfeld! Nur das Gute – das heißt wir, und das Böse – mit anderen Worten alles, was wir pauschal mit der unheilkündenden Kategorie Feind bezeichnen. Das

Bild des Krieges ist getränkt mit der Atmosphäre der Kraft, der physischen, dinglichen, eisenklirrenden, qualmenden, immer wieder explodierenden, ständig jemanden attackierenden Kraft, die in jeder einzelnen Geste ihren brutalen Ausdruck findet, in jedem Stiefeltritt aufs Pflaster, jedem Kolbenhieb über den Kopf. In diesem Denken wird jeglicher Wert an der Kraft als einzig relevantem Maßstab gemessen – der Kräftige allein ist es, der zählt, sein Recht, sein Schrei, seine Faust. Denn das Ziel besteht nicht darin, Konflikte durch Kompromisse zu lösen, sondern durch die Vernichtung des Gegners. Und all dies geschieht in einem Klima verstärkter Emotion, Exaltation, Wut und Verbissenheit, in dem wir uns stets betäubt und geschwächt, vor allem aber bedroht fühlen. Wir gehen durch eine Welt voll haßerfüllter Blicke, zusammengekniffener Lippen, Gesten und Stimmen, die uns Schrecken einjagen.

Lange Zeit war ich der Meinung, dies sei die einzige Welt, die Welt schaue so aus, das sei das Leben. Das ist begreiflich: Die Kriegsjahre waren für mich die Zeit der Kindheit, später des beginnenden Heranreifens, des ersten Verstehens, des erwachenden Bewußtseins. Daher glaubte ich, nicht der Frieden, sondern der Krieg sei der normale Zustand, ja, der einzig mögliche, die einzige Form der Existenz; ich war überzeugt, das Herumirren, der Hunger und die Angst, die Fliegerangriffe und Feuersbrünste, die Razzien und Exekutionen, die Lügen und der Lärm, die Verachtung und der Haß seien die natürliche und ewige Ordnung der Dinge, machten den Inhalt und Sinn jeglicher Existenz aus. Als daher von einem Tag auf den anderen der Lärm der Geschütze verstummte, das Krachen der Bomben verhallte und Stille eintrat, war ich verblüfft, weil ich diesen Zustand nicht zu deuten vermochte. Ein Erwachsener konnte angesichts dieser Stille wahrscheinlich sagen: »Die Hölle ist zu Ende. Endlich herrscht wieder Frieden.« Ich aber besaß keine Erinnerung an den Frieden, ich war damals noch zu klein gewesen: Als der Krieg zu Ende war, hatte ich nur die Hölle kennengelernt.

Die Jahre vergingen, aber der Krieg rief uns unaufhörlich seine Existenz in Erinnerung. Ich lebte weiterhin an einem Ort, der in Trümmern lag, ich kletterte über Berge von Schutt, irrte durch ein Labyrinth von Ruinen. Die Schule, die ich besuchte, hatte keine Fußböden, Fenster und Türen: Alles war verbrannt. Wir besaßen weder Hefte noch Bücher. Und ich hatte nach wie vor keine Schuhe: Der Krieg als Drangsal, als Entbehrung und Bürde währte immer noch. Ich besaß auch kein Heim. Die Rückkehr von der Front nach Hause ist das wichtigste Symbol für die Beendigung des Krieges. Tutti a casa! Aber ich konnte nicht nach Hause zurückkehren, denn mein Heim befand sich unversehens im Ausland, jenseits der Grenze. Eines Tages spielten wir nach der Schule im nahen Park Fußball. Ein Kamerad kroch auf der Suche nach dem Ball in ein Gebüsch. Es gab einen furchtbaren Knall, und wir wurden alle zu Boden geworfen: Unser Freund hatte durch eine Mine sein Leben verloren, die dort versteckt gelegen hatte. Der Krieg lauerte uns also weiterhin auf, er wollte nicht aufgeben. Seine Opfer schleppten sich auf hölzernen Krükken durch die Straßen, ließen leere Rockärmel im Winde flattern. Wer den Krieg überlebt hatte, dem erschien er in der Nacht, den quälte er mit Alpträumen.

Vor allem aber in unserem Inneren ging der Krieg weiter, weil er fünf Jahre lang die Heranbildung unseres jungen Charakters, unserer Psyche, unserer Mentalität beeinflußt hatte. Weil er versucht hatte, diese zu deformieren und zu zerstören, indem er die schlechtesten Beispiele gab, uns ein unwürdiges Benehmen aufzwang, niedrige Gefühle in uns freisetzte. »Der Krieg«, schrieb damals der polnische Philosoph Bolesław Miciński, »deformiert nicht nur die Seele der Eroberer, er vergiftet auch durch den Haß, und damit deformiert er auch die Seelen jener, die sich den Eroberern entgegenstellen.« Aus diesem Grunde, fügte er hinzu, »ist mir der Totalitarismus verhaßt, weil er mich nämlich gelehrt hat, zu hassen«. Ja, aus dem Krieg kommen, das bedeutete, sich innerlich zu reinigen, vor allem vom Haß. Aber wie viele von uns haben dies tatsächlich versucht? Und wie vielen ist es gelungen? Jedenfalls war es ein anstrengender und langwieriger Prozeß, der nicht auf einmal gelingen konnte, von einem Tag auf den anderen; die Wunden, die wir aus dieser großen Feuersbrunst davongetragen hatten, die psychischen und moralischen Wunden, saßen ungeheuer tief.

Wenn vom Jahre 1945 die Rede ist:

Als irritierend empfinde ich den Ausdruck, den ich manchmal in diesem Zusammenhang höre: Siegesfreude. Von was für einer Freude kann hier die Rede sein? Es sind doch so viele Menschen ums Leben gekommen! Es sind Millionen Tote begraben worden! Tausende haben Arme und Beine verloren. Ihr Augenlicht und ihr Gehör. Den Verstand. Jeder einzelne Tod ist eine Tragödie. Das Ende jedes Krieges ist traurig: Ja, wir haben überlebt, aber um welchen Preis! Der Krieg führt den Beweis, daß der Mensch als denkendes und fühlendes Wesen versagt, daß er sich selbst enttäuscht, daß er eine Niederlage erlitten hat.

Wenn vom Jahre 1945 die Rede ist:

Irgendwann im Sommer eben jenes Jahres brachte eine Tante, die wie durch ein Wunder den Warschauer Aufstand überlebt hatte, ihren Sohn Andrzej, der während des Aufstandes geboren worden war, zu uns ins Dorf. Heute ist er ein vierzigjähriger Mann, und wenn ich ihn betrachte, geht mir durch den Kopf – wie lange das alles her ist! Die wievielte Generation kommt jetzt schon zur Welt, die keine Ahnung davon hat, was der Krieg ist! Und dennoch müssen diejenigen, die ihn überlebt haben, Zeugnis ablegen, sie müssen

Zeugnis ablegen im Namen all jener, die neben ihnen, und oft für sie, gefallen sind. Sie müssen Zeugnis ablegen davon, was die Lager waren, die Vernichtung der Juden, die Zerstörung von Warschau und Wrocław. Ob das leicht fällt? Nein, es ist schwierig. Wir, die wir den Krieg überlebt haben, wissen, wie schwer es ist, jenen die Wahrheit zu sagen, denen diese Erfahrungen zum Glück erspart geblieben sind. Wir wissen, wie sehr uns die Sprache, die Worte im Stich lassen. Wie dies alles im Grunde nicht übermittelt werden kann, wie ratlos wir oft sind (in Chicago sagte jemand zu mir: »Er wurde nach Auschwitz gebracht? Aber warum hat er sich das gefallen lassen? Warum hat er keinen Anwalt genommen?«). Aber trotz dieser Schwierigkeiten und Beschränktheiten, die wir nicht vergessen dürfen, müssen wir sprechen. Denn das Sprechen über diese Dinge trennt nicht, sondern es bringt einander näher, es erlaubt, Fäden des Verständnisses, der Gemeinsamkeit zu knüpfen. Die Toten sind eine Mahnung. Sie haben uns etwas Wichtiges hinterlassen, und es ist nun an uns, die Verantwortung zu übernehmen. Sofern wir dazu imstande sind, sollten wir uns allem entgegenstellen, was neuerliche Kriege heraufbeschwören, Verbrechen hervorbringen, Katastrophen auslösen könnte. Denn wir, die den Krieg überlebt haben, wissen, wie dieser beginnt, was ihn verursacht. Nicht allein Bomben und Raketen, sondern auch, und vielleicht sogar vor allem, Fanatismus und Hochmut, Dummheit und Verachtung, Ignoranz und Haß. Wir wissen, daß er sich von diesen Elementen nährt, auf ihnen und aus ihnen wächst. So wie die Grünen gegen die Vergiftung der Luft durch Abgase kämpfen, müssen wir uns gegen die Vergiftung der zwischenmenschlichen Beziehungen durch Ignoranz und Haß einsetzen.

Wenn vom Jahre 1945 die Rede ist:
denke ich an jene, die nicht mehr waren.

Wenn vom Jahre 1945 die Rede ist:
Entschlafen sind nun wilde Triebe
Mit jedem ungestümen Tun;
Es reget sich die Menschenliebe,
Die Liebe Gottes regt sich nun.
(J.W. Goethe, Faust)

Hoffentlich. Hoffentlich.

Geschichtsstunden nach dem Krieg

Wir, die wir um 1930 in der tiefen, armen polnischen Provinz
geboren wurden, im Dorf oder in Kleinstädten, in bäuerli-
chen Familien oder Familien der kleinadeligen Intelligenz,
zeichneten uns in den Jahren unmittelbar nach dem Krieg
vor allem durch einen peinlich niedrigen Wissensstand, den
völligen Mangel an Belesenheit, an Kenntnissen aus der Literatur, der Geschichte und der Welt, durch eine fehlende Kinderstube aus (meine jämmerliche Lektüre jener Jahre waren
die 1913 erstmals erschienene »Geschichte einer gelben Stie-
felette« von Antonina Domańska oder die »Erinnerungen einer blauen Uniform« von Wiktor Gomulicki aus dem Jahre
1906). Vorher (in den Jahren der Okkupation) durften wir
entweder nichts lesen, oder es gab nichts zu lesen.

In unserer Klasse (das war im Staszic-Gymnasium) besaßen
wir ein einziges, zerfleddertes Exemplar irgendeines Ge-
schichtsbuchs aus der Vorkriegszeit. Der Unterricht bestand
darin, daß Professor Markowski zu Beginn der Stunde einen
Mitschüler, einen gewissen Kubiak, beauftragte, einen Abschnitt aus dem Buch vorzulesen, dann wurde abgefragt. Wir
sollten mit eigenen Worten nacherzählen, was gerade gelesen
worden war. Der erste, der zu Beginn des Schuljahres zur Ta-

fel gerufen wurde, war Ciecierski, den wir »die Spinne« nannten, weil er rothaarig, dünn und struppig war. Der Vater Ciecierskis spielte Trompete in einem Orchester und kam erst spät abends nach Hause, weshalb unser Mitschüler ständig unausgeschlafen war. Markowski ertappte ihn, wie er während der Stunde einnickte. Ciecierski konnte nicht wiederholen, was Kubiak gelesen hatte, und bekam eine Zwei. Als in der nächsten Stunde wieder abgefragt wurde, sagte Markowski: »So, jetzt ist Gelegenheit, seine Note zu verbessern«, und blickte in sein Heft. Dort stand eine einzige Zwei, beim Namen Ciecierski. »Nun also, Ciecierski, bitte«, sagte Markowski. Verschlafen stand Ciecierski in der Bank auf und blieb unentschlossen stehen, ohne ein Wort herauszubringen. Markowski wartete eine Weile und sagte dann mit betrübter Stimme: »Tja, das gibt leider die nächste Zwei.« Ciecierski setzte sich, es läutete und die Pause begann. Dieses Ritual setzte sich das ganze Jahr hindurch fort. Ciecierski hatte ein paar Dutzend Zweien, wir hingegen hatten überhaupt keine Noten. Später, an der Universität, wurde es natürlich besser, aber auch nicht immer. Ich erinnere mich, daß wir für die Anfänge der Geschichte der Neuzeit ein einziges Lehrbuch hatten – auf russisch. Ein einziges Exemplar, und wir waren zweihundert Studenten!

Ja, wir waren weiterhin Opfer des großen Krieges, obwohl sein grausamer Lärm längst verstummt war und über den Gräbern Gras wuchs. Denn die Einschränkung des Begriffes »Kriegsopfer« auf Gefallene und Verwundete gibt kein wirkliches Bild von den Verlusten, die unsere Gesellschaft erlitten hat. Wieviel Zerstörung gab es doch auf dem Gebiet der Kultur, was für Verwüstung in unserem Bewußtsein, wie verarmt und jämmerlich war unser intellektuelles Leben! Und das für eine Reihe von Generationen, auf viele Jahre hinaus.

Begegnung mit einer anderen Welt

Als ich zum ersten Mal ins Kino ging, war ich 14. Heute, wo die Kinoleinwand sogar schon für kleine Kinder etwas Wohlbekanntes und Teil der sie umgebenden Wirklichkeit ist, erscheint ein so später Kontakt mit dem Kino unfaßbar! Aber damals war das gar nichts Außergewöhnliches. In Pińsk, meinem kleinen osteuropäischen Heimatstädtchen, hat ein Kino für Kinder nicht existiert: Es gab da wohl zwei kleine Kinosäle, aber nur für die Älteren und für die Reichen – der Kinogang war nicht nur ein gesellschaftliches Ereignis, sondern auch ein finanzieller Luxus.

1939 mußten wir aus Pińsk fliehen – und die Kriegsjahre verbrachte ich auf einem Dorfe, in welches nicht nur das Kino, sondern sogar das elektrische Licht niemals vorgedrungen waren. Die erste Gelegenheit ergab sich also erst nach dem Kriege, in Warschau. Noch lag die Stadt in Trümmern, anstelle von Straßen gab es Trampelpfade zwischen den Ruinen, die Stümpfe bombardierter Häuser ragten in den Himmel wie die Überreste eines verbrannten Waldes. Und ebendort, mitten in dieser Steinwüste, begannen die Menschen mit dem Wiederaufbau des verbrannten Kinos.

Ein Film war etwas, was ich noch nie gesehen hatte, aber ich wußte – oder besser, ich spürte –, daß sich im Kino ein Geheimnis verbirgt. Ich erinnerte mich, wie die Älteren aus dem Kino kamen – sie waren belebt, erregt, unterhielten sich lange, stritten sich sogar. Ihnen war etwas Wichtiges widerfahren, dort im Kino mußte etwas Ungewöhnliches passiert sein. Deswegen war der Besuch im Kino nicht nur eine Art der Unterhaltung, ein Abenteuer, eine Freizeitbeschäftigung, sondern ein unerhört wichtiger, ungeduldig erwarteter und äußerst begehrter Akt der Initiation, des Aufstieges, des Einlasses in eine unzugängliche Welt der Erwachsenen.

Nach dem Unterricht schauten wir zu, was auf dem Bauplatz passierte. Nicht nur die Arbeiter waren dort am Werke – zufällig vorbeikommende Menschen, Passanten halfen ihnen. Die Stadt wollte ihr Kino wiederhaben. Ein Kino haben – das war das Symbol der Rückkehr zum Leben, zur Normalität.

Das Kino hieß »Polonia«. Es wurde irgendwann Ende 1945 eröffnet. Ich erinnere mich, daß es empfindlich kalt war, daß es regnete und der Wind wehte. Und ich erinnere mich deshalb, weil wir eine Nacht und einen Tag Schlange stehen mußten, um in die Vorstellung zu gelangen.

Schlange stehen? Es war eine dicht zusammengepreßte, drängelnde, ungeordnete Menschenmenge! Mir tat alles weh, als ich schließlich hungrig und naß in einem Mantel mit abgerissenen Knöpfen in den Saal gelangte. Das war der Preis, den man zahlen mußte, um vor die Majestät der zehnten Muse zu gelangen. Aufgrund dieses Opfers, das ich bringen mußte – ich war müde, erschöpft und den Tränen nahe –, bin ich später nie einfach so ins Kino gegangen, um die Zeit zu verbringen oder zum Vergnügen. Der Gang ins Kino war für mich immer ein Ereignis, ein Überschreiten der Grenze der Alltäglichkeit, eine Begegnung mit einer anderen Welt.

Damals, im Kino »Polonia«, wurde der Saal plötzlich dunkel. Das weiße Rechteck vor mir erhellte sich und füllte sich mit Bildern. Es waren Bilder, die mir aus meinen eigenen, kaum vergangenen Erlebnissen und Erfahrungen wohlbekannt waren: Panzer rollten, explodierende Geschosse warfen Erdfontänen in die Luft, Häuser brannten, gebückte Soldaten rannten über weiße, leere Felder. Aber plötzlich wurde mir klar, daß diese dramatischen Szenen, die in meiner Erfahrung nur allzu gegenwärtig waren, irgendwo draußen stattfinden, außerhalb von mir und ohne mich, und daß ich mich – obwohl ich alles noch einmal durchlebe – gleichzeitig sicher fühle. In mir war keine Angst und keine Furcht.

Was war das für ein großartiges, ja befreiendes Erlebnis! Dem Kino verdanke ich jene außergewöhnliche Ambivalenz des Erlebens – es gab mir die Möglichkeit, gleichzeitig innerhalb und außerhalb des Geschehens zu sein, es teilte und verdoppelte mich zugleich. Dieses Phänomen wiederholte sich später immer wieder – ich teilte die Trauer von *La Strada*, ohne meine Gemütsruhe und meinen Optimismus zu verlieren, ich nahm Anteil am Risiko der Fahrer in *Lohn der Angst,* ohne mich vor dem Tode zu fürchten. Das Kino hat uns alle um eine neue innere Dimension bereichert, auch wenn sie uns nicht immer bewußt ist.

Revolution in Polen

Ich begann zu schreiben, als ich 18 Jahre alt war. Die Situation damals, zu Stalins Lebzeiten, mit ihrer starren Zensur war eine völlig andere als beispielsweise in den 80er Jahren, als die Herrschenden versuchten, die Knappheit an Lebensmitteln oder die fehlenden Wohnungen durch eine geistige Öffnung zu kompensieren.

Man erzählte sich bei uns einen Witz: Zwei Hasen treffen sich an der Grenze zur Tschechoslowakei. »Na, wo willst du denn hin?«, fragt der kleine magere Hase den großen fetten. »Ich will nach Polen«, antwortete der aus der Tschechoslowakei, »um zu atmen«. Worauf er den mageren nach seinem Weg fragt, und der antwortet: »Ich will nach Prag, um etwas zu essen.«

Notizen von der Ostseeküste

Zum ersten Mal lernen wir aus Erfahrungen und nicht aus Fehlern.
(Ein Werftarbeiter aus Stettin im Gespräch)

1.

Zwölf Augusttage, die ich an der Ostseeküste verbrachte. Stettin, dann Danzig und Elbląg. Die Stimmung auf der Straße war ruhig, zugleich aber auch gespannt, es herrschte ein Klima von Ernst und Selbstvertrauen, das dem Gefühl entsprang, im Recht zu sein. Städte, in denen eine neue Moral die Macht übernahm. Keiner trank, keiner machte Radau, keiner erwachte mit einem schweren, die Gedanken benebelnden Katzenjammer. Die Kriminalitätsrate sank gegen Null, die gegenseitigen Aggressionen erloschen, die Men-

schen waren freundlich zueinander, hilfreich und offen. Wildfremde Menschen spürten auf einmal, daß sie einander
brauchten. Die Belegschaften der großen streikenden Betriebe prägten das Vorbild dieser neuen Beziehungen, die von allen übernommen wurden.

In diesen Tagen konnte man beobachten, wie sich die Beziehungen zwischen einem großen Betrieb und der Stadt
gestalteten. Eine Stadt von ein paar hunderttausend Einwohnern ordnete freiwillig ihr Geschick den Absichten und Bestrebungen der Werftbelegschaft unter, deren Kampf sie als
ihren eigenen ansah und deren Ringen sie solidarisch unterstützte. All das Gerede und Geschreibsel im Stil von: »*Mit Ungeduld erwartet die Gesellschaft der Ostseeküste, daß die Streikenden
wieder die Arbeit aufnehmen*«, das einem im Fernsehen und in
den Zeitungen ständig begegnete, klang vor Ort wie ein
schlechter Witz und vor allem − wie eine Beleidigung. Die
Wirklichkeit sah anders aus: Je länger der Streik dauerte, desto
stärker wurde der Wille, durchzuhalten. In diesen Tagen wurden die Tore zur Werft und zu anderen Betrieben von Blumen überschwemmt. Der Auguststreik war nämlich ein dramatisches Ringen und ein Fest zur selben Zeit. Ein Ringen
der Menschen um ihre Rechte und ein Fest der Geraden
Schultern und Aufrecht Getragenen Köpfe.

2.

An der Küste zerstörten die Arbeiter das Klischee vom primitiven Arbeiter, dem Malocher, das in den offiziellen Kabinetten und elitären Salons grassierte. Der Malocher diskutiert
nicht − er erfüllt den Plan. Wenn der Malocher den Mund
aufmacht, soll er dies nur tun, um zuzustimmen und etwas zu
bestätigen. Den Malocher interessiert nur eines − wieviel er
verdient. Wenn er den Betrieb verläßt, trägt er in seinen Taschen Schrauben, Kabel und Werkzeug hinaus. Wenn nicht
die Direktion wäre, würden die Malocher den ganzen Be

trieb ausräumen. Dann lungern sie vor dem Kiosk mit Bier herum. Dann legen sie sich schlafen. Wenn sie am Morgen mit dem Zug zur Arbeit fahren, spielen sie Karten. Gleich nachdem sie den Betrieb betreten, stellen sie sich in der Schlange zum Betriebsarzt an und lassen sich krankschreiben. Auf allen wichtigen Beratungen wird viel gestöhnt, wenn dieses Thema zur Sprache kommt.

An der Ostseeküste und dann im ganzen Land hingegen tauchte jetzt aus diesem Dunst zufriedener Selbstberuhigung das junge Gesicht einer neuen Generation von Arbeitern auf – denkend, intelligent, sich ihres Platzes in der Gesellschaft bewußt und – was am wichtigsten ist – entschlossen, alle Konsequenzen aus der Tatsache zu ziehen, daß, gemäß der ideellen Grundlage des Systems, ihrer Klasse die führende Rolle in der Gesellschaft zukommt. So weit ich zurückdenken kann, geschah es in jenen Augusttagen zum ersten Mal, daß sich diese Überzeugung, diese Selbstsicherheit und der unbeugsame Wille mit solcher Macht bemerkbar machten. Durch unser Land begann eine Kraft zu fließen, die Landschaften und Klima verändern wird.

Ich weiß nicht, ob wir alle uns überhaupt bewußt sind, daß wir seit dem Sommer 1980, egal, was auch noch geschehen mag, in einem anderen Polen leben. Diese Andersartigkeit beruht meiner Ansicht nach darin, daß die Arbeiter begannen, in den wichtigsten Angelegenheiten mit ihrer eigenen Stimme zu sprechen. Und daß sie entschlossen sind, sich auch weiterhin zu Wort zu melden. Es ist undenkbar, daß das jemand nicht begreift.

3.

In das Lokal des Streikkomitees der Danziger Werft kamen fünf Frauen einer lokalen Handwerksgenossenschaft. Ich war Zeuge dieser Szene. Sie kamen, um sich dem Streik anzuschließen. Sie wollten keine Lohnerhöhung, sie verlangten keinen neuen Kindergarten. Sie hatten sich entschlossen, gegen ihren Präsidenten zu streiken, weil dieser ein Flegel war. Alle ihre Versuche, ihm Höflichkeit gegenüber Frauen und Müttern beizubringen, hatten fatal geendet, Schikanen und Drangsalierungen nach sich gezogen. Alle Interventionen bei höheren Stellen waren fruchtlos geblieben – der Vorsitzende war gut, weil er die Erfüllung des Planes garantierte. Sie aber konnten das nicht länger hinnehmen. Sie hatten schließlich ihre Würde. Im Vergleich zum Gewicht der Forderungen der Werftarbeiter erschien das Streikmotiv dieser fünf Frauen zweitrangig. Es gab bei uns schließlich so viel ungezügelte Flegelhaftigkeit! Doch die jungen Werftarbeiter, die sich ihre Klage anhörten, behandelten diese mit größtem Ernst. Sie kämpften ja auch gegen die Willkür der Bürokratie, gegen die Verachtung, gegen dieses *»arbeitet und redet nicht«*, gegen das starre und gleichgültige Gesicht im Schalterfenster, das *»nein!«* sagt. Wer versucht, die Bewegung an der Ostseeküste auf Lohnfragen zu reduzieren, der hat nichts begriffen. Denn ihr oberstes Motiv war die Würde des Menschen, war das Bestreben, neue Beziehungen zwischen den Menschen zu schaffen, an jedem Ort und auf allen Ebenen, war das Prinzip der gegenseitigen Achtung, das ausnahmslos für jeden gelten sollte, ein Prinzip, wonach der Untergebene gleichzeitig Partner ist.

Im Verlauf des erwähnten Gespräches sagte eine der Frauen: *»Könnte unser Präsident nicht auch gleichzeitig ein Mensch sein?«* Für sie war die Flegelhaftigkeit etwas Fremdes, rohe Entlehnung, die angewöhnt in unserer Kultur, in deren Tradition es, selbstverständlich, die aristokratischen Überlegenheit gab, aber keine absichtliche Erniedrigung, keine Gemeinheit, keine perfide Schikane und brutale Verachtung dem Schwächeren gegenüber. Dieses Verhalten prangerten die Arbeiter der Ostseeküste an, und sie verliehen unserem Patriotismus eine neue Bedeutung: Ein Patriot zu sein hieß: Die Würde des anderen Menschen zu achten.

4.

An der Ostseeküste wurde eine Schlacht um die Sprache geschlagen, um unsere polnische Sprache, um ihre Reinheit
und Klarheit, darum, den Worten ihren eindeutigen Sinn
wiederzugeben, unsere Sprache von Phrasen und Worthülsen
zu säubern, sie von einer ihr anhaftenden Krankheit zu befreien – der Krankheit der vagen Andeutung. *»Warum soll
man alles in Watte packen«*, sagte einer der Werftarbeiter. *»Unsere Sprache ist abgehärtet. Die verkühlt sich nicht so leicht.«* Und
ich erinnere mich an die erste Begegnung des Zwischenbe-
trieblichen Streikkomitees (MKS) mit der Regierungsdelega-
tion. Der Vorsitzende des MKS: *»Wir ersuchen den Regierungs-
vertreter, Stellung zu unseren Forderungen zu nehmen.«* Der Re-
gierungsvertreter: *»Gestattet, daß ich mit einer allgemeinen
Bemerkung antworte.«* Der Vorsitzende des MKS: *»Nein. Wir
bitten um eine konkrete Antwort. Punkt für Punkt.«* Ihr natürli-
ches Mißtrauen gegenüber allgemeinen Antworten, gegenüber der Sprache der Gemeinplätze. Ihr Protest gegen alles,
was nach Falschheit riecht, nach Auslassungen, nach Verkit-
ten, nach Verwaschen, nach Winkelzügen. Sie protestierten
gegen Sätze, die mit den Worten begannen: *»Wie ihr selber
wißt...«* (nein, das wissen wir eben nicht!) *»Wie ihr wohl verstehen werdet...«* (das ist es ja, daß wir das nicht verstehen!).
Einer der Delegierten der Werft: *»Besser die bittere Wahrheit als
eine süße Lüge. Süßigkeiten sind etwas für Kinder, wir aber sind Erwachsene.«*

5.

Aus ihrer Verbitterung, die man in den ersten Tagen des
Streiks spüren konnte, und aus ihrem Bestreben, institutionel-
le Garantien zu schaffen, war ständig der Geist eines unerfüll-
ten Versprechens zu spüren, und zwar jenes Versprechens, das
man ihnen in den Jahren 1970-1971 gegeben hatte. Sie hatten dieses Versprechen natürlich ernst genommen, hatten es

als Beginn eines Dialoges betrachtet, der sich weiterentwickeln würde, der aber – wie die Praxis zeigte – rasch und ohne daß sie dazu beigetragen hätten, eingestellt wurde.

6.

Ihr Mut, ihre Vernunft und – ich verwende dieses Wort mit Absicht – ihr Humanismus. Die schlimmste Strafe bestand darin, vom Streik ausgeschlossen zu werden. Hier eine Szene (eine der wenigen übrigens), als die Belegschaft der Danziger Werft einen Menschen ausschloß, der sie kompromittiert hatte. Wałęsa: »*Ich ersuche alle, es diesem Herren zu ermöglichen, ruhig und ohne jede Beleidigung die Werft zu verlassen. Ich ersuche euch um würdiges und edelmütiges Benehmen.*«

Und noch eine Szene (auch von der Danziger Werft), als aus Spanien zwei Trotzkisten angereist kamen. Die Werftarbeiter ersuchten mich, bei dem Gespräch als Übersetzer zu dienen. Einer der Trotzkisten: »*Wir würden gern eure Revolution näher kennenlernen.*« Ein Mitglied des Präsidiums des MKS: »*Die Herren irren sich. Wir machen keine Revolution. Wir ordnen unsere Angelegenheiten. Verzeihen Sie, aber ich muß Sie ersuchen, unverzüglich das Gelände der Werft zu verlassen, ohne Recht auf Wiederkehr.*«

»Wir ordnen unsere Angelegenheiten.« Wichtig war auch, wie sie diese ordneten. In ihrem Handeln gab es keine Elemente der Rache, keinen Wunsch, sich zu bereichern, und keinen einzigen Versuch, auf irgendeiner Ebene persönliche Angelegenheiten zu ordnen. Wenn man sie nach dieser Haltung fragte, antworteten sie, »*diese Dinge sind nicht wichtig*«, und außerdem wäre das »*unehrenhaft*«. In diesen Augusttagen wurden viel Worte mit neuem Leben erfüllt, sie erhielten neues Gewicht und neuen Glanz. So zum Beispiel das Wort ›Ehre‹, das Wort ›Würde‹, das Wort ›Gleichheit‹.

7.

Eine neue Polnischstunde hat begonnen. Das Thema der Stunde: die sozialistische Demokratie. Eine schwierige, mühevolle Lektion, unter strengen und scharfen Augen, die keinen Spickzettel dulden. Dabei wird es auch »Ungenügend« geben: Aber es hat schon geläutet, und wir nehmen alle in den Bänken Platz.

(»Kultura«, Warschau 14. 9 1980)

In den fünfziger und sechziger Jahren war Europa für mich ein starres Gefüge, das geteilt war in Ost und West. Da gab es die kommunistischen, von der Sowjetunion beherrschten Länder Osteuropas und die unabhängigen, entwickelten Länder Westeuropas. Für mich war klar, daß Europa sehr, sehr lange undynamisch sein würde. Ich wollte aber über dynamische, konfliktive Situationen schreiben. Europa war für mich schlicht zu langweilig. Ich war auch nicht fähig, über die Entwicklungen in Polen zu schreiben. Ich mußte an Orte gehen, wo es große Auseinandersetzungen gab. Ich kam nur nach Polen zurück, um Bücher zu schreiben. Aber bereits bei der Ankunft dachte ich schon an die Abreise.

In der Dritten Welt hingegen fand ich meine Freiheit. So war ich allein in der Sahara oder im Dschungel von Afrika oder in den Bergen von Lateinamerika. Dort fühlte ich mich als freier Mann, ich war auf mich gestellt und konnte tun, was ich wollte.

Ein guter Auslandskorrespondent braucht sieben Eigenschaften: eine gute Gesundheit, eine starke Psyche, Glück und Neugier, die Welt kennenzulernen. Außerdem muß man sich in der jeweiligen Politik auskennen, möglichst viele Sprachen sprechen und bereit sein, alles zu essen.

2. In die weite Welt

Als Korrespondent in Afrika

Haben Sie ein Lieblingsland?

   Das wäre für mich wohl ganz Afrika. Immer wenn ich zwei, drei Jahre in Europa verbracht habe, langweile ich mich sehr und möchte zurück dorthin.   *taz-Interview*

Die Geburt der Dritten Welt

1956 schickte mich mein Chef zum ersten Mal ins Ausland – nach Indien, das gerade unabhängig geworden war. Ich war gerade 24 Jahre alt und hatte von der Welt immer nur geträumt. Polen war damals ein stalinistisches Land, und wir lebten völlig isoliert. Es war ein Schock für mich zu sehen, wie wenig die Menschen voneinander wissen. Nach dieser halbjährigen Reise war mir klar, was ich für den Rest meines Lebens tun wollte: diesen Weg weitergehen, andere Zivilisationen und Kulturen, andere Farben sehen. 1957 war ich dann das erste Mal in Afrika. Ich begriff bald, daß mit der sich anbahnenden Unabhängigkeitsbewegung etwas ganz Besonderes in der Geschichte der Welt passierte – eine große, politische Revolution, die Geburt der Dritten Welt. Und ich war Zeuge dieses historisch einmaligen Phänomens, konnte darüber schreiben, und das tue ich noch heute – so lange und so oft wie möglich.

Damals war nur eine kleine Gruppe von Auslandskorrespondenten in Daressalam, vielleicht fünf oder sechs – *Le Monde, Times,* dpa, Reuters, AFP, später auch amerikanische Agenturen. Wir kannten uns alle und kooperierten auch. Wenn man unter solch extremen Bedingungen arbeitet, muß man das einfach. Das galt für beispielsweise die Organisation von Autos und Essen ebenso wie bei Informationen – weil beim nächsten Mal vielleicht der andere die Nachricht zuerst haben würde.

Außerdem gab es damals eine politische Zweiteilung: Ich kam aus dem Osten, die anderen aus dem Westen. Bei einem linksgerichteten Staatsstreich half ich den anderen reinzukommen; bei einem rechtsgerichteten war es umgekehrt. Mit der Verbreitung des Fernsehens und der Invasion der Fernsehteams wurde die Arbeit problematischer. Erstens bewegen sich diese Journalisten immer in einer Herde, und zweitens arbeiten sie in einer extremen Konkurrenzsituation.

Im Herz der Finsternis (Kongo)

Ich kehre aus Afrika nach Polen zurück: ein Sprung von einem tropischen Grill in eine Schneewächte. Du bist so schön braun, warst du in Zakopane? Soll das heißen, daß unsere Vorstellungen nie über Płock, Siecmiatycze, Rzeszów und Zakopane hinausreichen? Ich arbeite für die *Polityka.* Mein Chef – Mieczysław F. Rakowski – schickt mich in die Provinz, so daß ich weiterhin im Busch lebe, nur eben in unserem heimischen polnischen Busch. Irgendwo unterwegs, in Olecko oder Orneta, lese ich, daß im Kongo der große Sturm losgebrochen sei, beinahe ein Weltbeben. Es sind die ersten Tage im Juli 1960. Der Kongo, für die Außenwelt das verschlossenste, unbekannteste, am wenigsten zugängliche Land Afrikas, hat die Unabhängigkeit erlangt, doch wenig später putscht die Armee, flüchten die Kolonisten, intervenieren belgische Fallschirmjäger, setzen Anarchie, Hysterie und ein großes Schlachten ein. Die Zeitungen beschreiben auf den ersten Seiten diese ganze unbeschreibliche Mischung. Ich kaufe eine Fahrkarte und kehre nach Warschau zurück.

Ich bitte Rakowski, mich in den Kongo zu entsenden. Es hat mich gepackt, ich fiebere bereits.

An eine Abreise ist nicht zu denken – in der Zwischenzeit hat der Kongo alle Bürger sozialistischer Länder ausgewiesen. Mit einem polnischen Reisepaß hat man nicht die geringste Aussicht, ins Land zu gelangen. Um mich zu trösten, weist mir das Reisekomitee Devisen und ein Flugticket nach Nigeria zu. Doch was soll ich in Nigeria, in Nigeria passiert nichts (damals).

Ich schleiche bedrückt und niedergeschlagen herum. Plötzlich ein Hoffnungsschimmer – einer berichtet, in Kairo lebe ein tschechischer Journalist, der durch den Dschungel in den Kongo gelangen wolle. Ich sage offiziell, daß ich nach Nigeria fahren will, lasse jedoch insgeheim mein Flugticket auf Kairo umschreiben und fliege von Warschau ab. Nur wenige Kollegen sind in den Plan eingeweiht.

In Kairo finde ich den Tschechen, er heißt Jarda Bouček. Wir sitzen in seiner Wohnung, die einem kleinen Museum arabischer Kunst gleicht. Vor dem Fenster lärmt die heiße, gigantische Stadt, eine Steinoase, die der Nil in zwei Hälften zerschneidet. Jarda möchte über den Sudan in den Kongo gelangen, das heißt mit dem Flugzeug bis Khartum, dann weiter mit einem Flugzeug nach Dschuba, wo wir ein Auto kaufen wollen, und alles Weitere ist eine einzige große Unbekannte. Zielpunkt des Unternehmens ist Stanleyville – die Hauptstadt der Ostprovinz des Kongos, wo die Regierung

Lumumbas Unterschlupf gefunden hat (Lumumba selber ist bereits verhaftet, die Regierungsgeschäfte führt sein Freund Antoine Gizenga). Ich schaue zu, wie der Zeigefinger Boučeks den Nil hinaufwandert, kurz bei den Touristen- und Natursehenswürdigkeiten haltmacht (hier gibt es nur Krokodile, und hier beginnt der Dschungel), im Südwesten abbiegt und endlich das Westufer des Kongos erreicht, einen Ort, wo neben dem kleinen Kreis geschrieben steht: Stanleyville. Ich erkläre Jarda, daß ich bei dem Unternehmen mitmachen will und sogar Anweisung meiner Regierung habe, nach Stanleyville vorzudringen (das ist gelogen). Jarda ist einverstanden, warnt mich jedoch, daß uns die Reise das Leben kosten könne (was später der Wahrheit recht nahe kommen wird). Er zeigt mir eine Kopie seines Testaments, das er in der Botschaft hinterlegt hat, und fordert mich auf, es ebenso zu machen.

Nach zahllosen Problemen mit dem sudanesischen Visum lasse ich im Büro der United Arab Airlines mein Flugticket Warschau − Kairo − Lagos auf ein Ticket Warschau − Khartum − Dschuba umschreiben und fliege in den Sudan. Jarda bleibt in Kairo zurück, weil er noch einen zweiten Tschechen erwartet. Wir wollen uns in Khartum treffen und von dort aus gemeinsam weiterfliegen. Khartum ist tiefste Provinz und höllisch heiß − ich sterbe vor Langeweile und komme vor Hitze beinahe um.

Jarda und sein Kollege tauchen auf, er heißt Dušan Provazník und ist ebenfalls Journalist. Wir warten ein paar Tage auf die Maschine, endlich fliegen wir in den südlichen Sudan, nach Dschuba, einer kleinen Garnisonstadt mitten in der Wüste. Keiner will uns ein Auto verkaufen, doch endlich findet sich einer, der es riskiert (auch in Dschuba sind alle der Meinung, daß keiner lebendig aus dem Kongo zurückkommt), uns gegen hohe Bezahlung zur Grenze zu fahren − eine Strecke von mehr als zweihundert Kilometern.

Am nächsten Tag zu Mittag machen wir uns zur Grenze auf, die von einem halbnackten Polizisten in Begleitung eines halbnackten Mädchens und eines Buben bewacht wird. Sie machen uns keine Schwierigkeiten, und alles scheint gutzugehen, bis wir nach etwa einem Dutzend Kilometern, im Städtchen Aba, von einer Patrouille der Kongo-Gendarmerie gestoppt werden. Ich vergaß hinzuzufügen, daß uns noch in Kairo ein Minister der Regierung Lumumba, Pierre Mulele (der spätere Führer des Simba-Aufstandes, der dann ermordet wurde), handschriftlich auf einem Stück Papier Visa für den Kongo ausstellte. Doch wen kümmerten diese Visa? Der Name Mulele sagte den Gendarmen nichts. Ihre verschlossenen, finsteren Gesichter, bis zur Hälfte von tiefsitzenden Helmen verdeckt, blieben abweisend. Sie befahlen uns, in den Sudan zurückzukehren. Fahrt zurück in den Sudan, sagten sie, eine Weiterfahrt wäre gefährlich, je weiter, um so schlimmer. Als wären sie die Wächter der Hölle, die hinter ihrem Rücken begänne. In den Sudan können wir nicht zurück, sagte Jarda, wir haben keine Retourvisa (das entsprach der Wahrheit). Wir begannen zu feilschen. Zu diesem Zweck hatte ich ein paar Kartons Zigaretten mitgenommen und die Tschechen eine Kiste Modeschmuck. Mit ein paar Kleinigkeiten (künstliche Korallen, Ohrclips) bestachen wir die Gendarmen. Sie ließen uns weiterfahren, und ihr Anführer beorderte sogar einen Sergeanten namens Serafin ab, uns als Eskorte zu begleiten. In Aba mieteten wir einen Wagen mit einheimischem Chauffeur. Es war ein riesiger, alter, völlig heruntergekommener Ford. Doch die riesigen, alten, völlig heruntergekommenen Fords haben den Vorteil, daß sie zuverlässig sind, daß man mit ihnen durch den ganzen afrikanischen Kontinent kommt und noch ein Stückchen darüber hinaus.

Beim Morgengrauen brachen wir nach Stanleyville auf – tausend Kilometer auf regennasser Erdpiste, kein einziger Kilometer asphaltiert oder gepflastert: Wir fuhren die ganze Zeit wie durch einen grünen, düsteren Tunnel, umhüllt vom Gestank modernder Blätter, faulender Äste und Wurzeln, da wir immer tiefer in den größten Dschungel Afrikas vorstießen, in eine phantastische Welt sich zersetzender und sprießender, monströs sich vervielfältigender Botanik. Wir fuhren durch tropisches Dickicht, das uns mit Angst und Bewunderung erfüllte, und mußten unseren Ford immer wieder aus roten, glitschigen Lehmkuhlen oder mit brauner Entengrütze überwachsenen Sumpflöchern ziehen. Unterwegs wurden wir von Gendarmen angehalten, die betrunken oder hungrig waren, gleichgültig oder aggressiv; aufrührerische, verwahrloste, verwilderte Soldaten, die das Land mit Raub und Vergewaltigung tyrannisierten. Wenn wir von einem solchen Posten angehalten wurden, stießen wir Serafin aus dem Wagen und schauten, was passierte. Wenn Serafin den Gendarmen um den Hals fiel, atmeten wir erleichtert auf; das bedeutete, daß sie Stammesbrüder waren. Wenn sie ihn jedoch ohrfeigten und mit Kolbenschlägen traktierten, wurde uns angst und bange – dann erwartete uns dieselbe Behandlung oder noch Schlimmeres. Ich weiß nicht, was es war – Dummheit und Mangel an Phantasie oder Leidenschaft und Ehrgeiz, Gedankenlosigkeit oder die Empfindung einer selbstauferlegten Pflicht, Verrücktheit oder Ehrgefühl, daß wir diesen Weg fortsetzen wollten (auf dem man so leicht sein Leben verlieren, konnte). Während der Fahrt spürte ich, wie mit jedem Kilometer ein neuer Schlagbaum hinter uns fiel, wie immer neue Tore zuschlugen und eine Rückkehr unmöglich wurde. Nach zwei Tagen Fahrt erreichten wir Stanleyville …

Eines Nachts erfuhren wir davon, daß Lumumba ermordet worden war, und noch dazu auf bestialische und erniedrigende Weise. Am Morgen wurden wir durch einen gellenden Schrei geweckt. Wir sprangen aus den Betten – ich schlief mit Dušan in einem Zimmer, Jarda im Zimmer nebenan – und liefen zum Fenster. Auf der Straße vor unserem Hotel (es hieß *Résidence Équateur*) mißhandelten Gendarmen einen Weißen. Zwei drehten ihm die Arme auf den Rücken, so daß er mit vorgebeugtem Kopf knien mußte, und der dritte trat ihn mit den Stiefeln ins Gesicht. Gleichzeitig hörten wir im Korridor die Rufe weiterer Gendarmen, die durch die Zimmer stürmten und Weiße auf die Straße trieben. Offensichtlich war der Tag der spontanen Rache angebrochen, die die Gendarmen an der weißen, kolonialen Rasse nehmen wollten, die sie für den Tod Lumumbas verantwortlich machten. Ich blickte zu Dušan hinüber: er stand bleich mitten im Zimmer, Angst im Blick, und wahrscheinlich stand ich selber auch bleich und mit Angst im Blick da. Wir horchten, ob das Trampeln der Stiefel und das Hämmern der Kolben an den Türen näher käme, und kleideten uns hastig an, denn es ist nicht ratsam, den Soldaten im Pyjama oder Hemd gegenüberzutreten, das macht die Situation nur noch schlimmer. Der Mann auf der Straße schrie immer noch und blutete stark. Inzwischen trieben die Gendarmen noch ein paar Weiße aus dem Hotel, von denen ich gar nicht wußte, woher sie kamen, denn für gewöhnlich war unser Hotel leer.

Für den Augenblick rettete uns ein Zufall, und zwar die Tatsache, daß man unsere Zimmer nicht vom Gang aus betrat, sondern von der Terrasse am Ende des Gebäudes, denn die Gendarmen machten sich nicht die Mühe, alle Ecken zu durchstöbern. Sie warfen unsere malträtierten Nachbarn auf einen Lastwagen und fuhren mit ihnen davon. Augenblicklich trat Grabesstille ein. Jarda war in unser Zimmer gekommen und hatte sein Radio mitgebracht. Die Rundfunkstation von Stanleyville sendete ein Regierungskommuniqué, das an alle Weißen, die sich noch in der Stadt aufhielten, appellierte, in Hinblick auf das Verhalten vereinzelter Individuen und mancher Militärgruppen, die die Regierung »nicht völlig unter Kontrolle« habe, nicht auf die Straße zu gehen und sich nicht in der Öffentlichkeit blicken zu lassen. Da wir nicht tatenlos im Zimmer sitzen wollten, gingen wir in die Halle hinunter in der Hoffnung, es würde jemand auftauchen und berichten, was vorgefallen war. Wir waren nicht als Touristen da, sondern als Korrespondenten, die zu arbeiten haben, und zwar um so mehr, je dramatischer die Verhältnisse sind. In der Halle war niemand zu sehen. Wir saßen bei der Eingangstür in Fauteuils um ein kleines Tischchen. Es war bereits glühend heiß, und ebenso glühend war unser Wunsch nach kühlem Bier, doch an Bier war gar nicht zu denken. Zu jener Zeit hatten wir nicht einmal mehr genug zu essen. Unser tägliches Mahl bestand aus einer Dose holländischer Würstchen, die wir uns zu dritt teilen mußten. Eine Dose enthielt fünf kleine Würstchen. Jeder durfte eines essen, und dann entschied das Los – der Verlierer bekam kein zweites Würstchen. Außer diesem einen (oder den zwei) Würstchen bekamen wir nichts zwischen die Zähne, doch auch diese Vorräte neigten sich dem Ende zu. So saßen wir durstig und schweißgebadet in der Halle. Plötzlich hielt ein Jeep vor dem Hotel, aus dem eine Handvoll junger Männer mit automatischen Gewehren sprang. Offenbar eine Schlägerbande, eine Racheschwadron. Ja, man brauchte nur ihre Gesichter zu sehen: Sie waren auf Blut aus. Sie brachen wie ein Wirbelsturm in die Halle, umringten uns und hielten uns die Läufe ihrer Gewehre an die Schläfen. In diesem Moment dachte ich: Das ist das Ende. Ich rührte mich nicht und blieb unbeweglich sitzen, nicht, weil ich so mutig war, sondern aus rein technischen Gründen –ich spürte, daß mein Körper aus Blei war, viel zu schwer, um ihn zu bewegen. In diesem Augenblick, da unser Schicksal eigentlich schon entschieden war, ereignete sich folgendes: Der Führer der Schlägerbande stürmte in die Halle. Ein junger Bursche, ein Mulatte, mit dem Blick eines Irren. Er kam in die Halle, sah uns und blieb wie angewurzelt stehen. Er blieb stehen, weil er Jarda gesehen hatte. Ihre Blicke trafen sich, sie schauten sich schweigend in die Augen, wortlos, regungslos. Das dauerte eine ganze Weile, in der der Mulatte zu sich kam und offenbar zu überlegen begann. Dann deutete er mit dem Lauf seiner Maschinenpistole in Richtung seiner Männer, die – ebenfalls stumm – zurücktraten, in den Jeep kletterten und davonfuhren. »Das war Bernard Salomon«, sagte Jarda, »er war einmal Abgesandter Lumumbas in Kairo. Damals habe ich ihn interviewt.«

Wir gingen wieder nach oben, in unsere Zimmer, um Meldungen zu schreiben, daß Lumumba tot war, und zu berichten, wie am Tag nach seinem Tod die Stadt aussah, in der er einmal gewohnt und gearbeitet hatte. Jeder schrieb bloß ein paar Zeilen, denn im Grunde hatten wir nur wenig Informationen, und das, was wir am Morgen durchgemacht hatten, eignete sich nicht für eine offizielle Pressemitteilung, die am Tag darauf in unseren Zeitungen erscheinen sollte. Dann tauchte das Problem auf, die Depeschen zur Post zu bringen, die sich am anderen Ende der Stadt befand. Es ergab sich das Problem für uns weiße Männer, eine Stadt zu durchqueren, die von Gendarmen und Rachekommandos terrorisiert wurde. Ich habe noch nicht erwähnt, daß wir nach unserer Ankunft in Stanleyville von einem Inder, Besitzer einer Tankstelle, einen alten Wagen der Marke Taunus gekauft hatten. Mit diesem Auto (Jarda saß am Steuer) fuhren wir zur Post. Es war Mittag und drückend heiß. Die Stadt war wie ausgestorben, und wir begegneten keiner Menschenseele. Da waren nur die leeren Kulissen der Stadt, toter Beton, Asphalt und Glas. Wir kamen zum Postgebäude. Es war geschlossen. Wir pochten an alle Türen, doch keiner öffnete. Schließlich entdeckte Dušan eine kleine Metalltüre, die zum Keller führte: Er drückte die Klinke nieder, und wir traten in einen dunklen, modrig riechenden Gang. Am Ende des Korridors führten Stufen hinauf in die große, mit Abfällen übersäte Schalterhalle. Da standen wir nun und wußten nicht weiter. Am anderen Ende des Saales gab es eine Tür, auf die gingen wir zu. Dahinter führte eine

Treppe nach oben, über die wir in den zweiten Stock kamen, in dem ebenfalls kein Mensch war. Wir stiegen einen Stock höher, ins oberste Stockwerk. Es war zu befürchten, daß uns die Gendarmen, sollten sie uns in diesem ausgestorbenen, strategisch so wichtigen Gebäude aufstöbern, wie die schlimmsten Saboteure behandeln würden. Wir gingen von Raum zu Raum und kamen schließlich zu einem Saal, der ein Dutzend Telexapparate und Funkgeräte beherbergte. Aus einem Winkel schlich ein gebeugter, vertrockneter Afrikaner auf uns zu. »Bruder«, sagte ich, »verbinde uns mit Europa, verbinde uns mit der Welt. Wir müssen wichtige Depeschen absenden.« Er nahm unsere Texte und setzte sich an die Maschine. Wir gingen zum Auto zurück. Die Straße war leer. Wir fuhren zu unserem Hotel, und alles schien gutzugehen, als plötzlich hinter einer Ecke ein Jeep voll Gendarmen hervorschoß und frontal auf uns zuraste. Ich weiß nicht, was geschah, das heißt, ich glaube, daß folgendes passierte: Es war in dieser Situation so unglaublich, in den Straßen auf Weiße zu treffen, daß die Gendarmen uns und unser Fahrzeug für eine Halluzination hielten, für eine Schimäre – und gar nicht reagierten. Das dauerte nur einen Augenblick, denn Jarda riß geistesgegenwärtig das Lenkrad herum und bog in die nächste Gasse. Wir flohen. Noch weit vor dem Hotel trat Jarda kräftig auf die Bremsen, hielt den Wagen mitten auf der Straße an, wir stürzten heraus und liefen, ohne die Wagentüren zu schließen, zum Hotel. Wir verriegelten die Tür, rangen nach Atem und wischten uns den Schweiß von der Stirn.

Doch es war nicht immer so schlimm. Es gab auch ruhige, friedliche Tage. An diesen war die Wahrscheinlichkeit, daß man uns auf der Straße die weißen Fressen einschlagen würde, geringer, weshalb wir uns furchtlos in die Stadt aufmachten. Meist fuhren wir zum Flughafen, um die Ankunft unserer Flugzeuge zu erwarten, die Hilfe bringen sollten. Damals war die Regierung Gizenga, oder besser die Handvoll Leute, denen es gelungen war, sich gemeinsam mit Gizenga von Léopoldville nach Stanleyville durchzuschlagen, von unseren Ländern als legale Regierung des Kongos anerkannt worden. Wir wiederum waren die einzigen Menschen, denen es gelungen war, von Europa nach Stanleyville zu gelangen. Weil die hiesigen Behörden niemand sonst zur Hand hatten, behandelten sie uns eher wie Minister und Botschafter als wie gewöhnliche Korrespondenten und Handwerker der Feder. Doch die Regierung hatte die Situation nicht ganz im Griff, daher schützte auch dieser hohe Status unsere Köpfe nicht unbedingt vor den Fäusten des wütenden Volkes. Es war ein schwacher Trost, daß auch die echten Minister der kongolesischen Regierung von den eigenen Gendarmen verprügelt wurden, wie wir mit eigenen Augen sehen konnten. Wenn ein Tag ruhig zu werden versprach, fuhren wir zum Flughafen. Wir hatten schon unseren Stammplatz auf der Veranda eines verlassenen Hauses, von wo aus man die ganze Landebahn einsehen konnte. »Heute kommen sie bestimmt«, sagte Jarda jedesmal. Wir starrten stundenlang in die sonnendurchglühte Weite, aus der die Flugzeuge auftauchen sollten. Doch der Himmel blieb ruhig und still. Ich bezweifelte, daß sie kommen würden, sagte das aber nicht laut, weil ich glaubte, daß Jarda vielleicht über besondere Nachrichtenquellen verfügte.

Eines Tages kam eine Patrouille Gendarmen ins Hotel. Sie brachten uns zum Stab der Armee, der in der Kaserne untergebracht war. Zwischen den Baracken liefen Gendarmen, Frauen und Kinder hin und her, es wurde gekocht, Wäsche gewaschen, gegessen und herumgelungert, wie in einem riesigen Zigeunerlager. Im Stab begrüßte uns ein massig gebauter, lebhafter Athlet – Major Sabo. Er bot uns Stühle an und fragte: »Wann trifft Hilfe ein?« Ich wartete, was Jarda sagen würde, denn der wußte am besten Bescheid. Jarda erzählte eine Geschichte von Flugzeugen, die in Kairo warteten, weil der Diktator des Sudans, General Abboud, ihnen nicht gestattete, den Luftraum seines Landes zu überqueren, und einen anderen Luftweg gab es nicht. »Wir haben hier nichts mehr«, erklärte der Major, »weder Munition noch Lebensmittel. Der Anführer der Truppen« (das war General Lundula) »verteilt eigenhändig das letzte Benzin. Wenn sich die Situation nicht bald bessert, werden uns Mobutu und seine Söldner bald an der Gurgel packen.« Und der Major griff sich selber so fest an die Gurgel, daß auf der Stirn die Adern hervortraten. Die Atmosphäre war gespannt und peinlich, wir fühlten uns ratlos und schwach. »Die Soldaten meutern,« sagte der Major, »sie sind hungrig und wütend, sie verweigern den Dienst und fragen, wer daran schuld sei, daß keine Hilfe kommt. Wenn keine Hilfe eintrifft, ist der Stab gezwungen, euch den Gendarmen als Übeltäter auszuliefern. Das wird die Situation für einige Zeit beruhigen. Es tut mir leid, doch wir haben keine andere Wahl, wir haben sie nicht mehr unter Kontrolle«, und er deutete mit dem Kopf zum Fenster, durch das man Gendarmen herumlaufen sah, die meisten bis zum Gürtel nackt.

Wieder im Hotel. Die ersten Christen, die den Löwen zum Fraß vorgeworfen werden. Es schien mir klar, daß wir keine Hilfe zu erwarten hatten. Nun begannen auch Jarda und Dušan meinen Pessimismus zu teilen. Ja, uns blieben noch ein paar Tage zu leben. Wir suchten krampfhaft nach einem Ausweg. Natürlich, wir müssen fliehen, fragt sich nur, wie? Aber Flucht war unmöglich. Es gab keine Flugzeuge, und unser Wagen würde an der Stadtgrenze angehalten werden. Wir überlegten, ob wir uns nicht in einem der von den Belgiern verlassenen Häuser verstecken sollten. Doch das würde uns bloß die Möglichkeit bieten, ein paar Tage länger zu überleben. Irgend jemand macht uns dort ausfindig und verrät uns, oder wir verhungern. Es gibt keinen Ausweg: Wir sind in der Falle, und je mehr wir herumzappeln, um so enger zieht sich die Schlinge zu. Noch eine Hoffnung bleibt – mit

H. B. zu sprechen, ihn um Hilfe zu bitten. H. B. arbeitet im Quartier der Vereinten Nationen in Stanleyville. Die Leute von den Vereinten Nationen bilden einen geschlossenen Klan, in dem es viele Wichtigtuer gibt, die alles und jeden aus einer globalen Perspektive betrachten, das heißt von oben herab. Das Wort »global« wiederholen sie mehrmals in jedem Satz, und aus diesem Grund ist es schwierig, mit ihnen eine gewöhnliche, menschliche Angelegenheit zu besprechen. Trotzdem beschlossen wir, daß ich H. B. aufsuchen sollte, da ich ihn kannte. H. B. lud mich zum Abendessen ein, denn die Leute bei den Vereinten Nationen haben immer jede Menge zu essen, während ich nicht einmal wußte, wann ich das letzte Mal zu Abend gegessen hatte, das heißt, ich hatte seit längerer Zeit überhaupt nichts in den Magen bekommen. Während des Festmahles hielten Soldaten der Vereinten Nationen in Blauhelmen Wache. Ihre Anwesenheit ließ mich an diesem Abend eine glückliche Zeitspanne der Sicherheit erleben – zwei angenehme Stunden, in denen ich wußte, daß mir keiner den Kopf einschlägt, mich keiner einsperrt, mir keiner die Pistole gegen die Schläfe drückt. »Herr Kommissar«, sagte ich zu H. B., der sich nach dem Essen im kolonialen Lehnstuhl räkelte, »meine Kollegen und ich müssen dringend von hier weg. Ich wäre Ihnen verbunden, wenn Sie uns das ermöglichen könnten.« Statt einer Antwort hielt mir H. B. einen Vortrag über die Neutralität der Vereinten Nationen, die niemandem helfen dürfen, weil man sie sonst der Parteilichkeit zeihen könnte. »Die Vereinten Nationen beobachten bloß«, sagte er. Ich begriff, daß meine Bitte zu wenig dringend geklungen hatte und ich mit schwereren Geschützen auffahren mußte. Gleichzeitig konnte ich H. B. nicht verraten, weshalb wir wirklich von hier weg mußten (und das augenblicklich). Wenn er nämlich von unserem Konflikt mit den Anhängern Lumumbas erführe, würde er den gleich in die ganze Welt posaunen (das heißt global bekanntmachen).

»Herr Kommissar«, ich schlug einen anderen Ton an, »ich wünsche Ihnen ein langes Leben, doch wir alle wissen, daß das Leben allerlei Überraschungen birgt, einmal sitzen wir oben auf dem Wagen, dann wieder liegen wir drunter. Vielleicht kommt einmal der Moment, wo Sie meine Hilfe brauchen (woran ich selber nicht einen Moment glaubte). Lassen Sie uns eine Brücke errichten – zuerst überquere ich den wild schäumenden Fluß, doch später wird diese Brücke vielleicht einmal Ihnen helfen, sich in Sicherheit zu bringen.« Und H. B. half.

Zwei Tage später brachte uns ein Wagen mit dem Stander der Vereinten Nationen zum Flughafen. Unseren Ford Taunus ließen wir auf der Straße zurück, mit steckendem Zündschlüssel. Auf der Startbahn wartete eine viermotorige Transportmaschine, ohne Aufschrift oder Hoheitszeichen. Um ehrlich zu sein, wir wußten nicht einmal, wohin uns das Flugzeug bringen würde, doch zu diesem Zeitpunkt kam es uns nur darauf an, aus Stanleyville herauszukommen. Am Flughafen war davon die Rede, daß wir nach Dschuba fliegen würden, das heißt in nordöstliche Richtung, doch gleich nach dem Start steuerte der Pilot die Maschine nach Südosten, und nach einstündigem Flug sahen wir unter uns statt der monotonen, braungrauen Steppe die mächtigen und gleichzeitig sanften, intensiv grünen Kivu-Berge. Das ist eines der schönsten Gebiete Afrikas, eine Märchenwelt von Wäldern und Seen, wolkenlosem Himmel und gelassenen Landschaften. Die Richtungsänderung hätte uns mißtrauisch machen sollen, doch wir konnten niemanden fragen, wohin wir flogen – die Piloten hatten sich in die Kabine eingeschlossen, und wir waren im leeren Laderaum der Maschine allein. Schließlich verlor die Transportmaschine an Höhe, und ein See tauchte auf, so groß wie das Meer, und gleich daneben – ein Flughafen. Wir rollten auf ein Gebäude mit der Aufschrift »Usumbura« zu. (Usumbura heißt heute Bujumbura und ist die Hauptstadt der Republik Burundi. Damals wurde das Territorium von den Belgiern kontrolliert.)

Nun begann das Schlimmste. Darüber, was sie mit uns in Usumbura gemacht haben, wurde später in *Le Monde* und in anderen Zeitungen berichtet. Am Rollfeld wurden wir von belgischen Fallschirmjägern erwartet. Wenn es belgische Soldaten gewesen wären, hätten sie uns meiner Meinung nach halbwegs kultiviert und menschlich behandelt. Doch die Verbände in Usumbura setzten sich aus kongolesischen Kolonisten zusammen – blutgierigen, brutalen, primitiven Typen. Sie behandelten uns nicht wie Journalisten, sondern wie Agenten Lumumbas; sie triumphierten, daß wir ihnen in die Hände gefallen waren. »Reisepässe und Visa!« schnauzte ein Unteroffizier. Natürlich hatten wir keine Visa. »Aha, habt ihr nicht!« sagte er schadenfroh. »Na, ihr werdet ja sehen!« Es begann mit einer kompletten, peinlich genau durchgeführten Visitation. Der Inhalt unserer Koffer wurde auf den Boden geleert, der ganze erbärmliche Inhalt, denn was führt ein Reporter schon mit? Ein paar schmutzige Hemden und eine Handvoll Zeitungsausschnitte, eine Zahnbürste und eine Reiseschreibmaschine. Dann folgte eine Leibesvisitation, bei der alle Nähte und Abnäher, Manschetten, Krägen, Gürtel und Schuhsohlen haarklein untersucht und abgetastet wurden. Und das alles ständig begleitet von Püffen, Tritten, Hetzen, die-Faust-unter-die-Nase-Halten. Sie nahmen uns alles ab, einschließlich der Dokumente und der Barschaft. Sie ließen uns nur Hemden, Hosen und Schuhe. Das Flughafengebäude bestand aus einem Zentralteil und zwei Flügeln. Wir wurden zu einem ebenerdigen Raum am Ende des einen Flügels geführt und dort eingesperrt. Vor das Fenster wurden Fallschirmjäger als Wache postiert. Ich glaube, daß unsere Zelle in normalen Zeiten als Aufbewahrungsraum für Sessel diente, denn die Kammer war völlig leer bis auf ein paar Metallsessel. Damals machte ich die Erfahrung, daß Sessel eine gefahrenträchtige

Schlafstatt abgeben. Wenn man nämlich den Körper im Schlaf bewegt, kommt es leicht dazu, daß die Sessel auseinander rutschen und man zu Boden stürzt (in diesem Fall auf einen Betonboden), wobei man sich verschiedene schmerzhafte Verletzungen zuziehen kann. Andererseits haben die Sessel gegenüber dem Betonboden den Vorteil, daß man wärmer liegt und die Feuchtigkeit weniger zu spüren bekommt – mit einem Wort, jeder muß sich entscheiden, was er persönlich vorzieht, entweder vor Kälte auf dem Beton zu schlottern oder sich die Knochen zu reiben, die bei nächtlichen Stürzen litten. Ich saß zum ersten Mal im Kittchen (eigentlich war es bereits das zweite Mal – das erste Mal war in Kabul, ein paar Jahre zuvor) und muß sagen, daß es gar nicht angenehm ist. Besonders schlimm ist die erste Zeit, der Übergang von der Freiheit zur Haft, das Krachen der Türen, die hinter einem zufallen. Da geht einem viel durch den Kopf. Ich begann zum Beispiel schon nach ein paar Stunden über das Problem nachzudenken, wo es besser ist, zu sitzen – zu Hause oder in der Fremde. Die logische Antwort lautet natürlich – dort, wo man weniger geschlagen wird. Doch wenn man zwei Gefängnisse miteinander vergleicht, in denen nicht geschlagen wird, ist jedenfalls das in der Heimat vorzuziehen. Hier können uns Freunde und Bekannte besuchen, wir können Briefe schreiben, Pakete empfangen und dürfen auf eine Amnestie hoffen. In Usumbura konnten wir mit nichts von all dem rechnen. Wir waren total abgeschnitten von der Welt. Die Fallschirmjäger durften sich straflos fühlen, sie konnten uns umbringen, und niemand würde erfahren, wo und auf welche Weise wir diese Welt verlassen hatten. Wir waren ganz einfach aus Stanleyville verschwunden.

In der Zwischenzeit begann die Untersuchung. Sie wurde von Zivilisten geführt, vermutlich Kolonisten aus Stanleyville, weil sie die Stadt wie ihre Uniformtasche kannten. Natürlich glaubten sie nicht, daß wir Journalisten waren. Die Polizei auf der ganzen Welt will nicht recht glauben, daß es einen solchen Beruf überhaupt gibt, und manchmal ist ihre Skepsis sogar angebracht, denn im Milieu der Auslandskorrespondenten gibt es auch so manchen faulen Apfel. Wir hatten nicht viel zu sagen, und endlich wurden sie es leid, uns mit ihren Fragen zu quälen. Die Fallschirmjäger, die uns bewachten, wechselten zweimal am Tag, um neun Uhr morgens und um neun Uhr abends. Der Bewacher, der abends Dienst machte, brachte unser Essen. Wir bekamen einmal täglich zu essen, am Abend – eine Flasche Bier für alle drei und für jeden von uns ein kleines Stück Fleisch. Der Soldat, der Tagwache hatte, begann seinen Dienst damit, daß er uns der Reihe nach zur Toilette führte, weil es in unserem Raum keinen Kübel gab. In dringenden Fällen mußten wir um Sondererlaubnis bitten, die nur ungern gewährt wurde. Sie erlaubten uns nicht einmal, uns zu waschen, was in den Tropen einer Form der Folter gleichkommt, weil die verschwitzte Haut nach kurzer Zeit zu jucken und zu brennen beginnt. Am meisten litt Jarda unter diesen Bedingungen, der Asthma hatte, das nun wieder einsetzte. Er atmete schwer und erstickte beinahe unter den Hustenanfällen. An Arzneimittel war gar nicht zu denken. Aus unserem Fenster bot sich folgende Aussicht: unmittelbar davor Helm und Schultern eines Fallschirmjägers, dahinter die Ebene, die zum See abfiel, und schließlich, weit am Horizont, die Berge. Manchmal bekamen wir landende und startende Flugzeuge zu Gesicht. Die Tage tropften in ermüdender Eintönigkeit und Monotonie dahin. Wir besaßen genug Zeit, um über unsere Lage nachzudenken. Punkt eins – die Fallschirmjäger können mit uns tun und lassen, was ihnen gefällt. Wenn sie uns im See ertränken, erfährt das kein Mensch. (Dies alles ereignete sich in einer Zeit härtester und brutalster Kämpfe, in denen wahl- und skrupellos Menschen umgebracht wurden, die viel bedeutender waren als wir.) Zweitens – wir befinden uns in der Lage der Helden Kafkas: Wir wurden angeklagt, doch wir können uns nicht verteidigen. Wir dürfen uns mit niemandem verständigen, keinen benachrichtigen. Wir wissen nicht, welches Los auf uns wartet, was mit uns geschehen soll. Die Fallschirmjäger schweigen. Es taucht kein Vertreter einer höheren Macht auf. Eines Abends übernahm ein neuer Fallschirmjäger die Wache, der sich anders benahm als seine Vorgänger. Er begann mit uns zu plaudern und wollte uns Nilpferdzähne verkaufen. Doch wir besaßen kein Geld, das war uns bei der Revision abgenommen worden, daher endete das Gespräch mit unserem Versprechen, daß wir die Zähne kaufen wollten, wenn man uns nur erst freiließ und das Geld retournierte. Dieser Fallschirmjäger erwies sich als überaus hilfreich, wie sich bald zeigen sollte. Eines Nachmittags (den Wachdienst versah ein anderer, unzugänglicher Fallschirmjäger) kam ein Afrikaner zu unserem Fenster, ein großgewachsener, gutaussehender Tutsi, der uns in aller Eile – ehe ihn der Wächter noch verjagen konnte – berichtete, daß er in der Flughafenbar (wo dieser Tutsi beschäftigt war) gelauscht und gehört habe, wie Offiziere davon sprachen, daß wir am nächsten Tag erschossen werden sollten. Der Wächter kam zum Fenster gelaufen, doch in diesem Moment war der Mann schon verschwunden.

Was ich hier schreibe, ist kein Buch, sondern nur der Entwurf (und ein Entwurf ist weniger als eine Skizze) eines nicht existierenden Buches. Es ist daher hier nicht der Platz, die Gefühle zu beschreiben, die ein Mensch empfindet, dem ein großgewachsener und ernster Tutsi von einem solchen Offiziersgespräch in einer Flughafenbar berichtet. Er wird beinahe augenblicklich vom Gefühl bedrückender Leere, völligen Zusammenbruchs erfaßt, von lähmender Kraftlosigkeit, als befände er sich in Narkose oder unter dem Einfluß starker Betäubungsmittel. Dieser Zustand wird noch verstärkt durch das Gefühl völliger Hilflosigkeit und das Bewußtsein, daß man nichts ändern, keinen Widerstand leisten kann. Mit ei-

nem Mal rinnt alle Kraft aus den Muskeln, man hat nicht einmal mehr genug Energie, um zu schreien, mit den Fäusten
gegen die Wände zu trommeln, den Kopf gegen den Boden
zu schlagen. Nein, schon gehört uns der Körper nicht mehr,
er ist fremde Materie, die wir mit uns schleppen müssen, bis
uns jemand von dieser mühseligen Last befreit. Die Luft wurde immer stickiger, und diese fast greifbare Stickigkeit machte uns am meisten zu schaffen. Dušan und ich saßen da, ohne
einander anzublicken, ich weiß nicht, warum. Jarda lag ausge-
streckt auf zwei Sesseln, gebadet in Schweiß, geschüttelt von
Asthmaanfällen.

Eine schlaflose Nacht.

Noch in der Nacht begann es zu regnen. Als es hell wurde,
fiel immer noch Regen, es war ein verhangener, feuchter Tag,
dichter Nebel lag über dem See. Im Morgengrauen tauchte
aus diesem Regen und Nebel ein Flugzeug auf, das auf einer
Nebenrollbahn, ganz in der Nähe hielt. Das war ungewöhn-
lich, denn alle anderen Maschinen (die hier übrigens selten
landeten) blieben auf der weit entfernten gegenüberliegen-
den Seite des Flughafens stehen, während diese eine vielleicht
aufgrund der schlechten Landebedingungen in unserer Nähe
ausrollte, wo der Nebel nicht so dicht war (dieser Teil des
Flughafens lag am weitesten vom See entfernt). Die beiden
weißen Piloten gingen hinüber zum Flughafengebäude, doch
ein paar schwarze Stewards blieben bei der Maschine. Wir begannen zu rufen und zu winken. Das war möglich, weil der
anständige Fallschirmjäger mit den Nilpferdzähnen Nacht-
wache hatte, unser Mann, der nur leben und sich ein paar
Groschen dazuverdienen wollte, einfach ein Mensch (damals
konnte ich mich davon überzeugen, daß Leute, die man mit
kleinen Summen kaufen kann, oft menschlicher sind als un-
bestechliche Formalisten), und als er nun sah, daß wir mit den
Stewards reden wollten, verzog er sich auf die andere Seite
des Gebäudes. Einer der Stewards kam kam näher, und Jarda

fragte ihn, wohin sie flögen. Er antwortete, nach Léopoldville. Jarda berichtete in gebotener Kürze von unserer mißlichen Situation, und daß unsere Stunden gezählt seien und wir ihn anflehten (ein Weißer, der einen Schwarzen anfleht, war in jenen Jahren geradezu schockierend), gleich nach der Ankunft in Léopoldville das dortige Quartier der Vereinten Nationen davon zu verständigen, daß wir hier im Gefängnis säßen; sie sollten die ganze Welt davon in Kenntnis setzen, dann würden es die Fallschirmjäger nicht wagen, uns zu töten, und sie sollten Soldaten herschicken, um uns herauszuholen. Der Schwarze, der in unsere Zelle blickte, sah einen Fensterrahmen und in diesem Rahmen ein Gitter und hinter dem Gitter drei weiße, schrecklich schmutzige, unrasierte, erschöpfte Gesichter, die sich nur dadurch voneinander unterschieden, daß Jardas Gesicht rund war und die beiden anderen hager. »O.k.«, sagte der Schwarze, »ich will es versuchen.«

Erst in diesem Moment begann die wahre Folter. Der Steward hatte ein Krümel Hoffnung in unsere Zelle geworfen, und das genügte, um uns aus dem Zustand der inneren Kraftlosigkeit und lähmenden Depression zu reißen. Diese Form der Selbstbetäubung ist ein psychobiologischer Mechanismus, mit dessen Hilfe man sich dagegen schützt, verrückt zu werden. Doch es genügt ein winziger Lichtstrahl ins Dunkel, und Menschen, die eben noch reglos und apathisch in den Abgrund taumelten und nur darauf warteten, am Boden zu zerschellen, krallen sich neuerlich in die Wände, um noch einmal den Aufstieg zu versuchen. Ein glücklicher Zufall hat ihren Todessturz gebremst, und sie kehren ins Leben zurück. Was sie hinter sich lassen, ist eine Leere, die sich nicht beschreiben läßt, weil sie keine Eigenschaften besitzt, keine Gestalt, keine Merkmale. Von ihrer Existenz erfahren wir, ähnlich wie bei der Schallmauer, erst dann, wenn wir uns ihr nähern. Es genügt, einen Schritt von der Leere zurückzutreten, und sie verschwindet. Wer allerdings einmal diese Leere durchmaß, wird danach nie mehr derselbe wie vorher sein. Es bleibt eine psychische Narbe zurück, ein Stück harte Schlacke, die andere eher spüren als wir selber. Sie stellen nach einiger Zeit fest, daß etwas in uns ausgebrannt ist, daß wir nicht mehr dieselben sind wie zuvor. Jede Begegnung mit dem Tod muß bezahlt werden, das weiß jeder, der diese Erfahrung gemacht hat. Wir sahen, wie die Maschine abflog, und begannen hektisch zwischen unseren Sesseln hin und her zu laufen, über dieses und jenes zu reden und uns zu zanken (den ganzen Nachmittag, Abend und die Nacht hindurch hatte in der Zelle Ruhe geherrscht). Wird der Steward tatsächlich die Vereinten Nationen verständigen? Und wenn ja, wer wird die Nachricht entgegennehmen? Einer, der Anteilnahme zeigt und gleich handelt, oder einer, der nur die Achseln zuckt und nichts unternimmt? Und selbst wenn er handelt, wird es gelingen, uns zu befreien? Nehmen wir einmal an, alles läuft in unserem Sinn, dann verstreicht mindestens ein halber Tag, bis der Steward in Léopoldville anlangt, das dortige Quartier verständigt und dieses wiederum dem Quartier in Usumbura Nachricht gibt. Ehe jedoch etwas geschieht, können uns die Fallschirmjäger hundertmal hinausführen und liquidieren oder den Söldnern von Kongo-Müller übergeben. Das alles kostet Nerven, ist ein Nervenkrieg, fiebrige Aufregung, doch das alles spielt sich in unserem Inneren ab, denn draußen, vor dem Fenster, ist alles wie zuvor: der Helm und die Schultern des Fallschirmjägers, dahinter die Ebene, der See (der Tanganjikasee), die Berge. Und heute dazu noch Regen.

Am Nachmittag hörten wir vor dem Fenster einen aufheulenden Automotor, kreischende Bremsen und menschliche Stimmen, die sich in einer uns unbekannten Sprache unterhielten. Wir stürzten zum Gitter. Neben dem Gebäude stand ein Jeep mit der Flagge der Vereinten Nationen, aus dem vier dunkelhäutige Soldaten in blauen Helmen stiegen. Das waren Äthiopier aus der Garde Haile Selassies. Sie gehörten zum

Kontingent der Vereinten Nationen im Kongo. Nun postierten sie ihre Wache neben die Wache der Fallschirmjäger.

Ich kann nicht sagen, wie jener Kongolese hieß, der uns das Leben rettete. Ich bin ihm später nie mehr begegnet. Er war ein Mensch, das ist alles, was ich von ihm weiß.

Den Mann im Quartier der Vereinten Nationen in Léopoldville, der uns das Leben rettete, kenne ich nicht nur nicht beim Namen, ihn habe ich nicht einmal zu Gesicht bekommen. Es gibt zahlreiche Schweinereien auf dieser Welt, doch es existieren auch Anständigkeit und andere menschliche Gefühle.

Ich kann nicht beurteilen, ob die Äthiopier und die Fallschirmjäger um uns feilschten oder nicht. Sie konnten einander nicht ausstehen, das steht fest. Es entspann sich zwischen ihnen ein Prestigekampf darum, wer den Kongo beherrscht.

Am nächsten Morgen flogen wir mit einem Flugzeug der Sabair über Fort Lamy und Malta nach Rom.

Im großen Glaskasten des Flughafens Fiumicino paradierte die wunderbare und – für uns in diesem Moment – außergewöhnlich exotische Welt des zufriedenen, satten und friedlichen Europas, eine Welt modisch gekleideter Mädchen und eleganter Herren, die zu internationalen Konferenzen eilten, aufgekratzter Touristen, die angeflogen waren, um das Forum Romanum zu sehen, ungemein gepflegter Damen, junger Paare, die zu den Stränden von Mallorca und Las Palmas jetteten. Als nun diese ganze phantastische Welt an uns vorüberzog (an drei erbärmlich aussehenden, schmutzigen, unrasierten Kerlen in zerschlissenen Hemden und Leinenhosen, und das zu einer Zeit, da hier kühles Frühlingswetter herrschte und die übrige Welt sich mit Mänteln, Pullovern und anderen wärmenden Kleidungsstücken vor der Kälte zu schützen suchte), spürte ich plötzlich – und dieser Gedanke ließ mich erschrecken –, daß ich dank eines traurigen oder sogar schrecklichen Paradoxons eher auf die andere Seite gehörte, nach Stanleyville und Usumbura, als zu dieser vor meinen Augen dahinflanierenden Menge.

Vielleicht fühlte ich mich auch nur einsam.

Die Polizisten starrten uns mißtrauisch an, und das konnte man ihnen nicht einmal verargen. Wir durften nicht in die Stadt fahren, da wir keine Visa besaßen. Die Polizei verständigte unsere Botschaften, die uns bereits auf der ganzen Welt hatten suchen lassen. Die Botschafter eilten zum Flughafen, doch es war schon später Abend, und wir mußten hier übernachten, da sie uns erst am nächsten Morgen Visa verschaffen konnten.

Ich kehrte nach Warschau zurück. Ich mußte eine Notiz über das schreiben, was ich im Kongo gesehen hatte. Ich beschrieb den Kampf, den Zerfall, die Niederlage. Darauf ließ mich ein gewisser Genosse aus dem Ministerium für Auswärtige Angelegenheiten zu sich rufen. »Was haben Sie da geschrieben!« erregte er sich. »Die Revolution nennen Sie Anarchie! Sie meinen, daß Gizenga fallen und Mobutu die Oberhand behalten wird! Das sind schädliche Theorien!« – »Fahrt selber hin«, antwortete ich müde, weil ich noch Stanleyville und Usumbura in den Knochen spürte. »Da kann man nichts machen«, sagte der Genosse zum Schluß. »Sie sind nicht geeignet, als Journalist ins Ausland zu fahren, denn Sie begreifen offenbar nicht die marxistisch-leninistischen Entwicklungen, die in jener Welt vor sich gehen.« – »O.k.«, stimmte ich zu, »ich finde auch hier Themen.«

Wieder arbeite ich in der *Polityka*, ich fuhr durchs Land, publizierte Reportagen. Im Kongo kam es so, wie es kommen mußte, was im übrigen jedem klar war, der dort gewesen war. Ein paar Monate später machte man mir den Vorschlag, für ein paar Jahre nach Afrika zu gehen. Ich sollte der erste ständige polnische Korrespondent in Schwarzafrika werden und dort ein Büro der polnischen Nachrichtenagentur PAP einrichten. Anfang 1962 reiste ich nach Daressalam.

Der Weg nach Kumasi (Ghana)

Woran erinnert der Autobusbahnhof von Accra? Am ehesten erinnert er an den Wagenpark eines großen Zirkus, der für kurze Zeit sein Lager aufgeschlagen hat. Er ist bunt und dröhnt von Musik. Die Autobusse ähneln eher Zirkuswagen als den Luxusbussen, die über die Straßen Europas und Amerikas gleiten.

Die Busse in Accra schauen aus wie Lastwagen mit hölzernen Aufbauten, die ein auf Säulen ruhendes Dach besitzen. Dank der Tatsache, daß es keine Wände gibt, kühlt uns während der Fahrt eine erfrischende Brise. Überhaupt ist Zugluft in diesem Klima ein vielgesuchter Wert. Wenn wir eine Wohnung mieten wollen, lautet unsere erste Frage an den Besitzer: »Aber gibt es hier auch Zugluft?« Darauf öffnet er weit die Fenster, und gleich umfängt uns ein lindernder Windhauch: Wir atmen tiefer, verspüren Erleichterung – wir beginnen wieder zu leben.

In der Sahara wurden die Paläste der Herrscher nach den raffiniertesten Konstruktionsprinzipien errichtet – überall gibt es dort Öffnungen, Spalten, Windungen und Korridore, die so ausgeklügelt, angelegt und gebaut wurden, daß sie möglichst viel Zugluft erzeugen. In der mittäglichen Hitze liegt der Herrscher dann bei der Mündung einer solchen Brise auf einer Matte und atmet voll Genuß die hier etwas kühlere Luft ein. Die Brise ist auch eine finanziell meßbare Größe: Die teuersten Häuser werden dort errichtet, wo es die meiste Zugluft gibt. Stehende Luft ist wertlos, doch es genügt, daß sie sich ein wenig bewegt – und sofort steigt sie im Preis.

Die Autobusse sind grell, phantasievoll und bunt bemalt. Auf den Kühlerhauben und an den Seiten blecken Krokodile ihre scharfen Zähne, machen sich Schlangen zur Attacke bereit, tollen Herden von Pavianen durch Bäume, hetzen von

Löwen gejagte Gazellen über die Savanne. Überall gibt es Unmengen von Vögeln und dazu Girlanden und Bukette von Blumen. Kitsch, allerdings voll Leben und Phantasie.

Am wichtigsten sind jedoch die Aufschriften. Sie laufen in großen Buchstaben, verziert mit kunstvollen Blumengirlanden, um den ganzen Wagen und sind schon von weitem zu sehen, weil sie Verlockungen oder Warnungen darstellen sollen. Sie betreffen Gott, die Menschen, Gebote und Verbote.

Die geistige Welt der Afrikaner (ich bin mir bewußt, daß die Verwendung dieses Begriffes eine unzulässige Vereinfachung darstellt) ist reich und komplex, ihr Innenleben ist von tiefer Religiosität durchdrungen. Sie glauben, daß es gleichzeitig drei verschiedene, wenn auch miteinander verbundene Welten gibt.

Die erste Welt ist diejenige, die sie umgibt, also die greifbare und sichtbare Wirklichkeit, die sich aus den lebenden Menschen, Tieren und Pflanzen zusammensetzt, aber auch aus toten Dingen − Steinen, Wasser und Luft. Die zweite ist die Welt der Ahnen, jener, die vor uns gestorben sind, aber gleichsam nicht gänzlich, nicht vollständig, nicht endgültig. Im metaphysischen Sinn existieren sie weiter, und sie können sogar teilhaben an unserem realen Leben, dieses beeinflussen, es gestalten. Daher ist es eine Voraussetzung für ein erfolgreiches Leben, ja manchmal für das Leben überhaupt, gute Beziehungen zu den Ahnen aufrechtzuerhalten. Und schließlich die dritte Welt − das vielfältige Reich der Geister; jener Geister, die unabhängig existieren, doch gleichzeitig in jedem Dasein, jedem Wesen, jedem Ding, in allem und überall leben.

An der Spitze dieser drei Welten steht das Höchste Wesen, die Höchste Existenz, Gott. Daher sind viele Aufschriften der Autobusse geprägt von tiefschürfender Transzendenz: »Gott ist überall«, »Gott weiß, was er tut«, »Gott ist ein Geheimnis«. Es gibt auch erdgebundenere, menschlichere Aufschriften:

»Lächle!« »Sag mir, daß ich schön bin«, »Was sich liebt, das neckt sich«.

Wir brauchen nur den Platz zu betreten, auf dem Dutzende Autobusse eng nebeneinanderstehen, und schon umringt uns eine Schar von Kindern, die einander mit der Frage überschreien, wohin unsere Reise gehen soll: nach Kumasi, nach Takoradi oder nach Tamale?

»Nach Kumasi.«

Diejenigen, die auf die Passagiere nach Kumasi lauern, greifen nach unserer Hand und führen uns, vor Freude hüpfend, zu dem entsprechenden Autobus. Sie freuen sich, weil sie dafür, daß sie einen Passagier gefunden haben, vom Fahrer eine Banane oder Orange erhalten.

Wir steigen in den Autobus und nehmen unseren Platz ein. In diesem Augenblick kann es zur Konfrontation zweier Kulturen, zur Kollision und zum Konflikt kommen. Das geschieht, wenn der Passagier ein Neuankömmling ist, der Afrika nicht kennt. So ein Mensch beginnt sich umzudrehen, umzuschauen und zu fragen: »Wann fährt der Autobus ab?« »Was heißt wann?« sagt der Fahrer erstaunt. »Wenn so viele Leute beisammen sind, daß er bis auf den letzten Platz besetzt ist.«

Europäer und Afrikaner haben völlig unterschiedliche Zeitbegriffe, sie nehmen die Zeit anders wahr, haben eine andere Einstellung ihr gegenüber. In der Überzeugung des Europäers existiert die Zeit außerhalb des Menschen, objektiv, gleichsam außerhalb unserer selbst, und besitzt eine meßbare, lineare Qualität. Nach Newton ist die Zeit absolut: »Die absolute, wirkliche und mathematische Zeit fließt in sich und in ihrer Natur gleichförmig, ohne Beziehung zu irgend etwas außerhalb ihrer Liegenden …« Der Europäer sieht sich als Diener der Zeit, er ist von ihr abhängig, ihr untertan. Um existieren und funktionieren zu können, muß er ihre ehernen, unverrückbaren Gesetze, ihre starren Prinzipien und Regeln achten. Er muß Termine einhalten, Daten, Tage und Stunden. Er bewegt sich innerhalb des Getriebes der Zeit, kann außerhalb dieses Getriebes nicht existieren. Dieses Getriebe drückt ihm seine Zwänge, Anforderungen und Normen auf. Zwischen dem Menschen und der Zeit besteht ein unlösbarer Konflikt, der immer mit der Niederlage des Menschen endet – die Zeit zerstört ihn.

Ganz anders sehen die Eingeborenen, die Afrikaner die Zeit. Für sie ist die Zeit eine ziemlich lockere, elastische, subjektive Kategorie. Der Mensch hat Einfluß auf die Gestaltung der Zeit, auf ihren Ablauf und Rhythmus (natürlich nur der Mensch, der im Einvernehmen mit den Vorfahren und Göttern handelt). Die Zeit ist sogar etwas, was der Mensch selbst schaffen kann, weil die Existenz der Zeit zum Beispiel in Ereignissen zum Ausdruck kommt, ob es aber zu diesem Ereignis kommt oder nicht, hängt schließlich vom Menschen ab. Wenn zwei Armeen auf eine Schlacht verzichten, dann hat diese Schlacht nicht stattgefunden (das heißt, die Zeit hat ihre Existenz nicht unter Beweis gestellt, existierte nicht).

Die Zeit macht sich als Folge unseres Handelns bemerkbar, und sie verschwindet, wenn wir etwas unterlassen oder überhaupt nichts tun. Sie ist eine Materie, die unter unserem Einfluß immer zum Leben erweckt werden kann, jedoch in einen Zustand des Tiefschlafs oder sogar der Nicht-Existenz versinkt, wenn wir ihr unsere Energie versagen. Die Zeit ist eine passive Kategorie und vor allem vom Menschen abhängig.

Eine völlige Umkehrung des europäischen Denkens.

In Umsetzung auf praktische Situationen bedeutet das: Wenn wir in ein Dorf kommen, wo am Nachmittag eine Versammlung stattfinden soll, aber am Versammlungsort niemanden antreffen, ist es sinnlos zu fragen: »Wann wird die Versammlung stattfinden?« Die Antwort ist nämlich von vornherein bekannt: »Wenn sich die Menschen versammelt haben.«

Daher wird auch ein Afrikaner, der in einen Autobus steigt, niemals fragen, wann dieser abfährt, sondern wird einsteigen, sich auf einen freien Platz setzen und sofort in jenen Zustand versinken, in dem er einen großen Teil seines Lebens zubringt – in den Zustand reglosen Wartens.

»Diese Menschen besitzen eine phantastische Fähigkeit zu warten!« sagte mir ein Engländer, der seit Jahren hier lebt. »Eine Fähigkeit, eine Ausdauer, irgendwie einen ganz anderen Sinn!«

Irgendwo in der Welt kreist und fließt eine geheimnisvolle Energie, die uns, wenn sie näher kommt und uns erfüllt, die nötige Kraft verleiht, um die Zeit in Bewegung zu setzen – etwas nimmt seinen Anfang. Solange aber das nicht der Fall ist, sind wir gezwungen zu warten – jedes andere Verhalten wäre müßig und eine Donquichotterie.

Worin besteht dieses reglose Warten? Die Menschen verfallen in diesen Zustand im Wissen, was dann erfolgen wird: Sie richten sich so bequem wie möglich ein, an einem möglichst angenehmen Platz. Manchmal legen sie sich hin, oder sie hocken sich einfach auf die Erde, auf einen Stein oder auf die Fersen. Sie hören auf zu sprechen. Eine Menge reglos Wartender ist stumm. Sie gibt keinen Laut von sich, sie schweigt. Die Muskeln entspannen sich. Der Körper wird schlaff, rutscht tiefer, neigt sich nach vorn. Der Hals wird steif, der Kopf bewegt sich nicht mehr. Der Mensch schaut sich nicht um, er sieht nichts, ist nicht neugierig. Manchmal hält er die Augen geschlossen, aber nicht immer. Meist sind die Augen offen, doch der Blick ist abwesend, ohne einen Funken Leben. Ich habe stundenlang Ansammlungen von Menschen in diesem Zustand reglosen Wartens beobachtet und kann daher sagen, daß sie dabei in einen tiefen physiologischen Schlaf verfallen: Sie essen nicht, trinken nicht, schlagen kein Wasser ab. Sie reagieren nicht auf die erbarmungslos niederbrennende Sonne, auf die lästigen, gefräßigen Fliegen, die sich auf die Lider, den Mund setzen.

Was geht in dieser Zeit in ihren Köpfen vor sich?

Ich weiß es nicht, ich habe keine Ahnung. Denken sie vielleicht nach? Träumen sie? Erinnern sie sich? Planen sie etwas? Meditieren sie? Befinden sie sich in einer anderen Welt? Es ist schwer zu sagen.

Eine Stadt wird zugemacht (Angola)

Drei Monate wohnte ich in Luanda, im Hotel *Tivoli*. Aus dem Fenster hatte ich einen Blick auf die Bucht und den Hafen. Vor der Küste lagen einige Handelsschiffe europäischer Überseelinien. Ihre Kapitäne waren über Funk mit Europa verbunden und wußten besser Bescheid, was in Angola geschah, als wir, die in der eingeschlossenen Stadt lebten. Als die Nachricht um die Welt ging, daß die Entscheidungsschlacht um Luanda näher rückte, fuhren die Schiffe weit hinaus aufs Meer und gingen am Horizont vor Anker. Mit ihnen rückte auch die letzte Hoffnung auf Rettung in weite Ferne, denn eine Flucht auf dem Landweg war unmöglich, und es gab Gerüchte, daß der Feind jederzeit den Flughafen bombardieren und unbenutzbar machen könnte. Als sich später herausstellte, daß der Angriff auf Luanda verschoben wurde, kehrte die Flotte in die Bucht zurück, wo sie erfolglos auf die Zuladung von Kaffee und Baumwolle wartete.

Die Bewegung dieser Schiffe stellte für mich eine wichtige Informationsquelle dar. Wenn sich die Bucht leerte, bereitete ich mich auf das Schlimmste vor. Ich horchte, ob der

Donner der Artilleriegeschütze näher kam. Ich zerbrach mir den Kopf, ob es vielleicht der Wahrheit entsprach, was sich die Portugiesen zuflüsterten, daß nämlich in der Stadt zweitausend Soldaten Holden Robertos versteckt waren, die nur darauf warteten, ein Massaker zu veranstalten. Doch inmitten dieser Zweifel kehrten die Schiffe wieder zurück in die Bucht. In Gedanken begrüßte ich die unbekannten Seeleute wie Befreier: Für einige Zeit versprach es ruhig zu bleiben.

Im Nebenzimmer wohnten zwei alte Menschen – Don Silva, ein Diamantenhändler, und seine Frau, Dona Esmeralda, die langsam an Krebs dahinsiechte. Sie durchlebte ihre letzten Tage ohne Hilfe und Linderung, denn die Spitäler waren geschlossen, und die Ärzte hatten sich davongemacht. Ihr Körper versank, schmerzgekrümmt, in einem Berg Kissen. Ich hatte Angst, bei ihr einzutreten. Einmal fragte ich sie, ob es sie nicht störte, wenn ich nachts auf der Schreibmaschine hämmerte. Ihr Geist tauchte für einen Moment aus den Schmerzen auf, gerade lange genug, daß sie sagen konnte: Nein, Ricardo, mich kann nichts mehr vom Sterben abhalten.

Don Silva lief stundenlang im Korridor auf und ab. Er zankte sich mit allen, verfluchte die ganze Welt, und sein Nacken schwoll vor Zorn dick an. Er brüllte sogar die Schwarzen an, obwohl die in jenen Tagen von allen mit ausgesuchter Höflichkeit behandelt wurden, einer unserer Nachbarn hatte es sich sogar zur Gewohnheit gemacht, wildfremde Afrikaner auf der Straße anzuhalten, ihnen die Hand zu reichen und sich tief vor ihnen zu verneigen. Die dachten, der Krieg habe ihm die Sinne verwirrt, und wandten ihm schleunigst den Rücken. Don Silva wartete auf die Ankunft Holden Robertos und fragte mich, ob ich etwas darüber wisse. Der Anblick der ausfahrenden Schiffe erfüllte ihn mit größter Freude. Er rieb sich die Hände, reckte sich und bleckte seine künstlichen Zähne. Trotz der drückenden Hitze trug er ständig warme Kleidung. In die Nähte seines Anzugs hatte er ganze Rosenkränze von Diamanten eingenäht. Als es einmal schien, daß die FNLA schon vor dem Hoteleingang stände, zeigte er mir in einer Aufwallung von Freude eine Handvoll glänzender Steine, die aussahen wie zerstoßenes Glas. Es waren Diamanten. Im Hotel sagte man, Silva trage Steine für eine halbe Million Dollar bei sich. Das Herz des Alten war zerrissen. Er wollte mit seinen Reichtümern fliehen, doch die Krankheit Dona Esmeraldas hielt ihn zurück. Er hatte Angst, wenn er sich nicht unverzüglich davonmachte, könnte ihn jemand verraten und man würde ihm seine Schätze wegnehmen. Er ging nie auf die Straße und wollte sogar ein zusätzliches Schloß anbringen lassen, doch alle Fachleute hatten Luanda längst verlassen, und es fand sich keiner, der diese Arbeit ausführen konnte.

Mir gegenüber wohnte ein junges Paar – Arturo und Maria. Er war Kolonialbeamter und sie eine ruhige, schweigsame Blondine mit verschleierten, sinnlichen Augen. Sie warteten auf die Abreise, aber zuerst mußten sie ihr angolanisches Geld in portugiesische Währung umtauschen, und das dauerte Wochen, denn vor den Banken warteten kilometerlange Schlangen. Unsere Putzfrau, eine flinke, warmherzige Alte – Dona Cartagina – vertraute mir in empörtem Flüsterton an, daß Arturo und Maria in wilder Ehe lebten. Das heißt, sie lebten zusammen wie Schwarze, wie diese Gottlosen von der MPLA. In ihrer Wertskala war das die niedrigste Stufe, auf die weiße Menschen sinken konnten. Auch Dona Cartagina wartete auf die Ankunft Holden Robertos. Sie wußte nicht, wo seine Truppen standen, und fragte mich heimlich nach neuen Informationen. Sie fragte auch, ob ich positiv über die FNLA schreibe. Ich sagte, ja, enthusiastisch sogar. Dankbar putzte sie mein Zimmer stets auf Hochglanz, und wenn es in der Stadt nichts zu trinken gab, brachte sie mir – ich weiß nicht, woher – eine Flasche Wasser.

Maria behandelte mich wie einen, der seinen Selbstmord

vorbereitet, weil ich ihr gesagt hatte, ich wolle in Luanda bis zum Tag der Unabhängigkeit Angolas, bis zum 11. November, ausharren. Ihrer Ansicht nach würde bis dahin in der Stadt kein Stein auf dem anderen bleiben. Alle würden umkommen und die Stadt sich in einen riesigen Friedhof verwandeln, auf dem Geier und Hyänen hausten. Sie riet mir, rasch abzufahren. Ich wettete mit ihr um eine Flasche Wein, daß ich bleiben und sie am 15. November um fünf Uhr nachmittags in Lissabon im eleganten Hotel *Altis* treffen würde. Ich verspätete mich zu diesem Rendezvous, doch Maria hinterließ an der Rezeption eine Nachricht, daß sie auf mich gewartet habe und am nächsten Tag mit Arturo nach Brasilien reise.

Das Hotel *Tivoli* war zum Bersten voll und erinnerte an unsere Bahnhöfe gleich nach dem Krieg, vollgestopft mit Menschenmassen, die einmal aufgeregt waren und dann wieder apathisch, mit Bergen nachlässig verschnürter Bündel. Überall roch es schlecht, säuerlich, über dem ganzen Gebäude lag zähe, klebrige Schwüle. Die Menschen schwitzten vor Hitze und Angst. Es herrschte eine apokalyptische Stimmung, und alle warteten auf ihr Ende. Einer brachte die Nachricht, daß in der Nacht die Stadt bombardiert würde. Ein anderer hatte erfahren, daß die Schwarzen in ihren Vierteln die Messer wetzten, um sie an portugiesischen Kehlen auszuprobieren. Jeden Moment konnte der Aufstand losbrechen. Welcher Aufstand? fragte ich, um darüber nach Warschau zu berichten. Keiner konnte es genau sagen. Einfach – der Aufstand, aber was für ein Aufstand, das würde sich zeigen, wenn er losbrach.

Die Gerüchte erschöpften alle, zerrten an den Nerven, machten jedes Denken unmöglich. Die Stadt lebte in einer Atmosphäre der Hysterie, sie bebte vor Angst. Die Menschen wußten nicht, wie sie mit der sie umgebenden Wirklichkeit fertig werden sollten. Wie sie sich diese erklären, sich daran gewöhnen könnten. Die Männer versammelten sich in den Korridoren des Hotels und hielten Stabsbesprechungen ab. Die nüchternen Pragmatiker waren dafür, das Hotel nachts zu verbarrikadieren. Diejenigen mit einem weiteren Horizont und der Fähigkeit, die Dinge global zu sehen, meinten, man müsse Depeschen an die UNO schicken mit einem Appell zur Intervention. Doch alles endete, wie bei Südländern üblich, in endlosen Diskussionen.

An den Abenden kreiste ein Flugzeug über der Stadt und warf Flugblätter ab. Das Flugzeug war schwarz bemalt und hatte weder Lichter noch Kennzeichen. Die Flugblätter besagten, daß die Truppen von Holden Roberto vor Luanda ständen und vielleicht schon morgen in der Hauptstadt einmarschieren würden. Um ihnen diese Aufgabe zu erleichtern, wurde die Bevölkerung aufgerufen, alle Russen, Ungarn und Polen zu erschlagen, die die Verbände der MPLA anführten und am ganzen Krieg und all dem Unglück schuld wären, das die erschöpfte Nation heimgesucht hätte. Das war im September, als ich in ganz Angola der einzige Osteuropäer war. In der Stadt zogen Schlägertrupps der PIDE umher, die auch ins Hotel eindrangen und fragten, wer hier wohne. Sie konnten das straflos tun, denn in Luanda gab es keine Behörden mehr, und sie wollten sich für alles rächen, für die Revolution der Nelken, für den Verlust Angolas, für ihre gescheiterten Karrieren. Jedes Klopfen an der Tür konnte Schlimmes für mich bedeuten. Ich bemühte mich, nicht daran zu denken, das ist in einer solchen Situation die einzige Möglichkeit.

Die Schlägerbanden versammelten sich in der Nachtbar *Adão*, neben dem Hotel. Dort war es immer dunkel, und die Kellner trugen Taschenlampen. Der Besitzer der Bar, ein fetter, verlebter Playboy mit blutunterlaufenen Augen, die halb hinter geschwollenen Lidern verschwanden, nahm mich einmal mit in sein Büro. An den Wänden standen Regale, die vom Boden bis zur Decke reichten und auf denen zweihundertsechsundzwanzig verschiedene Whiskysorten lagerten. Er holte aus der Schublade seines Schreibtisches zwei Pistolen und legte sie vor sich hin.

Mit denen bringe ich zehn Kommunisten um, dann erst werde ich mich ruhig fühlen, sagte er.

Ich blickte ihn an, lächelte und wartete, was er tun würde. Durch die Tür war Musik zu hören, die Schläger amüsierten sich mit betrunkenen Mulattinnen. Der Dicke steckte die Pistolen weg und knallte die Schublade zu. Bis heute weiß ich nicht, warum er mich in Ruhe ließ. Vielleicht gehörte er zu jenen Menschen, wie ich sie manchmal getroffen habe, denen das bloße Wissen, daß sie jemanden töten könnten, mehr Befriedigung bereitet als das Töten selber.

Den ganzen September über ging ich zu Bett, ohne zu wissen, was in dieser Nacht und am folgenden Tag geschehen würde. In meiner Umgebung schlichen Typen herum, deren Visagen ich schon kannte. Wir begegneten einander immer wieder, ohne je ein Wort zu wechseln. Ich wußte nicht, wie ich mich verhalten sollte. Abends nahm ich mir vor, wachsam zu sein und mich nicht im Schlaf überraschen zu lassen. Doch später in der Nacht ließ die Spannung nach, und ich schlief, in Kleidern und Schuhen, auf dem breiten Bett ein, das Dona Cartagina schön überzogen hatte.

Die MPLA konnte mich nicht schützen: Ihre Leute waren weit, in den afrikanischen Vierteln, oder noch weiter – an der Front. Der europäische Bezirk, in dem ich wohnte, gehörte noch nicht ihnen. Daher fuhr ich gern an die Front – dort war es sicherer, vertrauter. Doch diese Fahrten kamen nur selten zustande. Keiner, nicht einmal die Leute vom Stab, konnte genau sagen, wo die Front verlief. Es gab keine Nachrichten und keinen Kontakt. Verstreute kleine Verbände schlecht ausgebildeter, unerfahrener Partisanen, die sich in der riesigen, trügerischen Weite verloren, tauchten einmal hier, einmal dort auf, ohne Plan und Sinn. Diesen Krieg führte jeder auf eigene Faust, jeder auf sich selbst gestellt.

Täglich um neun Uhr abends meldete sich Warschau. Am Fernschreiber, der in der Rezeption stand, leuchtete ein Lämpchen auf, und die Maschine druckte das Signal aus:
814251 PAP PL GUTEN ABEND BITTE SENDEN

oder:
ENDLICH IST VERBINDUNG HERGESTELLT

oder:
BEKOMMEN WIR HEUTE ETWAS?
PLS GA GA

Ich antwortete:
OK OK MOM SVP

und legte den Streifen mit dem Fernschreiben ein.

Für mich war neun Uhr die wichtigste Zeit des Tages, ein Ereignis, das sich Abend für Abend wiederholte. Ich schrieb jeden Tag, aus ganz egoistischen Gründen, überwand meine innere Teilnahmslosigkeit und Depression, um zumindest einen kurzen Text zu verfassen und die Verbindung mit Warschau aufrechtzuerhalten, weil mich das vor der Einsamkeit und dem Gefühl der Verlassenheit bewahrte. Wenn genug Zeit war, lauerte ich schon lange vor neun vor dem Fernschreiber. Das aufleuchtende Lämpchen weckte in mir eine ähnliche Begeisterung, wie sie ein Mensch empfindet, der durch die Wüste irrt und plötzlich auf eine Quelle stößt. Ich versuchte mit allen Mitteln, diese Sitzungen zu verlängern. Ich beschrieb alle Schlachten bis ins kleinste Detail. Ich frage, wie das Wetter zu Hause war, und klagte, daß es nicht genug zu essen gab. Doch schließlich kam der Augenblick, da Warschau schrieb:

EMPFANG GUT MELDEN UNS MORGEN 20 UHR
GMT BD BY BY

Das Lämpchen erlosch, und ich war wieder allein.

Luanda ging anders zugrunde als unsere Städte im Krieg. Es gab keine Luftangriffe, keine Zerstörung eines Viertels nach dem anderen. Es gab keine Friedhöfe in den Straßen und auf den Plätzen. Ich kann mich an keinen einzigen Brand erinnern. Die Stadt starb wie eine Oase, deren Brunnen austrocknen – sie wurde verlassen, leerte sich, fiel in Vergessenheit. Doch diese Agonie trat später ein, einstweilen herrschte überall noch fiebrige Betriebsamkeit. Alle hatten es eilig, alle fuhren ab! Jeder versuchte, mit dem nächsten Flugzeug nach Europa, nach Amerika, egal wohin zu gelangen. In Luanda strömten die Portugiesen aus ganz Angola zusammen. Aus den entferntesten Winkeln kamen Karawanen von Autos, beladen mit Menschen und Gepäck. Die Männer unrasiert, die Frauen in zerknitterten Kleidern und verweint, die Kinder schmutzig und schlaftrunken. Unterwegs schlossen sich die Flüchtlinge zu langen Trecks zusammen, denn je größer die Gruppe, um so sicherer war sie. Anfangs füllten sie in Luanda die Hotels, doch bald war dort nicht mehr genug Platz, und sie zogen direkt zum Flughafen. Um den Flughafen herum entstand eine Nomadenstadt, ohne Straßen und Häuser. Die Menschen wohnten unter freiem Himmel, immer durchnäßt, weil es ständig regnete. Sie lebten jetzt schlechter als die Schwarzen in den an den Flughafen grenzenden afrikanischen Vierteln, aber sie nahmen das apathisch hin, mit dumpfer Resignation, weil sie nicht wußten, wen sie wegen ihres Unglücks verfluchen sollten. Salazar lebte nicht mehr, Caetano hatte sich nach Brasilien abgesetzt, und in Lissabon wechselten die Regierungen ständig. An allem war die Revolution schuld, denn vorher hatte Ordnung geherrscht. Nun versprach die Regierung den Schwarzen die Freiheit, die Schwarzen prügelten sich untereinander, mordeten und sengten. Sie sind nicht fähig, sich selbst zu regieren. Ein Schwarzer will nur eines: saufen und dann den ganzen Tag auf der faulen Haut liegen. Er hängt sich Korallen um den Hals, und schon ist er glücklich. Arbeiten? Hier arbeitet keiner. Sie leben wie vor hundert Jahren. Vor hundert, mein lieber Herr? Vor tausend! Ich habe welche gesehen, die lebten wie vor tausend Jahren. Aber wie kann man wissen, was vor tausend Jahren war? Natürlich kann man das, jeder weiß, wie es damals war. Dieses Land wird es bald nicht mehr geben. Mobutu wird sich ein Stück nehmen, die im Süden werden ein Stück nehmen, und das wird das Ende sein. Man müßte auf der Stelle fort von hier. Um das nicht länger mit anzusehen. Ich habe vierzig Jahre Arbeit hier hineingesteckt. Mein ganzes schwer verdientes Geld. Wer wird mir das ersetzen? Glauben Sie etwa, man kann sein Leben noch einmal von vorn beginnen?

Die Menschen sitzen auf ihren Bündeln, die mit Plastik abgedeckt sind, weil es regnet, meditieren, denken über alles nach. Manchmal glimmt in diesem verstreuten Haufen, der schon seit Wochen so vor sich hin vegetiert, plötzlich ein Funken von Rebellion auf. Die Frauen verprügeln die Soldaten, die abgestellt sind, um Ordnung zu wahren, und die Männer versuchen ein Flugzeug zu kapern, damit die Welt erfährt, in welche Verzweiflung man sie getrieben hat. Keiner weiß, wann er von hier abfliegt und wohin. Es herrscht ein gigantisches Chaos. Es ist schwierig, Portugiesen zu organisieren, denn sie sind geborene Individualisten, Naturen, die nicht im Gedränge und in Gemeinschaft leben können. Zuerst kommen die schwangeren Frauen dran. Warum gerade die? Bin ich etwa weniger wert, weil ich mein Kind vor einem halben Jahr zur Welt gebracht habe? Gut, zuerst kommen die Schwangeren und die Frauen mit Säuglingen dran.

Warum gerade die? Bin ich etwa weniger wert, weil mein Sohn gerade drei Jahre alt wurde? Gut, zuerst kommen die Frauen mit Kindern dran. So ist das also? Ich soll wohl krepieren, nur weil ich ein Mann bin? Und dann klettern die Kräftigsten ins Flugzeug, und die Frauen mit den Kindern legen sich aufs Rollfeld, vor die Räder, damit die Piloten nicht starten können, das Militär rückt an, verjagt die Männer und läßt die Frauen einsteigen, und die marschieren triumphierend die Treppe hinauf, wie eine siegreiche Truppe in eine eroberte Stadt.

Lassen wir zuerst diejenigen abfliegen, deren Nerven kaputt sind. Wunderbar, da braucht ihr nicht lange zu suchen, wenn nicht Krieg herrschte, wäre ich schon längst im Irrenhaus. Und uns hat bei Carmona eine Bande Wilder überfallen, die hat uns alles geraubt, hat uns verprügelt, wollte uns erschießen. Heute noch zittere ich am ganzen Leib. Wenn ich nicht sofort hier wegkomme, werde ich noch verrückt. Meine Lieben, ich will euch nur sagen, daß ich mein ganzes Vermögen verloren habe. Außerdem haben mich in Lumbala zwei Strolche der UNITA an den Haaren gepackt, und ein dritter hat mir den Lauf direkt vors Auge gehalten. Das ist doch, so meine ich, Grund genug, um auf der Stelle den Verstand zu verlieren.

Es gab kein Kriterium, das alle akzeptiert hätten. Die verzweifelte Menge drängte zu jedem Flugzeug, und es vergingen Stunden, bis sie sich darauf geeinigt hatte, wer schließlich einen Platz bekam.

Eine halbe Million Flüchtlinge muß über eine Luftbrücke ans andere Ende der Welt transportiert werden.

Alle wissen, warum sie von hier fort wollen. Sie wissen, daß man den September noch überdauern kann, doch im Oktober wird es schon unerträglich werden, und den November überlebt keiner mehr. Woher sie das wissen? Was fragen Sie so etwas?! Ich habe hier achtundzwanzig Jahre gelebt, da kann ich mir schon ein Urteil erlauben über dieses Land. Wissen Sie, was ich mir hier erschuftet habe? Ein altes Taxi, das ich dort, auf der Straße, stehenließ.

Die Menschen flüchteten wie vor einer heranziehenden Seuche, wie vor einem Pesthauch, den man nicht sieht, der aber tödlich ist. Dann würde Wind kommen, und Sand würde die Spuren des letzten Menschen bedecken.

Glaubst du daran? frage ich Arturo. Arturo glaubt das nicht, aber trotzdem will er lieber wegfahren. Und Sie, Dona Cartagina, glauben Sie daran? Ja, Dona Cartagina ist davon überzeugt. Wenn wir bis November bleiben, sind wir verloren. Die Alte fährt sich mit dem Finger energisch über den Hals, so daß ihr Nagel eine rote Spur hinterläßt.

Bevor die Stadt zugemacht und zum Tode verurteilt wurde, begaben sich verschiedene Dinge. Wie ein Kranker, der in letzter Agonie plötzlich auflebt und für kurze Zeit wieder zu Kräften kommt, gewann Ende September auch in Luanda das Leben neues Tempo und Schwung. Die Gehsteige waren gerammelt voll, auf den Fahrbahnen stauten sich die Autos. Die Menschen hasteten aufgeregt durcheinander, jeder hatte es eilig, hatte tausend Dinge zu erledigen. Um nur möglichst rasch wegzukommen von hier, sich rechtzeitig abzusetzen, ehe die erste Welle der verpesteten Luft in die Stadt strömte.

Sie wollten Angola nicht mehr.

Sie hatten genug von diesem Land, das ihr gelobtes Land sein sollte und ihnen nur Enttäuschung und Erniedrigung gebracht hatte. Sie verließen ihr afrikanisches Heim mit einem Gemisch aus Verzweiflung und Wut, Trauer und Ratlosigkeit, mit dem Gefühl, für immer von hier wegzufahren. Sie wollten nur noch ihre Haut retten und ihr Hab und Gut in Sicherheit bringen.

Alle waren damit beschäftigt, Kisten zu zimmern. Berge von Brettern und Platten wurden herbeigeschafft. Die Preise für Hämmer und Nägel kletterten in die Höhe. Kisten waren das wichtigste Gesprächsthema – wie man sie zimmert, wie man sie am stabilsten macht. Es tauchten selbsternannte Fachleute auf – Kistenschreiner, stümperhafte Architekten des Kistenbaus, und auch Kistenbaustile, -schulen und -richtungen. In den Mauern Luandas, das aus Beton und Ziegeln errichtet war, entstand eine neue, hölzerne Stadt. Die Straßen, durch die ich nun ging, sahen aus wie ein einziger riesiger Bauplatz. Ich stolperte über herumliegende Bretter, ein aus einem Balken ragender Nagel zerriß mir das Hemd. Manche Kisten waren so groß wie Sommerhäuser, denn es entwickelte sich plötzlich eine Kistenskala des Prestiges – je reicher einer war, um so größer die Kiste, die er zimmerte. Eindrucksvoll waren die Kisten der Millionäre – mit Balken verstärkt und im Inneren mit Segeltuch ausgeschlagen, besaßen sie solide, elegante Wände aus den teuersten Tropenhölzern mit präzis geschnittenen, glattpolierten Maserungen wie bei antiken Möbeln. In diese Kisten wurden ganze Salons und Schlafzimmer gepackt, Kanapees, Tische und Schränke, Küchen und Kühlschränke, Kommoden und Fauteuils, Bilder, Teppiche, Kronleuchter, Service, Bettzeug und Decken, Kleider aller Art, Wandbehänge, Puffe und Vasen, sogar künstliche Blumen (auch das habe ich gesehen) und überhaupt der ganze monströse, unerschöpfliche Kram, mit dem das Haus jedes Kleinbürgers angefüllt ist, also Nippes, Muscheln, Glaskugeln, Flakons, ausgestopfte Echsen, die metallene Miniatur des Mailänder Doms, ein Mitbringsel von einem Italienurlaub, Briefe! Briefe und Fotografien, das Hochzeitsbild im vergoldeten Rahmen. – Das lassen wir vielleicht besser da, sagt der Hausherr. Na hör mal, daß du dich gar nicht schämst! ruft die Gattin empört –, alle Bilder der Kinder, hier, wie er sich zum ersten Mal aufsetzt, und da sagt er zum ersten Mal: Gib! gib!, und dort ist er mit einem Schlecker zu sehen, und da mit der Oma, mit einem Wort alles, buchstäblich alles, auch die Weinkisten, den ganzen Nudelvorrat, den ich hamsterte, als die Schießereien begannen, das Angelzeug, die Häkelnadeln, mein Stopfgarn! mein Kugelstutzen, die bunten Bauklötze Tutunias, Vögelchen, Nüsse, der Staubsauger und der Nußknacker müssen auch noch hinein, da hilft nichts, alles muß Platz finden, so daß nur mehr der nackte Boden bleibt, nackte Wände, die Wohnung im Negligé, ein Wohnungsstriptease bis zum bitteren Ende, bei vorhanglosen Fenstern, und jetzt machen wir nur mehr die Türe zu und halten am Weg zum Flughafen kurz an, um den Wohnungsschlüssel ins Meer zu werfen.

Die Kisten der Armen sind um ein paar Klassen schlechter. Vor allem sind sie kleiner, oft geradezu winzig und unscheinbar. Sie hätten keine Chance, ein Gütesiegel zu bekommen, denn ihre Ausfertigung läßt zu wünschen übrig. Im Gegensatz zu den Reichen, die es sich leisten können, Tischlermeister mit der Aufgabe zu betrauen, müssen die Armen ihre Kisten selber zimmern. Als Material dienen ihnen Holzabfälle, dünne Brettchen, krumme Staffeln, gesprungene Platten, das Ausschußholz, das man in drittklassigen Läden zu kaufen bekommt. Viele dieser Kisten sind mit Blech von Olivenkanistern, alten Schildern und verrosteten Straßenreklamen beschlagen und erinnern an die elenden Slums der afrikanischen Viertel. Es lohnt nicht, hineinzuschauen, es lohnt nicht und wäre auch ungehörig.

Die Kisten der Reichen stehen an den Hauptstraßen der Innenstadt oder in schattigen Winkeln der Luxusviertel. Man kann sie betrachten und bewundern. Die Armenkisten hingegen verstecken sich in Hauseinfahrten, Höfen und Läden. Sie verstecken sich allerdings nur vorläufig, denn irgendwann wird man sie durch die ganze Stadt zum Hafen schleppen müssen – und der Gedanke an diesen traurigen Anblick ist unangenehm.

Das viele Holz, das sich in Luanda türmt, läßt diese staubige Wüstenstadt, die kaum Grün und Bäume besitzt, mit einem Mal nach herrlichem, harzigem Wald duften. Als wäre dieser Wald plötzlich aus den Straßen, Plätzen und Rondeaus gewachsen. Abends öffne ich das Fenster und atme tief diesen Geruch ein, und dann rückt der Krieg in die Ferne, ich höre nicht mehr das Stöhnen Dona Esmeraldas, sehe nicht mehr den verlebten Playboy mit seinen zwei Pistolen vor mir und fühle mich, als übernachtete ich in einem Forsthaus in einem polnischen Wald.

Der Bau der hölzernen Stadt, der Kistenstadt, dauert ein paar Wochen, von morgens bis abends. Alle werken, vom Regen durchnäßt, von der Sonne gebraten, sogar Millionäre packen mit an, wenn sie körperlich dazu imstande sind. Der Eifer der Erwachsenen teilt sich den Kindern mit. Auch sie beginnen Kisten für ihre Puppen und Spielsachen zu zimmern. Gepackt wird im Schutze der Nacht. Das ist besser so, damit keiner die Nase in fremde Dinge stecken und mitzählen kann, wieviel man hinausschleppt und was, denn es ist bekannt, daß sich viele herumtreiben, die im Dienst der MPLA stehen und ihr gern alles hinterbringen.

Daher wird der Inhalt der steinernen Stadt in den Nächten, in tiefster Finsternis, ins Innere der hölzernen Stadt verbracht. Das kostet viel Mühe und Schweiß, viel Schleppen und Zerren, schmerzende Arme vom Pressen der Bündel, wunde Knie vom Zudrücken der Koffer, denn alles muß Platz finden, und die steinerne Stadt ist schließlich riesig, die hölzerne hingegen klein.

Etappenweise, von Nacht zu Nacht, verlor die steinerne Stadt gegenüber der hölzernen an Wert. Langsam veränderte sich auch das Denken der Menschen. Die Menschen dachten nicht mehr in Kategorien von Haus und Wohnung, sondern sprachen bloß noch über Kisten. Statt zu sagen: Ich muß jetzt gehen und nachschauen, ob bei mir zu Haus alles in Ordnung ist, sagten sie: Ich muß gehen und schauen, was meine Kiste macht. Das war in diesen Tagen das einzige, was die Leute interessierte und sorgte. In dem Luanda, das zurückblieb, sahen sie nur mehr eine starre, fremde Attrappe, eine Kulisse, leer, wie nach dem Ende der Vorstellung.

So eine Stadt habe ich nirgends sonst auf der Welt gesehen und werde ich vielleicht auch nie mehr zu sehen bekommen. Sie existierte einen Monat lang und begann sich dann plötzlich aufzulösen. Oder besser – Viertel um Viertel wurde auf Lastwagen zum Hafen geschafft. Nun lag sie am Ufer, nachts von den Hafenlaternen und den Lichtern der anliegenden Schiffe beleuchtet. Tagsüber gingen Menschen durch ihre verwinkelten Gassen und malten auf Tafeln ihre Namen und Adressen, wie man das überall auf der Welt tut, wenn man sich ein Heim errichtet. Man konnte fast meinen, es handle sich um eine ganz gewöhnliche hölzerne Stadt, außer daß diese von ihren Bewohnern, die aus unbekannten Gründen in größter Eile abreisen mußten, versperrt worden war.

Doch später, als es in der steinernen Stadt schon sehr schlecht ging und wir, eine Handvoll Zurückgebliebener, wie Verurteilte auf das Ende warteten, segelte die hölzerne Stadt über den Ozean davon. Sie wurde von der großen Flotte aufgenommen und verschwand nach ein paar Stunden hinter dem Horizont. Das geschah plötzlich, als wäre eine Piratenflotte in den Hafen eingedrungen, hätte einen wertvollen Schatz geraubt und sich damit übers Meer davongemacht.

Dabei konnte ich mit ansehen, wie die Stadt fortschwamm. Im Morgengrauen dümpelte sie noch neben dem Ufer, achtlos übereinandergetürmt, menschenleer, ohne Leben, wie verwandelt in die Ausstellung einer Stadt des alten Orients, die von der letzten Besuchergruppe verlassen wurde. Um diese Stunde war es neblig und kühl. Ich stand mit einer Gruppe angolanischer Soldaten und einer Schar abgerissener, frierender Kinder am Kai. Sie haben uns alles genommen, sagte ein Soldat ohne Zorn und ging daran, eine Ananas aufzuschneiden, denn diese Früchte, so überreif, daß, wenn man hineinschnitt, aus ihnen der Saft floß, stellten damals unsere einzige Nahrung dar. Sie haben uns alles genommen, wiederholte er und grub seine Zähne in das goldene Fruchtfleisch. Die obdachlosen Hafenkinder starrten ihn mit hungrigen, gebannten Augen an. Der Soldat hob sein Gesicht, von dem der Saft tropfte, lachte und fügte hinzu: Doch jetzt haben wir unser eigenes Heim. Für uns allein. Er richtete sich auf und jagte, glücklich über den Gedanken, daß Angola nun ihm gehörte, eine Serie aus seiner Maschinenpistole in die Luft. Die Sirenen dröhnten zur Antwort, die Möwen schwirrten auf und schossen über das Wasser, die Stadt bebte und segelte langsam davon.

Ich weiß nicht, ob es schon einmal vorgekommen ist, daß eine ganze Stadt den Ozean überquert hat, aber diesmal war genau das der Fall. Die Stadt schwamm in die Welt hinaus, auf der Suche nach ihren Bewohnern. Das waren die ehemaligen Einwohner Angolas, Portugiesen, die sich nun über Europa und Amerika zerstreuten. Ein Teil ging nach Südafrika. Alle verließen Angola in höchster Eile, sie flohen vor den Schrecken des Krieges, überzeugt, daß es in diesem Land kein Leben mehr geben und nur die Friedhöfe bleiben würden. Doch ehe sie abfuhren, errichteten sie noch in Luanda die hölzerne Stadt, in die sie alles packten, was es in der steinernen Stadt gab. In den Straßen blieben nur Tausende staubbedeckter Autos zurück, die langsam der Rost zerfraß. Zurück blieben auch die Mauern, die Dächer, der Asphalt auf den Straßen und die eisernen Bänke am Boulevard.

Und nun segelte die hölzerne Stadt über den Atlantik, getragen von mächtigen, sturmgepeitschten Wogen. Irgendwo weit draußen auf dem Meer wurde die Stadt geteilt, das größte Stadtviertel steuerte Lissabon an, ein zweites Rio de Janeiro und ein drittes Kapstadt. Jedes dieser Viertel erreichte glücklich seinen Bestimmungshafen. Das weiß ich aus verschiedenen Quellen. Maria schrieb mir, ihre Kisten seien schon in Brasilien eingetroffen, und diese Kisten hatten schließlich zur hölzernen Stadt gehört. Viele Zeitungen schrieben darüber, daß eines der Stadtviertel nach Kapstadt gebracht wurde. Und folgendes habe ich mit eigenen Augen gesehen. Nach meiner Abreise aus Luanda machte ich in Lissabon Station. Ein Kollege fuhr mit mir über eine breite Chaussee an der Mündung des Tejo, in der Nähe des Hafens. Und dort sah ich phantastische Kistenstapel, zu schwindelerregender Höhe getürmt, verlassen, unberührt, als gehörten sie keinem. Das war das größte Viertel des hölzernen Luandas, das an der Küste Europas gelandet war.

In jenen Tagen, da man eben mit dem Bau der hölzernen Stadt begonnen hatte, waren es die Kaufleute, die von den schlimmsten Sorgen geplagt wurden. Was sollten sie mit den Massen verschiedenster Waren anfangen, die in ihren Geschäften lagen und die Magazine bis zu den mit Spinnweben überzogenen Decken füllten? Niemand kann sich eine Kiste vorstellen, die groß genug wäre, alles zu fassen, was der wichtigste Großhändler Luandas – Don Castro Soremenho e Sousa – in seinem Lager hatte. Und die anderen Grossisten? Und der tausendköpfige Klan der Einzelhändler?

Dazu kommt, daß sich die ausländischen Handelspartner benehmen, als seien sie nicht recht bei Trost. Die europäischen Firmen – liest denn bei denen keiner Zeitung? – expedieren munter früher bestellte Waren nach Luanda, unbekümmert um die Tatsache, daß in Angola der Krieg wütet. Wer hat nun Verwendung für die komplette Badezimmereinrichtung, die gestern die Firma Koenig und Söhne aus Hamburg geschickt hat? Ist es nicht zu komisch, daß aus London eine Ladung Tennisbälle, Rackets und Golfschläger eintrifft? Wie zum Tort kommt aus Marseille ein großer Posten Insektenvertilgungsmittel, das die Kaffeeplantagenbesitzer bestellt haben, dieselben, die sich jetzt gegenseitig die Köpfe um Plätze in den Flugzeugen nach Europa einschlagen.

Don Urbano Tavares, Besitzer des Juweliergeschäftes an der Hauptstraße, darf trotz des ringsum herrschenden Unglücks zufrieden sein. Als er vor Jahrzehnten diese Branche wählte, hat er einen glücklichen Griff getan. Gold findet immer Absatz, und was übrigbleibt, läßt sich problemlos im Handgepäck verstauen. In seiner Branche herrscht nun hektische Betriebsamkeit. Aber nicht nur Gold ist gefragt. Die Menschen stürmen vor allem die Lebensmittelläden, denn es gibt immer weniger zu essen. Andrang herrscht auch in den Bekleidungs- und Schuhgeschäften. Reißenden Absatz finden Uhren und Transistorradios, Kosmetika und Arzneiwaren. Kleine und leichte Dinge, die sich auf dem neuen Lebensweg, in den Ländern in Übersee, als nützlich erweisen könnten.

Einen traurigen Eindruck hinterläßt ein Besuch in der Buchhandlung am Largo do Portugal. Eine graue Staubschicht bedeckt den Ladentisch. Kein einziger Käufer. Wer hat in diesen Tagen Lust, Bücher zu lesen? Die Soldaten haben längst die letzten Pornozeitschriften aufgekauft und an die Front mitgenommen. Der Rest – Stöße von Meisterwerken, vermischt mit minderwertiger Literatur – interessiert keinen. Wer selber schreibt, kann hier eine wichtige Lektion in Bescheidenheit lernen. Unsterbliche Meisterwerke und Unterhaltungsromane sind für einen Flüchtling aus einem ganz einfachen Grund gleichermaßen entbehrlich: Papier wiegt schwer.

Auch in dem Laden mit dem frommen Namen *Cruz de Cristo* herrscht Leere. Die Firma hat sich auf den Verkauf und Verleih von Brautkleidern spezialisiert. Die Besitzerin, Dona Amanda, sitzt stundenlang reglos, tatenlos zwischen der Schar ebenfalls regloser, stummer, von einer unsichtbaren Hexe verfluchter Schaufensterpuppen. Da sind genug Brautkleider für eine jener Massenhochzeiten, wie sie heute noch in Mexiko gefeiert werden. Alle weiß, alle bodenlang, doch jedes anders geschnitten, jedes wundervoll in seiner barocken Pracht von Falbeln und Spitzen. Womit rechnet die Ladenbesitzerin Dona Amanda? Man braucht nur durch das Schaufenster in ihr säuerliches, düsteres Gesicht zu schauen. Die Zeiten der Freuden und Hochzeiten sind vorbei, und Dona Amanda ist zwischen den unnützen Requisiten einer untergegangenen Epoche zurückgeblieben.

Mehr Glück – wenn dieses Wort am Platz ist, was ich bezweifle – hat Don Francisco Amarel Reis, Besitzer eines Betriebes namens *Caminho ao Ceu* (Weg in den Himmel), diskret versteckt in einem Seitengäßchen, am Rande der Innenstadt. Seine Spezialität: Särge, Kreuze, Blechblumen, andere Traueraccessoires. In diesen Tagen gibt es zahlreiche Begräbnisse, denn Angst, Verzweiflung und Frustration treiben viele Menschen ins Grab. Es gibt zahlreiche tragische Autounfälle, denn in dieser Atmosphäre des Pogroms, der Katastrophe, des Zorns und der Umzingelung werden weniger widerstandsfähige Fahrer zu Bestien. Also verzeichnen wir ein Begräbnis nach dem anderen.

Ich schreibe über Menschen, mit denen mich Dona Cartagina bekannt machte. Die Alte war der gute Geist des Hotels, sie wollte alles erledigen. Sie war die einzige Person, die sich für die Brautkleider Dona Amandas interessierte, denn sie träumte von der Hochzeit Arturos und Marias. Mit Don Francisco stritt sie über die letzten Dienste für Dona Esmeralda, die ihr Bewußtsein nicht wiedererlangte. Nur in die Buchhandlung ging ich allein, weil ich gern einige Zeit in der Umgebung von Büchern verbringe.

Dona Esmeralda betteten wir auf dem Friedhof zur letzten Ruhe, der an einem steilen Hang über dem Meer liegt und so weiß ist, als wäre er bedeckt von ewigem Schnee. Aus diesem Schnee wachsen die geraden, spitzen Stämme von Zypressen, die in der Sonne fast dunkelblau wirken. Das Tor ist blau bemalt, und das ist in diesem Fall eine warme und optimistische Farbe, denn es suggeriert, daß diejenigen, die durch dieses Tor gehen, in den Himmel kommen, wie es in einem Lied von Louis Armstrong heißt.

Am nächsten Tag fuhr Don Silva ab, ein verdrießlicher Geizhals in einem mit Diamanten gefütterten Anzug.

Dann brachte ich Maria und Arturo zum Flughafen.

Nun landeten mehrere Maschinen täglich, französische, portugiesische, sowjetische, italienische. Die Piloten stiegen aus und schauten sich am Flughafen um. Ich betrachtete sie, erstaunt, daß sie noch vor ein paar Stunden in Europa gewesen waren. Ich starrte sie an wie Menschen von einem anderen Planeten. Europa – das war ein ferner, irrealer Punkt in der Galaxis, dessen Existenz sich nur durch komplizierte Ableitungen beweisen ließ. Abends flogen sie ab, die überfüllten Maschinen rollten träge über die Startbahn, gewannen mühsam an Höhe und verschwanden zwischen den Sternen.

Die Nomadenstadt ohne Dächer und Wände, die Flüchtlingsstadt rund um den Flughafen verschwand langsam vom Erdboden. Zur selben Zeit verließ die hölzerne Stadt Luanda und wartete im Hafen auf die weite Reise. Von den vielen Städten, die in der Bucht lagen, blieb nur das steinerne Luanda übrig, menschenleer und nutzlos.

Das war Anfang Oktober.

Die Stadt wurde mit jedem Tag öder.

Vom Morgen an streifte ich ziellos, zwecklos durch die Straßen, bis mich die drückende Hitze ins Hotel zurücktrieb. Gegen Mittag hämmerte mir die Sonne auf den Kopf, und es wurde so stickig und heiß, daß ich nicht mehr atmen konnte. Der Sommer setzte ein, und die Tore zur tropischen Hölle taten sich auf. Es herrschte Wassermangel, denn die Pumpstation lag im Frontgebiet und wurde nach jeder Reparatur in neuen Kämpfen wieder zerstört. Ich war schmutzig und so durstig, daß ich fieberte und zuckende orangefarbene Flecken sah.

Immer mehr Kaufleute schlossen ihre Läden, schwarze Jungen schlugen mit Stöcken gegen die heruntergelassenen eisernen Rollgitter. Auch Restaurants und Kaffeehäuser hatten ihren Betrieb eingestellt; Sessel, Tische und ausgebleichte Sonnenschirme standen nutzlos auf den Gehsteigen und verschwanden schließlich in den afrikanischen Slums. Manchmal fuhr ein Auto durch die leere Straße und über eine rote Ampel, die noch immer funktionierte, keiner wußte, für wen.

In diesen Tagen brachte jemand die Nachricht ins Hotel, alle Polizisten hätten die Stadt verlassen!

Luanda hatte nun, als einzige Stadt in der ganzen Welt, keine Polizei mehr. Jeder, der sich in einer solchen Situation findet, lernt eine seltsame Empfindung kennen. Einerseits fühlt er sich erleichtert und frei, andererseits – verspürt er eine gewisse Unruhe. Die restlichen Weißen, die zurückgeblieben waren, nahmen diese Nachricht mit Sorge auf. Das Gerücht ging um, die schwarzen Viertel würden die steinerne Stadt stürmen. Alle wußten, unter welch elenden Bedingungen die Schwarzen hausten, in den schrecklichsten Slums, die man in ganz Afrika antreffen konnte, in Lehmhütten, die die Luanda umgebende Wüste wie Halden billigen, zerschlagenen Geschirrs bedeckten. Und hier die steinerne, komfortable Stadt, aus Glas und Beton, menschenleer und niemandem gehörend. Wenn sie wenigstens ruhig kämen, ordentlich, familienweise, und besetzten, was verlassen und leer stand. Doch nach Meinung der verängstigten Portugiesen, die sich für Kenner der Mentalität der Eingeborenen hielten, würden die Schwarzen besessen von Zerstörungswut und Haß eindringen, trunken, berauscht von geheimnisvollen Kräutern, nach Blut und Rache dürstend. Keiner würde diese Invasion aufhalten können. Erschöpft, die Nerven zerrüttet, wehrlos, eingekreist, malen sich die Menschen in Gesprächen die schrecklichsten Visionen aus. Alle werden sterben, noch dazu auf die schlimmste Art und Weise – in den Straßen zerstückelt, mit Macheten auf den Schwellen der Häuser niedergemacht. Die Besonneneren schlagen verschiedene Formen der Selbstverteidigung vor. Die einen – man solle alle Lichter löschen und in der verdunkelten Stadt wachen, andere – im Gegenteil, man solle sogar in den verlassenen Häusern alle Lichter entzünden, denn die Schwarzen ließen sich nur durch die Menge, die Übermacht abschrecken. Wie üblich kann sich keiner der Vorschläge durchsetzen, und nachts schaut die Stadt aus wie ein löchriger Vorhang: Hier schimmert ein Stück einer beleuchteten Szenerie, rundherum Finsternis, dann wieder ein erleuchtetes Fragment, und der Rest verhüllt. Dona Cartagina, die eher aus Gewohnheit denn Notwendigkeit die verlassenen Zimmer in meinem Stockwerk (in dem ich jetzt allein wohne) putzt, hält immer wieder in der Arbeit inne und horcht, ob aus den afrikanischen Vierteln schon der bedrohliche Lärm der Menge, Ankündigung unseres Endes, zu hören ist. Sie erstarrt wie die Frauen auf dem Lande, wenn sie lauschen, ob es schon donnert. Dann bekreuzigt sie sich und macht weiter sauber.

Alle Feuerwehrleute sind abgefahren!

Nun ist keiner mehr da, der die Stadt vor einer Feuersbrunst schützen könnte. Zuerst wollten die Menschen nicht glauben, daß die Feuerwehrleute ihre Posten verlassen hatten, doch sie konnten sich selbst davon überzeugen, wenn sie die zentrale Feuerwache an der Uferstraße aufsuchten. Die Tore der Remise standen sperrangelweit offen. Drinnen waren die riesigen rotgoldenen Wagen, Leitern und Pumpen zu sehen. Auf den Regalen die Feuerwehrhelme. Keine lebende Seele. Natürlich wird die FNLA davon erfahren, und dann genügt es, daß sie morgen statt der Flugblätter eine einzige Bombe abwirft. Ganz Luanda wird brennen wie eine Fackel. Es hat lange nicht mehr geregnet, die Stadt ist von der Sonne ausgeglüht und trocken wie Zunder. Wenn nur kein Streit ausbricht oder ein Betrunkener ein Feuer verursacht. Später nahmen die Soldaten einen der Feuerwehrwagen in Betrieb und brachten damit Wasser an die Front. Weil er aber schon von weitem zu sehen war, wurde er bald getroffen, landete im Graben, und dort blieb er liegen.

Alle Müllmänner sind abgefahren!

Anfangs hat das keiner weiter beachtet. Die Stadt war so schmutzig und verwahrlost, daß die Menschen längst der Meinung waren, die Müllmänner seien nach Europa geflohen. Doch es stellte sich heraus, daß sie erst gestern weggefahren waren. Und plötzlich begann sich, keiner wußte, warum, der Müll zu vermehren. Es waren doch nur eine Handvoll Einwohner zurückgeblieben, die noch dazu apathisch und reglos herumsaßen, so daß man ihnen nicht zutraute, solche Mengen von Müll zu erzeugen. Und doch türmten sich allmählich ganze Müllberge in den Straßen der verlassenen Stadt. Sie tauchten auf den Gehsteigen auf, auf Fahrbahnen und Plätzen. In den Einfahrten der Mietshäuser und auf den ausgestorbenen Märkten. Durch einige Straßen konnte man sich nur mehr mit Mühe und großem Ekel seinen Weg bahnen. Die Intensität der Sonne und die Feuchtigkeit beschleunigten und verstärkten den Prozeß der Fäulnis und Fermentation. Die ganze Stadt fing an zu stinken, und wer von der Straße ins Hotel trat, stank selbst für lange Zeit, und die anderen sprachen mit ihm nur aus größerer Entfernung. Überhaupt rückten die Menschen voneinander ab, obwohl es in unserer Lage eigentlich hätte umgekehrt sein sollen. Dona Cartagina schloß alle Fenster, denn die faulige Luft, die von draußen hereindrang, benahm den Atem. Die Katzen gingen ein. Offenbar hatten sie sich, kollektiv, mit Aas vergiftet, denn eines Morgens lagen überall tote Katzen. Nach zwei Tagen schwollen sie an und wurden feist wie Ferkel. Schwarze Fliegen umschwirrten sie. Es stank unerträglich, und ich ging schweißüberströmt, ein Taschentuch vor die Nase gepreßt, durch die Stadt. Dona Cartagina sprach Gebete gegen eine Epidemie. Es gab keine Ärzte, Spitäler und Apotheken waren geschlossen. Die Abfallhaufen wuchsen und vermehrten sich wie ein monströser, ekelerregender Kuchen, der von giftigem, tödlichem Germ nach allen Seiten aufgetrieben wird.

Als schließlich alle Bäcker, Monteure, Briefträger und Hausmeister abfuhren, verlor die steinerne Stadt ihre Existenzberechtigung, ihren Sinn. Sie war wie ein dürres Skelett, das der Wind poliert, wie ein toter Knochen, der aus dem Boden zur Sonne ragt.

Die Hunde waren noch am Leben.

Es waren Haushunde, die von ihren in Panik geflüchteten Besitzern zurückgelassen wurden. Man sah herrenlose Hunde verschiedener teurer Rassen – Boxer, Bulldoggen, Windhunde und Dobermänner, Dackel, Pinscher und Spaniels, sogar Scotchterrier, aber auch Doggen, Möpse und Pudel. Verlassen, verlaufen, zogen sie in einer riesigen Meute auf der Suche nach Fressen umher. Solange das portugiesische Militär in der Stadt war, versammelte sich diese unüberschaubare Hundeschar jeden Morgen auf dem Platz vor dem Generalstab, wo die Wachen sie mit dem Inhalt von NATO-Konserven fütterten. Es sah aus, als fände hier eine Weltausstellung der unterschiedlichsten Rassehunde statt. Gesättigt und zufrieden trollte sich die Horde dann ins weiche, saftige Gras, das auf dem schattigen Platz vor dem Regierungsgebäude wuchs. Nun begann eine unglaubliche kollektive Sexorgie, ein hitziges, entfesseltes Treiben, Herumjagen und Sichdrehen bis zu einem Zustand restloser Erschöpfung. Die gelangweilten Wachen machten darüber jede Menge roher Späße.

Nach dem Abzug der Soldaten begannen die Hunde zu hungern und abzumagern. Eine Zeitlang zogen sie in losen Haufen durch die Stadt, auf der vergeblichen Suche nach

Futter. Eines Tages waren sie verschwunden. Ich glaube, daß sie auf den Spuren der Menschen Luanda verließen, denn ich habe später nie einen toten Hund gesehen, und immerhin hatten sich Hunderte vor dem Generalstab versammelt und waren dann vor dem Regierungspalast herumgetollt. Man kann annehmen, daß sich in der Schar ein energischer Führer fand, der die Meute aus der sterbenden Stadt führte. Wenn die Hunde nach Norden zogen, trafen sie auf die FNLA. Wenn sie nach Süden liefen, kamen sie zur UNITA. Wenn sie hingegen nach Osten marschierten, in Richtung Dalatando und Saurimo, gelangten sie vielleicht bis nach Sambia, dann nach Moçambique oder sogar Tansania.

Vielleicht wandern sie immer noch dahin, aber ich weiß nicht, in welche Richtung, und auch nicht, in welchem Land sie sich heute befinden.

Nach dem Abzug der Hundemassen verfiel die Stadt endgültig in Apathie. Ich beschloß daher, an die Front zu fahren.

Meine kleine Gasse (Nigeria)

Die Wohnung, die ich in Lagos gemietet habe, wird ständig ausgeraubt. Und das nicht nur dann, wenn ich für längere Zeit wegfahre – nach Tschad, Gabun oder Guinea – nein, auch wenn ich nur eine kurze Reise in eine nahe Stadt wie Abeokuta oder Oshogbo unternehme, weiß ich, daß bei meiner Rückkehr das Fenster aus dem Rahmen gerissen, die Möbel durcheinandergeworfen, die Schränke leergeplündert sein werden.

Die Wohnung liegt im Zentrum der Stadt, auf der Insel Lagos. Diese Insel war früher einmal ein Stützpunkt von Sklavenhändlern, und diese schändliche, düstere Provenienz der Stadt hat irgendwie ein Element der Unruhe und Gewalttätigkeit in ihrer Atmosphäre hinterlassen. Das macht sich immer wieder bemerkbar. Ich fahre zum Beispiel mit dem Taxi und unterhalte mich mit dem Fahrer, da verstummt dieser plötzlich und schaut sich nervös in der Straße um. »Was ist geschehen?« frage ich neugierig. » *Very bad place!* « antwortet er mit gedämpfter Stimme. Wir fahren weiter, er entspannt sich und redet wieder ganz ruhig. Da geht plötzlich am Straßenrand (in der Stadt gibt es keine Gehsteige) eine Gruppe Menschen, und bei ihrem Anblick verstummt der Fahrer von neuem, hält Umschau und beschleunigt den Wagen. »Was ist geschehen?« frage ich. » *Very bad people* «, sagt er, und erst nach ein paar Kilometern nimmt er die unterbrochene Unterhaltung wieder auf.

Im Kopf eines solchen Fahrers muß einer jener Stadtpläne eingeprägt sein, wie sie in Polizeikommissariaten an den Wänden hängen. Immer wieder leuchten darauf verschiedenfarbige Warnlichter auf, blinken und pulsieren, wodurch sie Orte der Gefahr, von Überfällen und Verbrechen, signalisieren. Auf dem Plan der Innenstadt, wo ich wohne, sind diese Warnlichter besonders häufig. Ich könnte zwar nach Ikoyi ziehen – das sichere und luxuriöse Viertel der nigerianischen Reichen, Europäer und Diplomaten, doch dieser Ort ist mir zu künstlich, zu exklusiv, in sich geschlossen und streng bewacht. Ich möchte in einer afrikanischen Stadt wohnen, in einer afrikanischen Straße, einem afrikanischen Haus. Wie kann ich sonst diese Stadt kennenlernen? Diesen Kontinent?

Doch es ist für einen Weißen nicht leicht, in einem afrikanischen Viertel zu wohnen. Zuerst äußern die Europäer ihren Unmut und protestieren. Wer so etwas vorhat, der muß ein Narr sein, der ist nicht ganz bei Trost. Sie versuchen ihn also davon abzuhalten, zu warnen: Du kommst dort ganz sicher ums Leben, nur die Form deines Todes steht noch nicht fest – entweder bringen sie dich um, oder du gehst von selber zugrunde, weil die Lebensbedingungen dort so entsetzlich sind.

Aber auch die afrikanische Seite betrachtet mein Vorhaben ohne Begeisterung. Erstens gibt es da technische Schwierigkeiten – wo soll ich wohnen? So ein Viertel ist arm und eng, die Häuser sind elend, Lehmhütten, Slumbehausungen, es ist stickig und gibt keinen Strom, überall Schmutz, Gestank und Ungeziefer. Wo soll man da einen Unterschlupf finden? Einen eigenen Winkel für sich? Man braucht nur die Schwierigkeiten mit dem Wasser zu nehmen. Das Wasser muß man vom anderen Ende der Straße holen, weil dort der Brunnen steht. Das besorgen Kinder. Seltener auch Frauen. Niemals Männer. Und da soll sich so ein weißer Herr zusammen mit den Kindern in der Schlange beim Brunnen anstellen? Ha! Ha! Ha! Das ist unmöglich! Oder, sagen wir, daß du dein Zimmer hast, in dem du dich einschließen möchtest, um zu arbeiten. Dich einschließen? So etwas ist völlig undenkbar. Wir alle leben gemeinsam – in der Familie, im Haufen, Kinder, Erwachsene, Alte –, wir trennen uns nie, sogar nach dem Tod bleiben unsere Geister unter den Lebenden, bei denen, die noch auf der Welt sind. Sich allein in einem Zimmer einzuschließen, so daß keiner hineingehen kann? Ha! Ha! Ha! Das ist unmöglich! »Und außerdem«, versuchen mir die Einheimischen sanft zu erklären, »ist es in unserem Viertel nicht sicher. Hier gibt es viele schlimme Menschen. Am gefährlichsten sind die *Boma boys*, Gangs wilder Straßenräuber, die Menschen überfallen, verprügeln und berauben, eine schreckliche Bande, die alles zerstört. Die bekommen sofort Wind davon, daß ein alleinstehender Europäer hierhergezogen ist. Und für die ist jeder Europäer steinreich. Wer wird dich dann in Schutz nehmen?«

Ich ließ mich jedoch nicht abbringen. Ich hörte auf keine Warnungen, war fest entschlossen. Vielleicht ein wenig auch deshalb, weil ich manchmal beim Anblick von Menschen zusammenzucke, die nach Afrika kommen, hier in »Klein-Europa« oder »Klein-Amerika« wohnen (das heißt in Luxus-hotels), wieder wegfahren und sich nachher brüsten, sie hätten in Afrika gelebt, das sie in Wahrheit nie gesehen haben.

Da ergab sich plötzlich eine Gelegenheit. Ich lernte den Italiener Emilio Madera kennen, der in einer kleinen Gasse unweit der Massey Street ein Magazin mit Landwirtschafts-geräten besaß, das schon geschlossen war (die Weißen liquidierten langsam ihre Geschäfte), und daneben, oder eher darüber, eine Dienstwohnung mit zwei Zimmern, die leer stand, weil niemand hier wohnen wollte. Er war froh, daß ich bereit war, diese Dienstwohnung zu mieten. Er brachte mich an einem Abend mit dem Auto hin und half mir, die Sachen hinaufzutragen (man stieg über eine an der Außenwand des Gebäudes befestigte Eisentreppe in den ersten Stock). Im Inneren herrschte angenehme Kühle, weil Emilio schon am Morgen die Klimaanlage eingeschaltet hatte. Auch der Kühl-schrank war in Betrieb. Der Italiener wünschte mir eine gute Nacht und verschwand eilig, weil er am nächsten Morgen nach Rom fliegen wollte – nach dem letzten Militärputsch befürchtete er neue Unruhen und wollte einen Teil seines Geldes außer Landes schaffen.

Ich begann auszupacken.

Nach einer Stunde ging das Licht aus.

Die Wohnung lag sofort in völliger Dunkelheit, und ich besaß keine Taschenlampe. Am schlimmsten war jedoch, daß auch die Klimaanlage aussetzte und es im selben Moment heiß und stickig wurde. Ich öffnete das Fenster. Von draußen drang Gestank ins Zimmer, eine Mischung von verfaulten Früchten, verbranntem Öl, Abwaschwasser und Urin. Obwohl das Meer nicht weit sein konnte, war in diesem engen Gäßchen kein Lufthauch zu spüren. Es war März, der Monat der schlimmsten Hitze, die Nacht schien noch schwüler und heißer zu sein als der Tag. Ich schaute aus dem Fenster. _Unten in der Gasse lagen halbnackte Menschen auf geflochtenen Matten oder einfach auf dem Boden. Frauen und Kinder schliefen, ein paar Männer hockten an der Wand einer Lehmhütte und schauten zu mir herauf. Ich wußte nicht, was ihre Blicke zu bedeuten hatten. Wollten sie mich kennenlernen? Mir helfen? Mich umbringen?

Ich war überzeugt, daß ich es in der Hitze, die in der Wohnung herrschte, nicht bis zum Morgen aushalten würde, und ging hinunter. Zwei Männer erhoben sich, die anderen schauten mich nur unbewegt an. Wir alle waren in Schweiß gebadet, waren tödlich erschöpft, es ist allein schon eine entsetzliche Anstrengung, in diesem Klima zu existieren. Ich fragte sie, ob es öfter einen Stromausfall gebe. Sie wußten es nicht. Ich fragte, ob man das reparieren könne. Sie unterhielten sich in einer mir unverständlichen Sprache. Einer ging irgendwohin. Es vergingen Minuten, eine Viertelstunde. Schließlich kehrte er in Begleitung zweier junger Männer zurück. Die sagten, sie könnten den Strom für zehn Pfund reparieren. Ich war einverstanden. Wenig später war es in der Wohnung wieder hell, und auch die Klimaanlage arbeitete wieder. Nach ein paar Tagen – wieder ein Stromausfall, wieder zehn Pfund, dann fünfzehn und zwanzig.

Und die Diebstähle? Anfangs packte mich schon Wut, wenn ich die ausgeplünderte Wohnung betrat. Wenn man bestohlen wird, bedeutet das vor allem, daß man erniedrigt, betrogen wird. Doch hier überzeugte ich mich bald davon, daß es einen gewissen psychischen Luxus darstellt, einen Diebstahl bloß als Erniedrigung und Betrug anzusehen. Nachdem ich einige Zeit unter den Armen meines Viertels gewohnt hatte, begriff ich, daß ein Diebstahl, sogar ein geringfügiger Diebstahl, ein Todesurteil bedeuten kann. Ich sah in einem Diebstahl einen Totschlag, einen Mord. In der kleinen Gasse lebte in einem Winkel eine alleinstehende Frau, deren einziger Besitz ein Topf war. Sie verdiente ihren Lebensunterhalt damit, daß sie von den Gemüsehändlerinnen Bohnen auf Kredit kaufte, diese kochte, mit Soße zubereitete und an die Leute verkaufte. Für viele war eine Schüssel Bohnen die einzige Mahlzeit am Tag. Doch eines Nachts weckte uns ein durchdringender Schrei. Die ganze Gasse schreckte auf. Die Frau rannte verzweifelt und wie von Sinnen herum: Man hatte ihr den Topf gestohlen, und damit hatte sie das einzige Hilfsmittel verloren, von dem sie lebte.

Viele Leute in der kleinen Gasse besitzen nur einen Gegenstand. Der eine besitzt ein Hemd, jener eine Panga, ein anderer − niemand weiß, woher − eine Keilhaue. Wer ein Hemd hat, kann sich als Nachtwächter verdingen (denn keiner will einen halbnackten Wächter anstellen), wer eine Panga hat, kann zum Schneiden von Unkraut angestellt werden, der mit der Keilhaue kann Gräben ausheben. Andere haben nur ihre Muskelkraft zu verkaufen. Die hoffen darauf, daß sie jemand als Träger oder Boten brauchen kann. Doch in allen Fällen sind die Aussichten auf Beschäftigung gering, denn die Konkurrenz ist riesig groß. Im übrigen sind das alles nur kurzzeitige Beschäftigungen − für einen Tag, für ein paar Stunden.

In meiner kleinen Gasse, in den Nebengassen und im ganzen Viertel wimmelt es daher von untätigen Menschen. Sie wachen am Morgen auf und gehen auf die Suche nach Wasser, um sich das Gesicht zu waschen. Dann kauft sich derjenige, der etwas Geld besitzt, ein Frühstück: ein Glas Tee und ein Stück trockenes Brot. Doch viele Menschen essen gar nichts. Schon vormittags ist die Hitze kaum zu ertragen − man muß daher einen Ort suchen, wo es Schatten gibt. Mit dem Vorrücken der Stunden zieht der Schatten hinter der Sonne her, und hinter dem Schatten wiederum der Mensch, dessen einzige Beschäftigung tagsüber darin besteht, hinter dem Schatten herzukriechen, in seinem dunklen, kühlen Inneren Schutz zu suchen. Der Hunger. Man möchte unbedingt etwas essen, doch es gibt nichts. Noch dazu zieht von der nahen Bar der Duft von gebratenem Fleisch herüber. Warum stürmen diese Menschen nicht die Bar, sie sind doch jung und kräftig?

Und wirklich, einer von ihnen hat es nicht länger ausgehalten. Denn plötzlich ist ein Schrei zu hören. Es ist eine Straßenhändlerin, die schreit, weil ihr ein Junge eine Staude Bananen gestohlen hat. Die Bestohlene und ihre Nachbarinnen rennen ihm nach und holen ihn schließlich ein. Man weiß nicht, von wo die Polizei gekommen ist. Die Polizisten hier tragen große, hölzerne Knüppel, mit denen sie blindlings und brutal dreinschlagen. Der Junge liegt nun auf der Straße, eingerollt, zusammengekrümmt, und versucht sich vor den Schlägen zu schützen. Sofort entsteht ein Auflauf, was hier oft der Fall ist, weil die Masse der untätigen Menschen auf jedes Ereignis, jede Unruhe, jede Sensation lauert, nur damit sie eine Unterhaltung, etwas zum Gaffen, einen Zeitvertreib hat. Jetzt drängen die Menschen immer näher, als stellten das Klatschen der Knüppelschläge und das Stöhnen des Geprügelten einen echten Ohrenschmaus dar. Mit Rufen und Geschrei feuern sie die Polizisten an. Wenn man hier einen Dieb schnappt, möchte man den auf der Stelle zerfleischen, lynchen, in Stücke hauen. Der Junge wimmert von Zeit zu Zeit, die Bananen hat er schon losgelassen. Die Umstehenden stürzen sich auf die Bananen, reißen sie einander aus den Händen.

Dann kehrt alles wieder zur Normalität zurück. Die Händlerin jammert und klagt immer noch, die Polizisten marschieren ab, der verdroschene Junge schleppt sich in irgendein Versteck – schmerzgekrümmt und hungrig. Die Menschen gehen auseinander, alle kehren an ihren Platz an der Hauswand, unter ein Dach – in den Schatten zurück.

Dort bleiben sie, bis der Abend hereinbricht. Nach einem heißen und hungrig verbrachten Tag ist man geschwächt und wie gelähmt. Doch eine gewisse Betäubung, eine innere Lähmung erweist sich sogar als Vorteil – sonst könnte der Mensch gar nicht überleben: Der biologische, tierische Teil seiner Natur würde alles zerstören, was es an ihm noch Menschliches gibt.

Am Abend lebt die Gasse ein wenig auf. Die Bewohner kommen zusammen. Die einen sind die ganze Zeit hier herumgesessen, geplagt von Malariaanfällen. Die anderen kehren jetzt aus der Stadt zurück. Einige hatten einen glücklichen Tag: Sie haben irgendwo gearbeitet oder sind einem Verwandten begegnet, der seine paar Cents mit ihnen geteilt hat. Diese Glücklichen werden heute abend etwas essen – eine Schüssel Kassawa mit scharfer Paprikasoße, manchmal sogar ein hartgekochtes Ei oder ein Stück Hammelfleisch dazu. Einen Teil davon geben sie den Kindern ab, die gierig zuschauen, wie die Männer Bissen um Bissen hinunterschlingen. Hier verschwindet die größte Menge von Eßbarem auf der Stelle und spurlos. Alles, was es gibt, wird aufgegessen, bis auf den letzten Bissen, keiner besitzt irgendwelche Vorräte, im übrigen könnte er die auch nirgends aufbewahren, nirgends einschließen. Man lebt für den Augenblick, für den Moment, jeder Tag ist eine Hürde, die man mit Mühe nimmt, die Vorstellungsgabe reicht nicht über den heutigen Tag hinaus, man macht keine Pläne, hat keine Träume.

Wer einen Shilling besitzt, geht in die Bar. Es gibt hier überall Bars, in den Gassen, an den Kreuzungen, auf den Plätzen. Oft sind das armselige Räumlichkeiten mit Wänden aus Wellblech und einem Kattunvorhang an Stelle einer Tür. Und doch sollen wir uns dort wie in einem Lunapark, auf einem farbenfrohen Festplatz fühlen. Aus einem alten Radio ertönt Musik, von der Decke baumelt eine rote Glühbirne. An den

Wänden hängen aus Zeitschriften ausgeschnittene Hochglanzbilder von Filmschauspielerinnen. Hinter dem Tresen steht für gewöhnlich eine stattliche, fettleibige Madame – die Besitzerin. Sie verkauft das einzige, was es in so einer Bar gibt – selbstgebrautes Bier. Es gibt verschiedene Sorten von Bier – aus Bananen oder Mais, Ananas oder Palmfrüchten hergestellt. Im allgemeinen spezialisiert sich jede dieser Frauen darauf, eine Sorte Bier herzustellen. Dieses Getränk besitzt drei Vorteile: a) es enthält Alkohol, b) da es flüssig ist, stillt es den Durst, und c) weil dieses Gebräu im Glas einen dicken, zähflüssigen Bodensatz hinterläßt, ist es für Hungrige auch ein Ersatz fürs Essen. Wenn jemand daher am Tag nur einen Shilling verdient, wird er den mit großer Wahrscheinlichkeit in der Bar ausgeben.

In meiner Gasse wohnt selten jemand für längere Zeit. Die Menschen, die hier durchwehen, sind die ewigen Stadtnomaden, Wanderer, die durch das chaotische und staubige Labyrinth der Straßen irren. Sie ziehen bald wieder weg und verschwinden spurlos, weil sie eigentlich nichts besitzen. Sie ziehen weiter, entweder angelockt vom traumhaften Versprechen irgendeiner Arbeit oder aus Angst vor einer Seuche, die plötzlich in der Gasse ausbricht, oder weil sie von den Besitzern der Lehmhütte oder Veranda verjagt wurden, denen sie für den Platz, den sie belegten, nichts bezahlen konnten. Alles in ihrem Leben ist provisorisch, fließend und brüchig. Es gibt es und gibt es nicht. Selbst wenn es einmal etwas gibt – dann für wie lange? Diese ewige Unsicherheit hat zur Folge, daß die Nachbarn in meiner Gasse in ständiger Bedrohung leben, in dauernder Angst. Sie haben die dörfliche Armut hinter sich gelassen und sind in der Hoffnung in die Stadt gekommen, daß es ihnen hier bessergehen wird. Wer hier einen Cousin antraf, konnte damit rechnen, daß dieser ihn unterstützte, ihm einen Start ermöglichte. Doch viele dieser gestrigen Dorfbewohner haben hier keine Nächsten, keine Stammesgenossen gefunden. Oft verstehen sie nicht einmal die Sprache, die sie in den Straßen hören, sie wissen nicht, wie sie nach etwas fragen sollen. Die Stadt hat sie eingesogen, wurde zu ihrer einzigen Welt, schon am nächsten Morgen konnten sie nicht mehr loskommen von ihr.

Sie begannen damit, sich ein Dach über dem Kopf zu bauen, irgendeinen Winkel, ihren eigenen Platz. Diese Zuzügler besitzen kein Geld – sie sind ja in die Stadt gekommen, um etwas zu verdienen, und im übrigen war im traditionellen afrikanischen Dorf der Begriff des Geldes noch völlig unbekannt – daher konnten sie sich nur in den Slums einen Platz suchen. Die Anlage eines solchen Viertels ist ein ungewöhnlicher Anblick. Meist sehen die städtischen Behörden für diesen Zweck die schlechtesten Böden vor – sumpfige, morastige Gebiete oder nackte Wüste. Auf diesem Boden stellt jemand als erster seine Hütte auf. Daneben ein zweiter. Dann der nächste. So entsteht spontan eine Straße. Gegenüber rückt eine andere Straße vor. Wenn die beiden aufeinandertreffen, entsteht eine Kreuzung. Nun laufen diese Straßen auseinander, biegen ab, verästeln sich. So entsteht ein Viertel. Doch einstweilen sind die Leute noch damit beschäftigt, sich Material zu beschaffen. Von wo sie das nehmen, ist ein Rätsel. Graben sie es aus dem Boden? Holen sie es aus den Wolken herunter? Sicher ist nur, daß diese Massen, die keinen Cent besitzen, nichts kaufen. Auf dem Kopf, dem Rücken, unter der Achsel schleppen die Menschen Stücke von Blech, Brettern, dünnen Platten, Plastik, Karton und von Autokarosserien herbei und bauen, montieren, nageln und kleben das alles zu einem Mittelding zwischen einer Bude und einer Baracke zusammen, deren Wände aus spontanen, farbenfrohen Slum-Collagen bestehen. Um etwas zu haben, worauf sie schlafen können, weil der Erdboden oft aus sumpfigem Morast oder spitzen Steinen besteht, legen sie den Raum mit Elefantengras, Bananenblättern, Raffia oder Reisstroh aus. Diese Viertel, diese monströsen afrikanischen *papier-mâchés*, werden tatsächlich aus allen nur erdenklichen Materialien gebaut, und es sind diese Viertel, und nicht Manhattan oder das Pariser Défense-Viertel, die den Gipfel der menschlichen Vorstellungskraft, Erfindungsgabe und Phantasie darstellen. Ganze Städte – errichtet ohne einen einzigen Ziegel, ohne ein Stabeisen, ohne einen Quadratmeter Glas!

Wie so viele Produkte spontaner Happenings haben auch diese Slumviertel nur ein kurzes Leben. Es genügt, daß sie sich zu weit ausdehnen oder daß die Stadt beschließt, auf diesem Boden etwas zu bauen. Ich war einmal Zeuge einer solchen Zerstörung, nicht weit von meiner Gasse entfernt. Das Slumviertel war bis an das Ufer der Insel gewachsen. Die Militärregierung betrachtete das als unzulässig. Am Morgen kamen Lastwagen mit Polizisten. Sofort rottete sich eine Menge zusammen. Dann rückten die Polizisten in geschlossenen Reihen gegen die Slumkolonie vor und verjagten die Bewohner. Es erhob sich ein Geschrei und entstand ein Tumult. In diesem Moment kamen Bulldozer, große, grellgelbe Caterpillar. In wenigen Augenblicken stiegen Wolken von Staub und Dreck hoch: Die Maschinen rollten vorwärts, wobei sie Straße um Straße demolierten und nur die zerstampfte, nackte Erde hinter sich ließen. An diesem Tag füllte sich unsere Gasse für einige Zeit mit Flüchtlingen aus dem demolierten Viertel. Es wurde eng, laut und noch stickiger als sonst.

Eines Tages kam ein Gast zu mir. Es war ein Mann in mittlerem Alter in einer weißen, islamischen Bekleidung. Er hieß Sulejman und stammte aus Nordnigeria. Er hatte einmal bei dem Italiener als Nachtwächter gearbeitet. Er kannte die Gasse und die ganze nähere Umgebung. Er war schüchtern und wollte sich in meiner Gegenwart nicht setzen. Er fragte, ob ich keinen Nachtwächter brauchte, denn er hatte gerade seine Arbeit verloren. Ich verneinte, doch er machte einen guten Eindruck auf mich, und ich gab ihm fünf Pfund. Nach ein paar Tagen kam er wieder. Diesmal setzte er sich. Ich bereitete Tee für ihn zu. Wir begannen uns zu unterhalten. Ich sagte ihm, daß ich ständig bestohlen würde. Sulejman sah das als völlig normal an. Der Diebstahl ist eine – wenn auch unliebsame – Form der Nivellierung der Ungleichheiten. Es sei gut, daß sie mich bestehlen, meinte er, das sei sogar eine freundliche Geste ihrerseits. Auf diese Weise würden sie mir zu verstehen geben, daß ich ihnen nützlich sei, weshalb sie mich akzeptierten. Im Grunde könne ich mich doch sicher fühlen. Ob ich hier je eine echte Bedrohung empfunden habe? Ich gestand, daß dies nicht der Fall war. Na eben! Ich würde hier so lange sicher sein, als ich ihnen gestattete, mich ungestraft zu bestehlen. In dem Moment, da ich die Polizei einschaltete und begänne, sie zu verfolgen, sei es für mich besser, von hier zu verschwinden.

Nach einer Woche kam er wieder. Er bekam Tee, und dann sagte er mit geheimnisvoller Stimme, er würde mit mir zum Jankara Market gehen, dort könnten wir etwas Nützliches besorgen. Der Jankara Market ist ein Ort, wo Hexen, Kräuterweiber, Wahrsager und Geisterbeschwörer alle möglichen Amulette, Talismane, Ölzweige und Zaubermedizinen verkaufen. Sulejman ging von Tisch zu Tisch, schaute und stellte Fragen. Schließlich wies er mich an, von einer Frau ein Büschel weißer Hahnenfedern zu kaufen. Sie waren nicht billig, doch ich erhob keinen Einwand. Wir kehrten in meine Gasse zurück. Sulejman legte die Federn zusammen, wickelte einen Faden herum und hängte sie oben am Türrahmen auf.

Von diesem Zeitpunkt an verschwand nichts mehr aus meiner Wohnung.

Abkühlende Hölle (Liberia)

Die Piloten hatten noch nicht die Motoren abgestellt, da stürmte schon eine Menge auf das Flugzeug zu. Eine Treppe wurde herangeschoben. Wir kletterten die Stufen hinunter und fielen gleich den Menschen in die Arme, die atemlos die Maschine umdrängten und einander nun wegstießen, uns an den Hemden zerrten und von allen Seiten bestürmten. »*Passport? Passport?*« brüllten aufdringliche Gesichter. Und gleich darauf im selben drohenden Ton: »*Return ticket?*« Und andere schnauzten uns an: »*Vaccination? Vaccination?*« Diese Forderungen, diese Attacken waren so ungestüm und verwirrend, daß ich, hin und her gestoßen, vor Hitze glühend und völlig zerknittert, Fehler um Fehler beging. Als ich nach dem Reisepaß gefragt wurde, holte ich diesen folgsam aus der Tasche. Sofort wurde er mir von einem aus der Hand gerissen, der damit untertauchte. Als ich bestürmt wurde, mein Retourticket vorzuweisen, wollte ich zeigen, daß ich tatsächlich eines besaß. Doch im nächsten Augenblick war dieses Ticket schon weg, war irgendwohin verschwunden. Dasselbe passierte mit meinem Impfpaß: Einer hatte ihn mir aus der Hand gewunden und sich damit davongemacht. Ich war ohne Dokumente! Was sollte ich tun? Bei wem mich beschweren? Wen um Hilfe anrufen? Die Menge, die mich an der Treppe überfallen hatte, löste sich plötzlich auf und zerstreute sich in alle Winde. Ich blieb allein zurück. Doch im nächsten Moment kamen zwei junge Männer auf mich zu. Sie stellten sich vor: »Zado und John. Wir werden dich beschützen. Ohne uns bist du verloren.«

Ich stellte keine Fragen. Ich hatte zunächst nur einen Gedanken: Wie entsetzlich heiß es hier ist! Es war früher Nachmittag, feuchte, ja nasse Luft hing reglos, undurchdringlich und brütend heiß über dem Boden, so daß ich kaum atmen konnte. Ich dachte nur daran, von hier wegzukommen, an einen Ort, wo es ein wenig kühler war! »Wo sind meine Dokumente?« rief ich erbittert und verzweifelt. Ich begann meine Selbstbeherrschung zu verlieren – in einer solchen Hitze werden die Menschen gereizt, wütend und aggressiv. »Versuch dich zu beherrschen«, sagte John, als wir in seinen Wagen stiegen, der vor der Baracke des Flughafengebäudes stand, »gleich wirst du alles begreifen.«

Wir fuhren durch die Straßen von Monrovia. Auf beiden Seiten der Fahrbahn ragten die schwarzen, verkohlten Stümpfe ausgebrannter, zerstörter Häuser hoch. Von so einem demolierten Haus bleibt hier nicht viel übrig, weil alles, einschließlich der Ziegel, des Blechs und der ganz gebliebenen Balken, unverzüglich auseinandergerissen und fortgetragen wird. In der Stadt gibt es Zehntausende von Menschen, die aus dem Busch geflohen sind, kein Dach über dem Kopf besitzen und nur darauf warten, daß eine Bombe oder Granate ein Haus in Trümmer legt. Sofort machen sie sich über diese Beute her. Aus den Materialien, die sie von dort wegschleppen, bauen sie sich eine Hütte oder auch einfach nur ein Dach, das sie gegen die Sonne und den Regen schützt. Die Stadt, die allem Anschein nach anfangs aus einfachen, niedrigen Häusern bestand, wurde von diesen hastig zusammengepfuschten Provisorien überschwemmt, so daß sie zunehmend verelendet und längst einer provisorischen Notlösung oder einem Lagerplatz von Nomaden gleicht, die hier nur für einen Moment haltmachen, um Schutz vor der Gluthitze der Mittagsstunden zu suchen, und dann gleich weiterziehen werden, ohne im übrigen zu wissen, wohin.

Ich ersuchte John und Zado, mich zu einem Hotel zu bringen. Ich weiß nicht, ob es eine Auswahl gab, doch sie führten mich wortlos in eine Straße, in der ein einstöckiges, heruntergekommenes Gebäude stand, von dessen Fassade ein Schild mit der Aufschrift *El Mason Hotel* wegstand. Man betrat das Hotel durch die Bar. John öffnete die Tür, doch er konnte keinen Schritt weitergehen. Im künstlichen, farbigen Schummerlicht und der atembeklemmenden Schwüle, die im Inneren herrschten, standen Prostituierte. Wenn man sagt, daß diese Prostituierten dort drinnen standen, beschreibt das nicht den wahren Sachverhalt. In dem kleinen Lokal preßten sich vielleicht hundert schweißüberströmte und erschöpfte Mädchen eng aneinander, quetschten und drängten sich, so daß gar nicht daran zu denken war, den Raum zu betreten oder auch nur eine Hand hineinzustecken. Diese Enge löste einen Mechanismus aus, der auf folgende Weise funktionierte: Wenn ein Klient von der Straße die Tür öffnete, katapultierte der im Inneren der Bar herrschende Druck eines der Mädchen geradewegs in die Arme des verblüfften Freiers. Im nächsten Moment nahm schon eine andere ihren Platz ein.

John zog sich zurück und suchte einen anderen Eingang. In einem kleinen Büroraum saß ein junger Libanese, der freundlich und ehrlich aussah – der Besitzer. Ihm gehörten die Mädchen und das halb verfallene Gebäude mit seinen glitschigen, vom Schwamm zerfressenen Wänden, auf die tief herunterreichende, schwärzliche Wasserflecken eine stumme Prozession langgezogener, hagerer, vermummter Gestalten, phantastischer Ungeheuer und Schemen gezeichnet hatten.

»Ich habe keine Dokumente«, gestand ich dem Libanesen, der darauf nur lächelte. »Das ist nicht wichtig«, sagte er. »Hier hat kaum jemand Dokumente. Dokumente!« – und er brach in Lachen aus und schaute sich Beifall heischend nach John und Zado um. Offensichtlich war ich für ihn so etwas wie ein Ankömmling von einem anderen Stern. Auf dem Stern, der Monrovia hieß, machte man sich eher Gedanken darüber, wie man bis zum nächsten Tag überleben konnte. Wen interessierten da Papiere? »Vierzig Dollar pro Nacht«, sagte er. »Aber ohne Essen. Essen kann man um die Ecke. Bei der Syrerin.«

Sogleich lud ich John und Zado dorthin ein. Die ältere,

mißtrauische, ständig die Tür fixierende Frau hatte nur ein Gericht anzubieten – Schaschlik mit Reis. Sie starrte zur Tür, weil sie nie wußte, wer hereinkam – Kunden, die etwas essen, oder Räuber, die ihr alles wegnehmen wollten. »Was soll ich machen?« fragte sie, als sie die Teller vor uns hinstellte. Sie hatte schon ihre Nerven und ihr ganzes Geld verloren. »Ich habe mein Leben vertan«, sagte sie, nicht einmal verzweifelt, sondern ganz einfach so, damit wir Bescheid wüßten. Das Lokal stand leer, von der Decke hing reglos ein Ventilator, um den Fliegen schwirrten, und in der Tür erschienen alle Augenblicke Bettler, die uns ihre Hände entgegenstreckten. Auch vor dem schmutzigen Fenster hatten sich zahlreiche Bettler versammelt, die in unsere Teller starrten. Abgerissene Männer, Frauen mit Krücken, Kinder, denen Minen eine Hand oder ein Bein abgerissen hatten. Hier, an diesem Tisch, vor diesem Teller, wußte man nicht, wie man sich verhalten sollte.

Wir schwiegen lange, doch schließlich fragte ich nach meinen Dokumenten. Zado antwortete, ich hätte die Diensthabenden am Flughafen enttäuscht, weil ich alle nötigen Papiere besessen hätte. Am besten wäre es gewesen, ich hätte gar keine gehabt. Dubiose Luftlinien bringen die verschiedensten zweifelhaften Elemente hierher. Das ist schließlich ein Land von Gold, Diamanten und Drogen. Viele dieser Typen besitzen weder Visum noch Impfpaß. Und an denen läßt sich dann etwas verdienen: Sie bezahlen dafür, daß man sie einreisen läßt. Von solchen Menschen leben die Beamten am Flughafen, denn die Regierung hat kein Geld, und sie bekommen kein Gehalt. Man kann nicht einmal sagen, daß diese Menschen korrumpiert sind. Sie sind ganz einfach hungrig. Auch ich werde meine Dokumente zurückkaufen müssen. Zado und John wissen, wo und von wem. Sie können das erledigen.

Der Libanese kam und übergab mir den Schlüssel. Es begann

zu dämmern, und er fuhr nach Hause. Auch mir erteilte er den Rat, ins Hotel zu gehen. Am Abend, so sagte er, könnte ich nicht allein durch die Stadt spazieren. Ich kehrte zum Hotel zurück, betrat es durch den Nebeneingang und stieg in den ersten Stock hinauf, wo mein Zimmer lag. Beim Eingang und auf der Treppe sprachen mich zerlumpte Kerle an, die mir versicherten, sie würden mich in der Nacht bewachen. Während sie das sagten, streckten sie die Hände aus. Aus der Art, wie sie mir dabei in die Augen sahen, schloß ich, daß sie mir für den Fall, daß ich ihnen nichts gab, nachts die Kehle durchschneiden würden.

Ich sah, daß das einzige Fenster in meinem Zimmer (Nummer 107) auf einen dumpfen, schmutzigen Brunnen im Hof ging, von dem ein durchdringender Gestank hochschlug. Ich machte das Licht an. Wände, Bett, Tisch und Fußboden waren schwarz. Schwarz von Kakerlaken. Ich habe in der Welt schon mit allem erdenklichen Ungeziefer gehaust und sogar gelernt, gleichmütig zu akzeptieren, daß wir umgeben von Millionen und Abermillionen winziger Fliegen, Mücken, Schaben und Flöhen, von zahllosen Schwärmen, Kolonnen und Scharen von Wespen, Spinnen, Laufkäfern und Skarabäen, in Wolken von Stechfliegen, Moskitos und gefräßigen Heuschrecken leben, doch in diesem Fall machte mir nicht so sehr die Anzahl der Kakerlaken angst — obwohl auch diese schockierend genug war — als vielmehr deren Ausmaß, die Größe jedes einzelnen Exemplars. Denn es handelte sich um Riesenkakerlaken, so groß wie Schildkröten, dunkel, glänzend, borstig und schnurrbärtig. Was war der Grund, daß sie zu solcher Größe herangewachsen waren? Wovon ernährten sie sich? Ihre monströsen Dimensionen wirkten geradezu lähmend auf mich. Seit Jahren hatte ich, ohne viel darüber nachzudenken, allerlei Moskitos und Fliegen, Flöhe und Spinnen zerquetscht, doch jetzt stand ich vor einem völlig neuen Problem: Wie sollte ich mit solchen Kolossen fertig werden? Sollte ich sie erschlagen? Aber womit? Wie? Allein bei diesem Gedanken begannen meine Hände zu zittern. Diese Geschöpfe waren einfach zu groß. Ich spürte, daß ich das nicht fertigbrächte, nicht einmal einen Versuch wagen könnte. Weil diese Kakerlaken so außergewöhnlich groß waren, beugte ich mich über sie und spitzte die Ohren in der Erwartung, daß sie irgendwelche Laute von sich gäben, etwas von sich hören ließen. Denn viele Geschöpfe, die eine solche Größe erreichen, erzeugen Töne – sie zirpen, schrillen, brummen und schnarren, warum sollten nicht auch die Kakerlaken irgendwelche Geräusche von sich geben? So ein gewöhnlicher Kakerlak ist natürlich zu klein, als daß wir ihn hören könnten, doch diese Riesen, unter die ich hier geraten war? Geben sie irgendwelche Laute von sich? Irgendeinen Ton? Doch die ganze Zeit über herrschte in dem Zimmer völlige Stille: Alle schwiegen – verschlossen, lautlos, geheimnisvoll.

Ich konnte jedoch feststellen, daß sie sich jedesmal, wenn ich mich über sie beugte, hastig zurückzogen und eng aneinanderdrängten. Ich wiederholte diese Bewegung, und die Reaktion war immer die gleiche. Offensichtlich ekelten sich die Kakerlaken vor dem Menschen, wichen angewidert vor ihm zurück, sahen in ihm ein widerliches und abstoßendes Wesen.

Ich könnte nun diese Szene bunt ausmalen und beschreiben, wie sie sich, erzürnt über meine Anwesenheit, auf mich stürzten, mich attackierten, über meinen ganzen Körper krochen, worauf ich einen hysterischen Anfall bekam, doch das entspräche nicht der Wahrheit. In Wirklichkeit verhielten sie sich, solange ich ihnen nicht auf den Leib rückte, gleichgültig und bewegten sich unbeholfen und träge dahin. Manchmal krochen sie von einem Ort zum anderen. Manchmal kamen sie aus einer Spalte gekrabbelt, um gleich darauf wieder darin zu verschwinden. Doch sonst geschah nichts.

Ich wußte, daß mir eine schwierige und schlaflose Nacht bevorstand (weil es zu allem Überfluß auch noch unmenschlich stickig und heiß im Zimmer war), ich holte daher meine Notizen über Liberia aus der Tasche.

Im Schatten der Eukalyptusbäume (Mali)

Die Hitze, die in der Trockenzeit herrscht, ist beklemmend. Die Straße, in der ich wohne, ist vom Morgen an wie ausgestorben. An den Hauswänden, in den Durchgängen, in den Toren kauern reglos Menschen. Sie sitzen im Schatten der Eukalyptusbäume und Mimosen, unter dem großen, ausladenden Mangobaum und unter der hohen, tiefrot leuchtenden Bougainvillea. Sie sitzen auf der langen Bank vor der Bar des Mauretaniers und auf den leeren Kisten, die vor dem Eckladen stehen. Obwohl ich sie ein paarmal geraume Zeit beobachtet habe, könnte ich nicht sagen, was sie machen, wenn sie so herumsitzen. Eigentlich machen sie gar nichts. Sie unterhalten sich nicht einmal. Sie erinnern an Menschen, die stundenlang im Wartezimmer eines Arztes hocken. Obwohl das ein schlechter Vergleich ist. Denn der Arzt kommt am Ende irgendwann doch. Während hier niemand kommt. Niemand kommt, niemand geht. Die Luft zittert, wogt, bewegt sich unruhig wie über einem Kessel siedenden Wassers.

Eines Tages kam zu den Schwestern ihr Landsmann aus Valencia, Jorge Esteban. Er besaß in Valencia ein Reisebüro und reiste durch Westafrika, um Material für Reklamebroschüren zu sammeln. Jorge war ein freundlicher, fröhlicher, energiegeladener Mensch. Der Typ des geborenen Alleinunterhalters. Er fühlte sich überall zu Hause und kam mit allen gut aus. Bei uns hielt er sich nur einen Tag auf. Die glühende Sonne beachtete er nicht weiter, die quälende Hitze schien ihm noch mehr Kraft zu verleihen. Er packte seine Tasche voller Fotoapparate, Objektive, Filter und Filmrollen aus. Dann schlenderte er durch die Straßen, plauderte mit den Leuten, die dort saßen, scherzte und machte ihnen Versprechungen. Schließlich baute er seine Canon mit Stativ auf. Er holte eine laute Fußballpfeife aus der Tasche und pfiff ein paarmal. Ich blickte aus dem Fenster und traute meinen Augen nicht. Die Straße füllte sich augenblicklich mit Menschen. In einer Sekunde bildeten sie einen großen Kreis und begannen zu tanzen. Ich weiß nicht, woher die Knirpse kamen. Sie hatten leere Büchsen dabei, auf denen sie den Rhythmus schlugen. Im übrigen schlugen alle den Rhythmus, indem sie in die Hände klatschten und im Takt mit den Füßen stampften. Die Menschen waren aufgewacht, ihr Blut begann zu kreisen, sie verspürten neue Energien. Es war zu sehen, daß dieser Tanz ihnen Freude bereitete, daß sie sich prächtig amüsierten. In der Straße, in ihrer Umgebung, in ihnen selbst geschah etwas. Die Wände der Häuser bewegten sich, die Schatten erwachten zum Leben. Mehr und mehr Menschen schlossen sich dem Reigen der Tänzer an, der weiter wurde, sich dehnte und immer rascher zu kreisen begann. Am Ende tanzten auch die Menge der Gaffer, die ganze Straße, alle. Bunte Bou-Bous, weiße Galabijas, blaue Turbane wiegten sich. Es gibt hier keinen Asphalt und kein Pflaster, daher wirbelten bald Staubwolken über den Köpfen hoch, und diese dunklen, dichten, heißen und stickigen Schwaden lockten, wie die Rauchsäulen von einem Feuer, Menschen aus der Nachbarschaft herbei, und auf einmal begann das ganze Viertel zu hopsen, zu tänzeln, sich zu vergnügen in den ärgsten, heißesten, mörderischsten Mittagsstunden!

Sich zu vergnügen? Nein, hier ging es um etwas anderes, um mehr, um etwas Höheres und Wichtigeres. Man brauchte nur in die Gesichter der Tanzenden zu schauen. In diesen war eine Anspannung zu erkennen, das Bestreben, dem dröhnenden Rhythmus zu folgen, den die Kinder ihren Blechdosen entlockten, das Bemühen, ihre Schritte, die Schwingung der Hüften, das Schwenken der Schultern und die Bewegung der Köpfe dem Rhythmus anzupassen. Doch sie verrieten auch Entschlossenheit, Initiative und das Gefühl, daß dieser Augenblick wichtig war, in dem sie sich selbst ausdrückten, in dem sie ihre Existenz und ihre Teilnahme unter Beweis stellen konnten. Tagelang untätig und unnütz, gingen sie plötzlich aus sich heraus, wurden sie gebraucht, waren sie wichtig. Sie existierten. Sie unternahmen etwas.

Jorge fotografierte. Er brauchte Bilder, auf denen die Straße der afrikanischen Stadt sich vergnügte und tanzte, lockte und einlud. Bis er schließlich, selber schon ganz erschöpft, ein Ende machte und den Tänzern mit einer Handbewegung dankte. Diese blieben stehen, brachten ihre Kleidung in Ordnung und wischten sich den Schweiß ab. Sie plauderten und tauschten Bemerkungen aus. Sie lachten. Dann gingen sie langsam auseinander, suchten wieder den Schatten auf, verschwanden in den Häusern. Die Straße versank von neuem in unbeweglicher, glühender Leere.

Von der Heimkehr

Ich reise, weil ich schreibe. Zum Schreiben muß ich die Spra-
che hören, in der ich schreibe, und das ist nun mal polnisch.
Im Ausland könnte ich niemals schreiben, niemals. Reisen ist
für mich Erforschung, danach muß ich zurück und mit dem
Rhythmus meiner Sprache leben.

Wenn ich am Schreibtisch sitze, fühle ich das Ende nahen

Ich kehrte in meine Redaktion zurück (das war Anfang 1967)
und wußte überhaupt nicht, was ich dort anfangen sollte. Ich
fühlte mich innerlich zerschlagen und zerrieben, wollte mich
nirgends anschließen, suchte keinen Kontakt, war irgendwie
abwesend.

Meinen Aufenthalt in Afrika betrachtete ich nicht einfach
als Erfüllung meines Vertrags. Ich war dorthin nach Jahren gereist, in denen ich als bloßes Rädchen in einem starren Mechanismus von Instruktionen und Anweisungen, Thesen und
Richtlinien funktioniert hatte. Afrika bedeutete meine private Befreiung. Irgendwo zwischen 37° 20' N und 34° 52' S
geographischer Breite und 17° 33' W und 51° 23' 0 geographischer Länge, zwischen dem nördlichen Kap Ras Ben Sek-
ka und dem südlichen Nadelkap, zwischen dem westlichen
Kap Almadi und dem östlichen Kap Hafun war ein Teil von
mir zurückgeblieben. Vor meinen Augen lief immer noch der
afrikanische Film ab, ohne anzuhalten, nonstop, Vorstellung
um Vorstellung, doch niemand interessierte sich für das, was
in meinem Kino vorging. Die Leute redeten darüber, wer
wen in Koszalin abgelöst hatte, sie zankten sich über eine

Fernsehaufführung, in der die Ćwiklińska hervorragend gespielt hatte, während andere das bestritten, oder sie versorgten einander mit wohl gemeinten Ratschlägen, wie man eine Urlaubsreise nach Bulgarien macht, bei der man nicht nur nicht draufzahlt, sondern sogar noch ordentlich verdienen kann. Ich war dem Menschen nie begegnet, der nach Koszalin ging, hatte das Fernsehprogramm nicht gesehen und war nie in Bulgarien gewesen. Am schlimmsten jedoch war, daß mich alle Bekannten, die ich auf der Straße traf, mit den Worten begrüßten »Was machst denn du hier?« oder »Was, du bist noch nicht abgereist?«. Ich begriff, daß sie mich schon nicht mehr als einen der Ihren ansahen. Das Leben ging weiter, und sie schwammen mit. Sie beredeten etwas, erledigten etwas, heckten etwas aus, doch ich wußte nicht, was, mir sagte keiner etwas, mich weihten sie nicht ein, mich wollten sie nicht dabeihaben – sie hatten mich abgeschrieben.

In der Redaktion sahen sie, daß ich sinn- und ziellos durch die Gänge lief. Es ist zwar normal, daß ein Korrespondent, der aus dem Ausland zurückkehrt, eine Zeitlang keine rechte Arbeit hat und das fünfte Rad am Wagen unseres aufopfernden und strebsamen Kollektivs ist. Doch mein Benehmen als Outsider und meine fortdauernde Untätigkeit überschritten das Maß des Zulässigen, weshalb sich Hofman entschloß, etwas zu tun. Er unternahm noch einmal – es war nicht das erste Mal in meinem Leben – den Versuch, mich an einen Schreibtisch zu setzen. Mein Chef führte mich in ein Zimmer, in dem ein Schreibtisch stand und eine Sekretärin saß, und sagte mir, hier solle ich arbeiten. Ich sondierte die Lage: Die Sekretärin war in Ordnung, der Schreibtisch ein Graus. Es war einer dieser kleinen Schreibtische, dieser Mausefallen, wie sie zu Tausenden in unseren vollgestopften, vollgerümpelten Ämtern herumstehen. Ein Mensch hinter so einem Schreibtisch erinnert eher an einen Invaliden im orthopädischen Korsett als an einen verantwortungsvollen Mitarbeiter, der einer ernsthaften Beschäftigung nachgeht. Er ist nicht imstande, sich normal zu erheben und uns die Hand zu reichen, sondern muß erst vorsichtig seinen Stuhl zurückschieben und sich langsam aufrichten, wobei er mehr auf den Schreibtisch zu achten hat als auf uns, weil dieses rachitische Gebilde auf seinen vier spindeldürren Beinchen bei der geringsten heftigen Bewegung zusammenzustürzen droht. Der Ernst des ganzen Amtes verzerrt sich zur Lächerlichkeit, wenn wir statt eines Beamten, der hinter der Majestät eines monumentalen geschnitzten Schreibtisches hervortritt, ein gekrümmtes Wesen erblicken, das in einer kleinen standardisierten Falle klemmt. Ich hasse Schreibtische! Ich habe nie einen Schreibtisch besessen und nie an Versammlungen teilgenommen, bei denen Schreibtische verteilt werden, wobei die Leute einander die Augen auskratzen und an die Gurgel fahren. Möbel interessieren mich nicht. Ideal erscheint mir ein japanisches Haus, in dem es nichts gibt außer Wänden, Fußböden, Decken und Ikebana. Möbel sind wie Zäune zwischen den Menschen, die Menschen verschanzen sich hinter Möbeln wie hinter Barrikaden, sie verschwinden darin wie Vögel in ihren Baumhöhlen. Wenn mir jemand ein antikes Möbelstück zeigt und ehrfürchtig erklärt, welches Jahrhundert das ist und welcher Stil, empfinde ich gar nichts. Den Gebrauchswert von Möbeln kann ich schon begreifen, ihre Notwendigkeit, ihre plumpe, doch nützliche Mission im Dienste der menschlichen Bequemlichkeit. Meine Toleranz gilt allen Möbeln mit Ausnahme von Schreibtischen, die ich insgeheim bekämpfe. Der Schreibtisch ist nämlich ein spezifisches Möbel mit besonderen Eigenschaften. Während die Möbel als Gattung, als Art, Instrumente im Dienste des Menschen darstellen und seine Sklaven sind, ist beim Schreibtisch die Situation umgekehrt – der Mensch wird zum Instrument und Sklaven des Schreibtisches. Viele Denker äußern die Sorge, daß der Welt eine Bürokratisierung droht, daß die Gesellschaft von der

Bürokratie terrorisiert werden könnte. Sie vergessen dabei, daß die Bürokraten selber terrorisiert werden, und zwar von ihren Schreibtischen. Wenn der Mensch einmal hinter dem Schreibtisch sitzt, vermag er sich nicht mehr von ihm loszureißen. Der Verlust des Schreibtisches wird für ihn zur existentiellen Katastrophe, zur Niederlage, zum Sturz in den Abgrund. Bedenken wir nur, wie viele Menschen am Schreibtisch Selbstmord verüben, wie viele direkt vom Schreibtisch weg in die psychiatrische Klinik eingeliefert werden, wie viele Herzinfarkte an Schreibtischen vorkommen. Wer hinter einem Schreibtisch Platz nimmt, denkt gleich ganz anders; seine Sicht der Welt, seine Wertskala verändern sich. Von nun an wird er die Menschen einteilen in solche, die einen Schreibtisch besitzen, und andere, die keinen haben; er wird sie ferner einteilen in Besitzer von wichtigeren und weniger wichtigen Schreibtischen. Sein Leben wird ihm von nun an als emsige Wanderung von einem kleineren zu einem größeren, einem niedrigeren zu einem höheren, einem schmäleren zu einem breiteren Schreibtisch erscheinen. An einen Schreibtisch gesetzt, beginnt er anders zu sprechen, besitzt er mit einem Mal Kenntnisse, obwohl er gestern, noch ohne Schreibtisch unwissend war. Wegen eines Schreibtisches habe ich viele Freunde verloren. Es waren tatsächlich liebe Freunde, doch ich weiß nicht, was für ein Dämon im Menschen schlummert, daß er, kaum hinterm Schreibtisch, gleich anders redet, so daß unsere harmonische, brüderliche Verbindung zerfällt, daß sich eine peinliche Disharmonie einstellt, eine Einteilung in Höher und Niedriger, ein Klima der Hierarchien, das wir als unbehaglich empfinden und dennoch nicht ändern können. In einem solchen Fall wußte ich gleich, daß diesen Freund der Schreibtisch in den Klauen hat, daß ihn der Schreibtisch fest im Doppelnelson hielt. Nach ein paar solchen Erlebnissen gab ich auf, rief die Freunde nicht mehr an, traf sie nicht mehr. Ich glaube, daß beide Seiten diese Lösung mit Erleichterung begrüßten. Seit damals weiß ich, daß ein Freund, der einen imponierenden Schreibtisch erobert, für mich verloren ist. Ich mache einen Bogen um ihn, um mir den Mißton zu ersparen, den jeder Übergang von der Symmetrie zur Asymmetrie in menschlichen Beziehungen mit sich bringt. Manchmal steht ein Mensch hinter seinem Schreibtisch auf und geht mit uns in eine andere Ecke seines Büros, zu einer Sitzecke, zu einem runden Tisch, um sich dort mit uns zu unterhalten. Dieser Mensch hat begriffen, was ein Schreibtisch bedeutet, und er weiß, daß eine Plauderei über einen Schreibtisch hinweg ungefähr so gemütlich ist wie das Gespräch eines Sergeanten, der im Turm eines Kampfpanzers sitzt, mit einem angstschlotternden jungen Rekruten, der vor dem todbringenden Geschütz Haltung annehmen muß.

Wenn mich mein Chef damals auch hinter einen Schreibtisch aus Ebenholz, eingelegt mit Perlmutter, gesetzt hätte, wäre ich dennoch geflohen. Wenn ich am Schreibtisch sitze, fühle ich mein Ende nahen. Der Schreibtisch besitzt nämlich noch eine gefährliche Eigenschaft – er kann als Instrument der Selbstrechtfertigung dienen. Das spüre ich in Zeiten der Krise, wenn ich nichts schreiben kann. Dann erscheint mir der Gedanke verlockend, mich hinter einem Schreibtisch zu verstecken. Ich schreibe nichts, weil ich den Kopf voll mit wichtigen Dingen habe, was geht mich das Schreiben an, das Schreiben ist nicht wichtig. Wir sind von der Schuld losgesprochen, der Schreibtisch ersetzt das Schreiben, wird zum Ersatzwert. Nachdem sich mein Chef überzeugt hatte, daß seine Bemühungen nichts fruchteten und es kein Mittel gibt, mir das Amtieren beizubringen, beschloß er zu handeln. Am besten wäre es, wenn ich abreiste.

Lateinamerika

Politik wird in Lateinamerika als Beschäftigung der Reichen
angesehen. Ein Funktionär — ist ein Reicher. Die Partei ist
eine Form von Busineß, und um Busineß zu machen,
braucht man Kapital. Wenn man einen Armen nach seiner
politischen Ansicht befragt, bekommt man zur Antwort: »Ich
habe keine Ansichten. Dazu bin ich zu arm.«

Südamerikanischer Barock (Chile)

Im Herbst 1967 fuhr ich für fünf Jahre nach Lateinamerika.
Meine erste Stadt war Santiago de Chile, ein seltsames archi-
tektonisches Gebilde, das aus einer Miniaturausgabe Manhat-
tans besteht, umbrandet von kleinen Mietshäusern im Stil der
falschen und kapriziösen spanischen Sezession, aus bequemen
und exklusiven Vierteln wie etwa Los Leones, Apoquindo
und Vitacury sowie aus nicht enden wollenden hölzernen,
provisorisch zusammengezimmerten Vorstädten, die hier Cal-
lampas genannt und vom Proletariat, den Armen und allem
möglichen Lumpenpack bewohnt werden. Ich hatte die Chi-
lenen stets für ruhige, sanfte, fast weibische Menschen gehalten (in der Stadt gibt es zahlreiche Kosmetiksalons für Herren, in denen Damen die Männer pediküren und ihnen die
Nägel bemalen), bis sich einen Tag nach dem Tode Salvador
Allendes mit einem Mal herausstellte, daß viele dieser feinen
Nägel in Wirklichkeit Wolfskrallen waren. Nach der Ankunft
in Santiago besuchte ich ein Wohnungsbüro, in dem ich einen
Stadtplan und eine Liste mit Adressen bekam. Ich machte
mich nun auf die Suche nach den bezeichneten Häusern, um
die angebotenen Wohnungen zu besichtigen. Auf diese Weise

entdeckte ich eine ganz unbekannte Welt. Die Besitzerinnen dieser Wohnungen waren greise Damen, Witwen, Geschiedene, alte Jungfern in Häubchen, Stolen und Pantöffelchen. Nach der Begrüßung führten sie mich in hoffnungslos überfüllte Zimmer, nannten phantastische Summen, die ich als Miete bezahlen sollte, und legten mir Verträge vor, die neben den Mietklauseln ein Verzeichnis der Dinge enthielten, die sich in der Wohnung befanden. Es handelte sich um umfangreiche Bücher, um dicke Wälzer, die, freilich schon in paranoidem Sinne, einen faszinierenden psychologischen Beleg darstellten, zu welcher Verrücktheit sich der Mensch durch seine Habgier und den Wunsch, völlig unnötige Dinge sein eigen zu nennen, treiben läßt. Seite um Seite waren da Hunderte, nein Tausende von Sächelchen, Kätzchen, Figürchen, Untersätzchen, Wandbehängen, Bildern, Krügelchen, Rahmen, Vöglein aus Glas, aus Plüsch, aus Messing, aus Filz, aus Plastik, aus Marmor, aus Viskose, aus Rinde, Stearin, Satin, Lack, Papier, aus Nüssen, aus Ruten geflochten, aus Muscheln, aus Fischbein, aus dem und jenem, aus Bomben, Rhomben, Hekatomben peinlich genau aufgelistet. Jede Wohnung war ein bis an die Decke vollgestopftes Trödellager, ein zusammengetragener, übereinandergeworfener Haufen von Kram, Plunder, Ramsch, wobei selbst noch die winzigste Lächerlichkeit nach Auskunft der Damen ungeheuer wertvoll, berückend und beglückend war. Später konnte ich beobachten, daß es in den bürgerlichen Wohnvierteln einen ständigen Kreislauf von Dingen gab, die keiner brauchte, daß die Leute zu jedem Anlaß völlig nutzlose Dinge geschenkt bekamen und sich, den Regeln des Anstands gehorchend, unverzüglich mit dem Geschenk eines ebenso nutzlosen Gegenstandes revanchierten, der dann neben andere nutzlose Gegenstände gestellt (gelegt, gehängt) wurde, wodurch die Wohnung nach jahrelangem Sammeln (Kaufen, Tauschen) einem Magazin nutzlosen Krams glich. Später entdeckte ich auch, daß die Hälfte der Läden in diesen Wohnvierteln sich ausschließlich auf den Verkauf der verschiedensten Nippes und Knokes spezialisierten und damit gute Geschäfte machten. Nach Jahren unter Afrikanern, für die oft (wie ich selber beobachten konnte) eine hölzerne Haue den einzigen Besitz darstellt, so wie die vom Baum gepflückte Frucht oft die einzige Nahrung ist, war diese absurde Lawine von Requisiten, die mich begrub, wenn ich eine Tür öffnete, bedrückend und abschreckend. Ich tröstete mich mit dem Gedanken, dies sei nur der falsche Zugang zu einer Welt, die – so erklärte ich mir das – ganz anders aussehen müsse.

In Wirklichkeit waren die Wohnungen dieser Alten jedoch nur eine krankhaft und kitschig verzerrte Manifestation dessen, was den Schlüssel zu Lateinamerika darstellt – des hier überall anzutreffenden Barocks. Barock nicht nur als Bau- und Denkstil, sondern als allgemeine Überfülle und Eklektizismus. Von allem gibt es hier im Übermaß, alles nimmt unmäßige Formen an, will sich uns aufdrängen, uns schockieren, uns erdrücken. Als hätten wir schwache Augen, ein schwaches Gehör, einen schwachen Geruchssinn, als würde alles, was mäßig und bescheiden auftritt, übersehen. Wenn schon Dschungel – dann ein unermeßlicher (Amazonien), wenn Berge – dann gigantische (die Anden), wenn eine Ebene – dann eine grenzenlose (die Pampas), wenn ein Fluß – dann der größte der Welt (der Amazonas). Menschen aller nur erdenklichen Rassen und Hautfarben – Weiße, Rote, Schwarze, Gelbe, Mestizen, Mulatten. Alle Kulturen – indianische, angelsächsische, spanische, lusitanische, französische, indische, italienische und afrikanische. Alle möglichen Orientierungen und politischen Parteien. Maßloser Reichtum und unermeßliche Armut. Pathetische Gesten und blumige Sprache (mit einer Fülle von Eigenschaftswörtern). Märkte, Basare, Marktbuden, Schaufenster – alle überquellend von Früchten, Gemüse, Blumen, Kleidungsstücken, Töpfen, Geräten, und das alles vermehrt sich unablässig und sprießt aus der Erde und unter den Steinen hervor, vermehrt sich auf den Ladentischen und unter den Händen, in hundert Farben, grell, kontrastreich, aufeinanderprallend, explosiv. Durch diese Welt kann man nicht mit kühlem Kopf und gleichgültigem Herzen gehen. Wir müssen uns mühsam durchdrängen, kraftlos und mit einem Gefühl der Verlorenheit, mit dem wir auch die Fresken Diego Riveras betrachten und die Prosa Lezama Limas lesen. Die Wirklichkeit vermischt sich mit der Phantasie, die Wahrheit mit dem Mythos, der Realismus mit der Rhetorik.

Ich kämpfte mich lange Zeit durch dieses Dickicht, diese Üppigkeit, diese Fassaden und Repetitionen, diese Ornamente und diese Demagogie, ehe ich zu den Menschen vorstieß, ehe ich mich unter diesen Leuten einrichten, ihre Dramen, ihre Niederlagen, Stimmungen, romantischen Gefühle, ihre Ehre und Schmach, ihre Einsamkeit begriff.

Den alten Indianer in der Wüste von Mexiko beschreiben. Ich fuhr mit dem Auto und sah in der Ferne etwas, was wie ein im Sand liegender Indianerhut ausschaute. Ich blieb stehen und ging näher. Unter dem Hut saß ein Indianer in einer flachen Grube, die er zum Schutz gegen den Wind in den Sand gebuddelt hatte. Vor ihm stand ein hölzernes Grammophon mit verbeultem Trichter. Der Alte drehte unablässig die Kurbel (offenbar hatte das Grammophon keine Feder mehr) und spielte eine stark zerkratzte Platte – er besaß nur diese eine –, auf der kaum mehr Rillen zu erkennen waren. Aus dem Trichter tönten, heiser krächzend und scharrend, Fetzen eines lateinamerikanischen Schlagers: *Rio Manzanares dejeme pasar* (Laß mich rüber, Manzanaresfluß). Ich grüßte den Alten und stand lange über ihn gebeugt, doch er schenkte mir keine Beachtung. »Vater«, sagte ich schließlich, »hier gibt es nirgends einen Fluß.« Der Alte schwieg. »Mein Sohn«, antwortete er nach einer Weile, »ich bin der Fluß und komme nicht rüber.« Mehr sagte er nicht, drehte nur an der Kurbel und hörte der Platte zu.

Die Geschichte des Sergeanten der bolivianischen Armee, Mario Terana, erzählen, der den verwundeten Ché Guevara erschossen hat. Schon am zweiten Tag nach diesem Ereignis wurde er von Furcht gepackt. Er reagierte auf keine Befehle und beantwortete keine Fragen mehr. Daraufhin wurde er aus dem Militärdienst entlassen. Um sein Aussehen zu verändern, setzte er dunkle Brillen auf. Dann machten ihm die dunklen Brillen angst, weil er meinte, daß gerade sie die Rächer Ché Guevaras auf ihn aufmerksam machen könnten. Er sperrte sich zu Hause ein und ging lange nicht mehr auf die Straße. Doch dann bekam er auch in der Wohnung Angst, denn sie erschien ihm wie eine Falle, in der er leicht seinen Verfolgern, den Guerilleros, in die Hände fallen konnte. Er trank nichts mehr, weil er meinte, jede Flüssigkeit könnte vergiftet sein. Zwei Tage lang irrte er durch die Gegend. Am Abend des zweiten Tages erschoß er sich in der Nähe des kleinen und ärmlichen Weilers Madre del Díos.

Beschreiben, was mit meinem Freund Pedro Morote, einem Peruaner, geschah. Als junger Bursche erklärte Pedro der Aristokratie den Krieg und schloß sich einer Guerillaeinheit an, die sein Freund, der Dichter Javier Heraud, anführte. Im Mai 1963 gerieten sie in, Puerto Maldonado in einen Hinterhalt, und Heraud, der damals 21 war, wurde auf der Flucht von der Polizei erschossen, während Pedro durchkam und sich versteckte. Als die Militärs an die Macht kamen und andere Zeiten anbrachen, nahm Pedro den Kampf gegen die Aristokratie wieder auf und setzte sich für die Landreform ein. Wir fuhren in die entlegensten Indianerdörfer, in denen Pedro an arme, verschreckte Bauern Land verteilte. Als Pedro eines Tages von einer Fahrt zurückkehrte, erfuhr er vom unerwarteten Tod eines Freundes, der ihm viel Geld hinterlassen hatte. Mit einem Schlag sah alles ganz anders aus. Der Guerillakämpfer und Aktivist der Landreform eröffnete in Lima eines der teuersten und besten Restaurants der Stadt, in dem er vor allem die Aristokratie bewirtete. Wer es besucht – das Restaurant heißt *La Palisada* –, kann einen gedrungenen, dicken Herrn im Frack, mit braunem Haarschopf und zufriedener, doch gleichzeitig beflissener Miene (das Geschäft läuft ausgezeichnet) von Saal zu Saal schreiten sehen. Das ist Pedro. Er hat sichtbar zugenommen, doch er ist immer noch flink und kräftig. Er geht durch den Saal und singt leise ein Lied vor sich hin. Es ist nicht anzunehmen, daß einer der erlesenen Gäste weiß, daß Pedro die Verse seines Freundes und Führers Javier Heraud singt, der vor langer Zeit in einem Hinterhalt ums Leben kam.

Den Markt im Städtchen Quetzalteped (in Mexiko, nördlich von Oaxaca) beschreiben. Am Morgen versammeln sich hier Indianer des Mexes-Stammes aus der ganzen Umgebung. Sie schleppen ihre Waren in Bündeln und Körben auf dem Rücken zum Markt. Dort legen sie alles am Boden aus, im Schatten der weiten Akazien. Ein Kilo Mais kostet 1,25 Peso, Bohnen – 1,75 Peso, 100 Tomaten – 2 Pesos, 100 Avocados – 3 Pesos. Es ist ein schweigsamer Markt, keiner preist seine Ware an, bei den Transaktionen wird kein Wort gewechselt, Käufer und Verkäufer beweisen einander völlige Gleichgültigkeit. Gegen Mittag wird die Hitze unerträglich, der Markt wird eingestellt, der Handel versiegt, und alle strömen in die umliegenden obskuren indianischen Kneipen *(Puestos de Mezcal)*. Ein Liter Mezcal kostet 4 Pesos. Der Markttag endet mit dem sinnlosen Besäufnis aller Beteiligten. Dann kehren die Betrunkenen – Männer, Frauen, Kinder – torkelnd, in den Sand und gegen die Felsen taumelnd, in ihre Dörfer zurück, ohne einen Groschen in der Tasche, benebelt und elend.

Den Fußballkrieg beschreiben.

Der Fußballkrieg (Honduras)

Luis Suárez sagte, es werde Krieg geben, und was Luis sagte, glaubte ich. Wir wohnten in Mexiko zusammen, und Luis gab mir Nachhilfestunden in Lateinamerikakunde. Wie es ist und wie es sich begreifen läßt. Er war imstande, viele Ereignisse vorherzusagen. Er hatte seinerzeit den Fall Goularts in Brasilien, den Sturz von Bosch in der Dominikanischen Republik und von Jiménez in Venezuela vorhergesagt. Lange bevor Perón zurückkehrte, meinte er, daß der alte Caudillo nochmals Präsident von Argentinien werden würde, und er sagte auch den plötzlichen Tod von François Duvalier, dem Diktator von Haiti, voraus, dem alle ein langes Leben gaben. Luis bewegte sich leichtfüßig über den lockeren Sand der hiesigen Politik, in dem Amateure wie ich, die auf Schritt und Tritt Fehler begehen, hoffnungslos den Halt verlieren.

Diesmal prophezeite Luis den bevorstehenden Krieg, als er die Zeitung weglegte, in der er einen Bericht über ein Fußballmatch zwischen den Mannschaften von Honduras und Salvador gelesen hatte. Beide Mannschaften kämpften um die Teilnahme an der Weltmeisterschaft, die 1970 in Mexiko stattfinden sollte.

Das erste Spiel wurde Sonntag, den 8. Juni 1969 in der Hauptstadt Honduras, Tegucigalpa, ausgetragen.

Die übrige Welt schenkte diesem Ereignis keine Beachtung.

Die Mannschaft von Salvador traf am Samstag in Tegucigalpa ein und verbrachte eine schlaflose Nacht im Hotel. Die Mannschaft konnte kein Auge zutun, weil sie das Opfer der psychologischen Kriegsführung der honduranischen Fans wurde. Das Hotel wurde von Menschenmassen umzingelt, die die Scheiben mit Steinen einwarfen und mit Stöcken auf Wellblech und leere Fässer trommelten. Immer wieder krachten Böllerschüsse, immer wieder begannen die Wagen, die vor dem Hotel standen, ein lärmendes Hupkonzert. Die Fußballfans pfiffen, heulten und stießen Kriegsrufe aus. So ging es die ganze Nacht. Und alles nur, damit die Gästemannschaft, unausgeschlafen, entnervt und übermüdet, das Spiel verlor. In Lateinamerika sind solche Methoden gang und gäbe, und niemand ist darüber erstaunt.

Am nächsten Tag besiegte Honduras die schlaftrunkene Mannschaft Salvadors 1:0.

Als der honduranische Stürmer Roberto Cardona in der letzten Minute das Siegestor schoß, sprang in Salvador ein Mädchen namens Amelia Bolanios vom Fernseher auf, lief zum Schreibtisch seines Vaters, der dort eine Pistole verwahrte, und entleibte sich durch einen Schuß in die Brust. »Ein junges Mädchen, das es nicht verwinden konnte, daß sein Vaterland in die Knie gezwungen wurde«, schrieb tags darauf die salvadorianische Tageszeitung *El Nacional*. Am Begräbnis von Amelia Bolanios, das im Fernsehen übertragen wurde, nahm die ganze Hauptstadt teil. An der Spitze des Trauerzuges schritt eine Ehrengarde der Armee mit der Fahne. Hinter dem Sarg, der in die Nationalflagge gehüllt war, marschierten der Präsident und die Minister. Der Regierung folgte das Fußballteam von Salvador, das am selben Morgen mit einer Sondermaschine aus Tegucigalpa gekommen war, wo die Spieler ausgepfiffen, verhöhnt und bespuckt worden waren.

Eine Woche darauf fand in der Hauptstadt von Salvador, San Salvador, in einem Stadion mit dem klingenden Namen Flor Blanca das Rückspiel statt. Diesmal verbrachten die Spieler von Honduras eine schlaflose Nacht: Die heulende Menge der Fans schmiß alle Hotelfenster ein und bombardierte das Hotel mit Tonnen von faulen Eiern, toten Ratten und stinkenden Fetzen. Die Spieler wurden mit Panzerwagen der 1. Motorisierten Division von Salvador ins Stadion gebracht, um sie vor der rachsüchtigen Menge der Zuschauer

zu schützen, die ihren Weg säumten und Bilder der National-
heldin Amelia Bolanios hochhielten.

Das Stadion war vom Militär hermetisch abgeriegelt. Um
das Spielfeld hatten Soldaten einer Sondertruppe der Guardia
Nacional mit schußbereiten Maschinenpistolen einen Kor-
don gezogen. Als die Nationalhymne von Honduras gespielt
wurde, johlte und pfiff das ganze Stadion. Dann zogen die
Gastgeber statt der Nationalflagge von Honduras, die vor den
Augen der begeisterten Fans verbrannt wurde, einen schmutzigen, löchrigen Fetzen am Fahnenmast hoch. Verständlich,
daß die Spieler aus Tegucigalpa unter diesen Bedingungen
nicht recht bei der Sache waren. Sie dachten nur daran, wie
sie hier je wieder lebendig herauskommen würden. »Ein
Glück, daß wir dieses Match verloren«, sagte der Trainer der
Gäste, Mario Griffin, erleichtert.

Salvador siegte 3:0.

Die Mannschaft von Honduras wurde direkt vom Spielfeld weg mit denselben Panzerwagen zum Flughafen gebracht. Ihre Anhänger traf ein schlimmeres Schicksal. Unter
einem Hagel von Schlägen und Tritten flohen sie in Richtung Grenze. Zwei Personen kamen ums Leben. Ein paar
Dutzend wurden ins Krankenhaus eingeliefert. 150 Autos der
Gäste wurden angezündet. Ein paar Stunden später wurde die
Grenze zwischen den beiden Staaten gesperrt.

Nachdem Luis das alles in der Zeitung gelesen hatte, sagte
er, daß es Krieg geben werde. Er war ein routinierter Reporter und wußte, was er sagte.

In Lateinamerika, so sagte er, ist die Grenze zwischen Fuß-
ballspiel und Politik hauchdünn. Die Liste der Regierungen,
die zurücktreten mußten oder vom Militär gestürzt wurden,
weil die Nationalmannschaft ein Match verlor, ist lang. Die
Spieler der Mannschaften, die ein Match verloren, werden
von den Zeitungen als Vaterlandsverräter beschimpft. Als Brasilien in Mexiko Weltmeister wurde, war mein brasilianischer

Kollege, ein politischer Emigrant, verzweifelt: »Nun können die rechten Militärs mindestens weitere fünf Jahre in Ruhe regieren«, sagte er. Auf dem Weg zum Titel besiegte Brasilien England. Die in Rio de Janeiro erscheinende Sportzeitung *Jornal dos Sportes* offerierte folgende Erklärung für den Sieg: »Jedesmal, wenn der Ball in Richtung unseres Tores geflogen kam und ein Goal unvermeidlich schien, streckte Jesus sein Bein aus den Wolken und beförderte den Ball ins Out.« Den Artikel begleitete eine Zeichnung, auf der diese übernatürliche Erscheinung dargestellt war.

Wer ins Stadion geht, kann dort leicht sein Leben lassen. Denken wir an das Match, das Mexiko gegen Peru 1:2 verlor. Ein enttäuschter mexikanischer Fan rief höhnisch: »Viva México!« Ein paar Sekunden darauf war er tot, von der Menge massakriert. Manchmal finden die aufgeheizten Emotionen auch andere Ventile. Nach dem Spiel, in dem Mexiko Belgien 1:0 besiegte, stürmte ein siegestrunkener Augusto Mariaga, Direktor des Gefängnisses für Schwerverbrecher in Chilpancingo (Mexiko, Staat Guerrero), wild die Pistole schwingend und in die Luft schießend, durch die Gänge seiner Haftanstalt, schloß unter Viva-México-Rufen alle Zellen auf und ließ 142 gefährliche Schwerverbrecher entkommen. Das Gericht sprach Mariaga frei, »weil er«, wie es in der Urteilsbegründung heißt, »in patriotischer Erregung handelte«.

»Glaubst du, daß es sich lohnt, nach Honduras zu fahren?« fragte ich Luis, der zu jener Zeit die seriöse Wochenzeitung *Siempre* herausgab.

»Ich meine schon«, antwortete er. »Es wird sicher etwas passieren.«

Am nächsten Morgen war ich in Tegucigalpa.

Im Morgengrauen tauchte ein Flugzeug über der Stadt auf und warf eine Bombe ab. Wir alle hörten die Explosion. Die umliegenden Hügel warfen dröhnend das Echo zersplitternden Metalls zurück, weshalb später einige behaupteten, es sei eine ganze Bombenserie niedergehagelt. Die Stadt wurde von Panik erfaßt. Die Menschen flüchteten in Haustore, die Kaufleute schlossen ihre Läden. Verlassene Autos blockierten die Fahrbahnen. Eine Frau lief den Gehsteig entlang und rief: »Mein Kind, mein Kind!« Dann verstummte sie, es wurde still. Es wurde so totenstill, daß man meinen konnte, die Stadt hätte aufgehört zu leben. Schließlich erloschen alle Lichter, und Tegucigalpa versank in Finsternis.

Ich lief zurück zu meinem Hotel, jagte ins Zimmer, spannte einen Bogen Papier in die Maschine ein und versuchte, eine Depesche für Warschau zu schreiben. Ich mußte rasch handeln, denn ich wußte, daß ich in diesem Augenblick der einzige ausländische Korrespondent in der Stadt war und vielleicht der erste sein konnte, der die Welt vom Kriegsausbruch in Mittelamerika informierte.

Doch im Zimmer war es dunkel, und ich konnte nichts sehen. Ich tastete mich nach unten, zur Rezeption, wo sie mir eine Kerze gaben. Ich ging wieder hinauf, entzündete die Kerze und drehte das Transistorradio an. Der Sprecher verlas ein Kommuniqué der honduranischen Regierung über den Ausbruch des Krieges mit Salvador. Dann verlas er die Nachricht, daß die Truppen von Salvador Honduras auf allen Linien der Front angriffen.

Ich begann zu schreiben:

TEGUCIGALPA (HONDURAS) PAP 14. JULI

VIA TROPICAL RADIO RCA HEUTE SECHS UHR ABENDS BEGANN KRIEG SALVADOR HONDURAS LUFTWAFFE SALVADORS BOMBARDIERTE VIER STÄDTE HONDURAS STOP ZUR SELBEN ZEIT DURCHBRACHEN TRUPPEN SALVADORS GRENZE HONDURAS VERSUCHEN INS LANDESINNERE VORZUDRINGEN STOP ALS ANTWORT AUF ANGRIFF DES AGGRESSORS BOMBARDIERTE LUFTWAFFE HONDURAS WICHTIGE

INDUSTRIELLE UND STRATEGISCHE ZIELE SALVA-
DORS UND LANDSTREITKRÄFTE BEREITEN VERTEI-
DIGUNG VOR.

In diesem Moment begann auf der Straße jemand zu rufen: »Apaga la luz!« (Licht ausmachen!), einige Male, immer
lauter und drängender, bis ich die Kerze löschte. Ich schrieb
blind weiter und beleuchtete nur von Zeit zu Zeit mit der
Flamme meines Feuerzeugs die Tastatur.

RADIO MELDETE KÄMPFE AUF GANZER BREITE
DER FRONT STOP TRUPPEN HONDURAS FÜGEN DER
ARMEE VON SALVADOR SCHWERE VERLUSTE ZU
STOP REGIERUNG RUFT GANZE NATION ZUR VERTEI-
DIGUNG DES GEFÄHRDETEN VATERLANDS AUF UND
APPELLIERT AN UNO ANGRIFF ZU VERURTEILEN.

Ich ging mit der Depesche hinunter, wo ich den Hotelbe-
sitzer fand und ihn um einen Begleiter zum Postamt bat. Ich
war erst einen Tag im Lande und kannte Tegucigalpa nicht.
Die Stadt ist nicht groß – eine Viertelmillion Einwohner –,
doch auf Hügeln gelegen, und die Straßen laufen wirr durcheinander. Der Besitzer wollte gern behilflich sein, hatte jedoch niemanden zur Hand, und höchste Eile war geboten. Er
rief daher die Polizei an. Doch auch die Polizisten hatten keine Zeit. Schließlich rief er die Feuerwehr. Wenig später kamen drei Feuerwehrmänner in voller Montur, mit Helmen
und umgeschnallten Äxten. Wir begrüßten einander im Dunkeln, die Gesichter waren nicht zu erkennen. Ich sagte, daß
ich sie flehentlich bitte, mich zur Post zu führen. »Ich kenne
Honduras gut«, log ich, »und ich bin sicher, daß die
Gastfreundschaft der Bevölkerung grenzenlos ist. Ich rechne
fest damit, daß Sie meine Bitte erfüllen. Es ist wichtig, daß die
Welt die Wahrheit erfährt, wer den Krieg begonnen hat, wer
den ersten Schuß abfeuerte und so weiter, und ich darf Ihnen
versichern, daß ich die lauterste Wahrheit schreibe. Die Zeit
drängt, wir müssen uns beeilen.«

Wir verließen das Hotel. Die Nacht war stockfinster, von der Straße waren nur Umrisse zu sehen. Ich weiß nicht, warum wir uns nur flüsternd unterhielten. Ich versuchte mir den Weg einzuprägen und zählte die Schritte. Ich war fast bei tausend angelangt, als die Feuerwehrmänner stehenblieben und einer an eine Tür pochte. Eine Stimme im Inneren fragte, wer draußen sei. Dann wurde die Tür geöffnet, jedoch nur für einen kurzen Moment, um nicht zu viel Licht auf die Straße dringen zu lassen. Ich war im Postamt. Die Beamten wiesen mich an, zu warten. In ganz Honduras gibt es nur einen einzigen Telexapparat, und dieser wurde vom Präsidenten der Republik blockiert. Der Präsident diskutierte über Telex mit dem honduranischen Botschafter in Washington, der ihm den Rat erteilte, sich an die Vereinigten Staaten um bewaffnete Hilfe zu wenden. Das nahm viel Zeit in Anspruch, weil der Präsident und der Botschafter sich einer ungemein blumigen Sprache bedienten; außerdem wurde die Verbindung alle Augenblicke unterbrochen.

Erst um Mitternacht gelang es, eine Verbindung mit Warschau herzustellen. Die Maschine druckte die Nummer TL 813480 PAP VARSOVIA aus. Ich machte vor Freude einen Luftsprung. Der Operator fragte:

»Was ist Varsovia für ein Land?«

»Das ist kein Land. Das ist eine Stadt. Das Land heißt *Polonia*.«

»*Polonia, Polonia*«, wiederholte er. Ich konnte erkennen, daß er mit dem Namen nichts anzufangen wußte.

Er fragte Warschau:

HOW RECEIVED MSG BIBI ★★: ?

Und Warschau antwortete:

RECEIVED OK OK GREE FOR RYSIEK TKS TKS ★★★!

Ich umarmte den Operator, wünschte ihm, den Krieg heil und gesund zu überstehen, und machte mich auf den Rückweg zum Hotel. Kaum war ich auf der Straße und ein paar

Schritte gegangen, wußte ich schon, daß ich den Weg verloren hatte. Um mich herum war alles finster – eine dichte, bedrückende, undurchdringliche Finsternis, die mich nichts sehen ließ, buchstäblich nichts, nicht einmal die Hand vor den Augen, als wären meine Augen mit schwarzer, dicker Schmiere verklebt. Der Himmel mußte wolkenverhangen sein, denn die Sterne waren verschwunden, nirgends blinkte ein Licht.

Ich war allein in einer fremden, unbekannten Stadt, die ich nicht sehen konnte, als habe sie der Erdboden verschluckt. Es herrschte gespannte Stille, die Stadt schwieg wie verwunschen, keine Stimme war zu hören, kein Laut. Ich ging weiter, ein Blinder, die Mauern, Dachrinnen und Gitter an den Schaufenstern abtastend. Mir wurde bewußt, daß meine Schritte dumpf hallten, und ich begann, auf den Zehenspitzen zu schleichen. Plötzlich fühlte ich, daß die Mauer zu Ende war, daß ich an eine Querstraße gekommen sein mußte. Oder vielleicht beginnt ein Platz? Oder ich stehe vor einem tiefen Abgrund? Ich begann, mit den Füßen das Terrain zu sondieren. Asphalt! Das hieß, daß ich mich auf einer Fahrbahn befand. Ich überquerte die Straße und stieß wieder an eine Mauer. Ich wußte nicht, wo Post und Hotel waren, ich hatte mich hoffnungslos verirrt, blieb jedoch nicht stehen. Plötzlich gab es einen schrecklichen Lärm, ich verlor das Gleichgewicht und stürzte auf den Gehsteig.

Ich war gegen eine blecherne Mülltonne gerannt und hatte sie umgeworfen.

Die Straße mußte hier abschüssig verlaufen, denn der Kübel polterte mit entsetzlichem Scheppern die Straße hinab. Auf beiden Seiten der Straße flogen Fenster auf. Ein aufgeregtes, erschrockenes Flüstern war zu hören – »Silencio! Silencio!« Die Stadt wünschte sich, in dieser Nacht von aller Welt vergessen zu werden, in Schweigen und Finsternis zu versinken, und wehrte sich nun gegen die Demaskierung. Je weiter die leere Mülltonne kollerte, desto weiter entfernt flo-

gen Fenster auf, und es wurde geflüstert: »Silencio! Silencio!«
Doch es war unmöglich das Blechungetüm zu stoppen, das
wie verrückt die ausgestorbene Straße hinunterdonnerte,
scheppernd gegen Steine krachte, dröhnend gegen Laternen
schlug. Ich preßte mich eng an den Gehsteig und blieb angst-
erfüllt und schweißgebadet liegen. Ich befürchtete, daß die
Leute auf mich schießen könnten. Ich hatte die Stadt verraten. Der Feind konnte den Lärm des Kübels ausmachen und
die Position von Tegucigalpa orten, die er sonst in der Stille
und Finsternis nie fände. Mir schoß durch den Kopf, daß der
einzige Ausweg in der Flucht lag, darin, so weit wie möglich
davonzurennen. Ich sprang auf und hetzte davon. Mein Kopf,
den ich beim Sturz angeschlagen hatte, schmerzte. Ich jagte
dahin, bis ich neuerlich stolperte und kopfüber zu Boden
stürzte. Ich spürte Blut im Mund. Ich richtete mich auf und
stützte mich gegen eine Mauer. Der Ring der Mauern um
mich her zog sich dichter zusammen, ich stand gebückt in der
Mitte, gefangen von einer unsichtbaren Stadt. Ich hielt nach
dem Schein von Lampen Ausschau, weil ich befürchtete, verfolgt zu werden. Die Leute würden mich als Eindringling fassen, der das oberste Gesetz des Krieges gebrochen hat, das es
verbietet, sich auf der Straße herumzutreiben. Doch es war
nichts zu sehen, es herrschte Totenstille und tiefe Finsternis.
Ich schleppte mich weiter, die Arme vorgestreckt, gefangen in
einem Labyrinth von Mauern, zerschlagen und blutend, das
Hemd zerrissen. Mir schienen Jahrhunderte vergangen, ich
war wohl bereits am Ende der Welt angelangt. Plötzlich setzte
ein mächtiger tropischer Wolkenbruch ein. Ein Blitz erleuch-
tete für einen Augenblick die Geisterstadt. Ich befand mich in
einem Gewirr unbekannter Straßen, sah alte, heruntergekom-
mene Mietshäuser, eine hölzerne Hütte, eine Laterne,
Katzenkopfpflaster. Im Bruchteil einer Sekunde war alles
wieder verschwunden. Nur das Rauschen des Platzregens war
noch da und von Zeit zu Zeit das Heulen des Sturms. Ich

fror, war durchnäßt, zitterte. Ich ertastete eine Mauernische, in der ich Schutz vor dem Regen suchte. Ich schmiegte mich in die Ecke zwischen Tor und Mauer und versuchte einzuschlafen. Vergeblich.

Im Morgengrauen fand mich eine Militärpatrouille. »Dummer Kerl«, sagte ein schlaftrunkener Sergeant. »Wo treibst du dich in der Kriegsnacht herum.«

Sie betrachteten mich voll Mißtrauen und wollten mich zum Stadtkommandanten bringen. Zum Glück hatte ich einen Ausweis dabei und konnte erklären, was geschehen war. Sie brachten mich zum Hotel zurück. Unterwegs erzählte der Sergeant, daß die Kämpfe an der Front die ganze Nacht angedauert hatten, die Front sei jedoch weit entfernt und in Tegucigalpa könne man das Schießen nicht hören.

Seit dem Morgen hoben die Menschen Gräben aus und errichteten Barrikaden. Die Hausfrauen hamsterten Vorräte und klebten Papierstreifen über die Fensterscheiben. Die Menschen liefen kopflos durch die Straßen, keiner wußte, wohin, es herrschte Panik. Studentenbrigaden pinselten auf Mauern und Zäune riesige Losungen. Über Tegucigalpa ergoß sich ein Füllhorn der Poesie, in wenigen Stunden waren die Mauern mit Tausenden von Inschriften bedeckt:

HONDURAS UNSER TAPFERES LAND
LEISTET MUTIG WIDERSTAND

BRÜDER SCHNEIDET AB DIE OHREN
DEN MEMMENHAFTEN AGGRESSOREN

RACHE FÜR DAS 3:0

SCHANDE ÜBER PORFIRIO RAMOS
DER MIT EINER SALVADORIANERIN LEBT

WER RAIMUNDO GRANADOSA SIEHT
SOLL DIE POLIZEI BENACHRICHTIGEN –
ER IST EIN SALVADORIANISCHER SPION!

Die Lateinamerikaner, die stets besessen sind von der Vorstellung, daß es überall von Spionen, Agenten, Konspirationen und Verschwörungen wimmelt, erblickten, unter den Bedingungen des Krieges, in jedem eine Vorhut der fünften Kolonne. Auch meine Situation war alles andere als beneidenswert. Auf beiden Seiten der Front hatte die offizielle Propaganda eine wüste Kampagne entfesselt, in der die Kommunisten für alles Übel verantwortlich gemacht wurden – und ich war der einzige Korrespondent eines sozialistischen Landes. Sie konnten mich ausweisen, ich aber wollte den Krieg bis zum Ende erleben.

Ich ging zum Postamt und lud den Telex-Operator zu einem Bier ein. Auch er hatte Angst, denn sein Vater war zwar Honduraner, die Mutter jedoch aus Salvador gebürtig. Als Mischling gehörte er zum Kreis der Verdächtigen. Er wußte nicht, was ihn erwartete. Die Polizei trieb seit dem Morgen alle Bürger Salvadors in provisorischen Lagern zusammen, die sich meist in Fußballstadien befanden. In ganz Lateinamerika erfüllen die Stadien eine doppelte Rolle: In Friedenszeiten werden dort Spiele ausgetragen, in Krisenzeiten verwandeln sie sich in Konzentrationslager.

Der Operator hieß José Málaga. Wir tranken unser Bier in einer Bar neben der Post. Die unsichere Lage machte uns zu Brüdern, wir saßen im selben Boot. José rief immer wieder seine Mutter an, die sich zu Hause eingeschlossen hatte, und sagte: »Mama, mit mir ist alles in Ordnung, sie haben mich nicht abgeholt, ich arbeite noch.«

Gegen Mittag tauchten vierzig Korrespondenten auf, Kollegen aus Mexiko. Sie waren mit dem Flugzeug nach Guatemala geflogen und hatten dort einen Autobus gemietet, weil der Flughafen in Tegucigalpa geschlossen war. Alle wollten an die Front. Wir gingen daher zum Präsidentenpalast, einem häßlichen, grellblau bemalten Gebäude im Sezessionsstil, mitten im Stadtzentrum. Um den Palast herum waren hinter

Sandsäcken Maschinengewehrnester aufgebaut. Im Hof standen Fliegerabwehrkanonen. Überall wimmelte es von Soldaten. Im Palast selber schliefen Soldaten in den Gängen. Überall lagen Waffen herum. Es herrschte ein großes Durcheinander.

Ein Hauptmann tauchte auf und sagte, er sei der Pressesprecher der Armee. Als wir ihn über die Situation befragten, sagte er, daß die Truppen an allen Frontabschnitten vorrückten und der Feind schwere Verluste erlitt.

»In Ordnung«, räumte Green von der AP ein, »aber wir möchten das selber sehen.«

Wir schoben stets die Amerikaner vor, weil das hier ihr Einflußgebiet war, weil man auf sie hörte und weil sie allerlei erreichen konnten. Der Hauptmann versprach, daß wir am nächsten Tag an die Front fahren könnten, jeder müsse nur zwei Photographien mitbringen.

Wir fuhren auf der Landstraße bis zu einer Stelle, wo unter Bäumen zwei Geschütze standen, die feuerten. Um sie herum lagen Stapel von Granaten. Vor uns erstreckte sich die Straße, die nach Salvador führte. Auf beiden Seiten der Straße war Sumpf, und hinter dem Sumpf begann dichter, grüner Busch. Wir waren acht Kilometer von der Grenze zu Salvador entfernt.

Ein verschwitzter, stoppelbärtiger Major, der die Verteidigung der Straße leitete, sagte, weiter könnten wir nicht gehen. Hier beginne Terrain, das von den Geschützen beider Seiten bestrichen werde, ohne daß man wisse, wer sich wo befinde und welcher Abschnitt wem gehöre. Im dichten Busch kann man nichts sehen. Oft bemerken zwei feindliche Abteilungen einander erst im letzten Moment, wenn sie sich im Dickicht bereits von Angesicht zu Angesicht gegenüberstehen. Außerdem tragen beide Armeen ähnliche Uniformen, besitzen dieselbe Ausrüstung und sprechen dieselbe Sprache, Spanisch, so daß eine Abteilung, die auf eine andere stößt, oft nicht weiß, ob sie Freund oder Feind vor sich hat.

Der Major gab uns den Rat, nach Tegucigalpa zurückzukehren, denn bei einem Weitermarsch könnten wir ums Leben kommen, ohne zu wissen, durch wessen Hand (als ob das einen Unterschied machte, dachte ich). Doch die Kameraleute der Fernsehanstalten sagten, sie müßten weiter vorstoßen, bis zur vordersten Linie, um Soldaten in Aktion aufzunehmen, wie sie schießen und ums Leben kommen. Gregor Straub von NBC sagte, er brauche unbedingt die Nahaufnahme eines schweißgebadeten Soldatengesichts. Rodolfo Carrillo von CBS sagte, er müsse einen verzweifelten Kommandanten filmen, der unter einem Busch sitzt und weint, weil seine ganze Abteilung aufgerieben wurde. Ein französischer Fernsehmann wollte eine Totale, und dann sollten von der einen Seite honduranische Soldaten gegen eine salvadorianische Abteilung vorstürmen oder umgekehrt. Ein anderer wiederum wollte einen Soldaten aufnehmen, der einen gefallenen Kameraden wegschleppt. Nach den Kameraleuten äußerten die Radioreporter ihre Wünsche. Enrique Amado von Radio Mundo wollte das Stöhnen eines verwundeten Soldaten aufs Band bekommen, der nach Hilfe ruft, immer schwächer und schwächer, bis er seinen letzten Atemzug tut. Charles Meadows von Radio Canada wollte die Stimme eines Soldaten haben, der mitten im Kugelhagel den Krieg verflucht. Naotake Mochida von einer japanischen Rundfunkstation benötigte das heisere Rufen eines Offiziers, der das Donnern der Kanonen überschreit und über ein japanisches Radiotelefon mit dem Stab spricht.

Auch andere wollten weiter vorrücken. Dabei spielte die Konkurrenz eine wichtige Rolle. Da das amerikanische Fernsehen weiterdrängte, mußten die amerikanischen Nachrichtenagenturen sich anschließen. Da die amerikanischen Agenturen nicht zurückbleiben wollten, mußten auch Reuters und AFP sich anschließen. Da der Reporter von NBC marschierte, blieb auch dem Reporter von BBS nichts anderes übrig. Als einziger Pole in dieser Gruppe wurde ich von patriotischem Stolz erfaßt und wollte mich denen anschließen, die sich todesmutig zum Weitermarsch entschlossen. Unter einem Baum blieben diejenigen zurück, die behaupteten, sie hätten ein schwaches Herz oder wollten nur einen allgemeinen Kommentar schreiben und hätten daher keine Verwendung für Details.

Wir waren ungefähr zwanzig, die auf der leeren, von der Sonne grell beschienenen Asphaltchaussee loszogen. Der Marsch war riskant oder sogar verrückt, denn die Straße war hoch aufgeschüttet und beide Armeen, die im dichten Busch versteckt lagen, konnten uns ausgezeichnet sehen. Es genügte eine ordentliche Salve aus einem schweren Maschinengewehr in unsere Richtung.

Anfangs ging alles gut. Wir hörten heftiges Schießen und die Einschläge von Artilleriegranaten, doch das war noch weit weg, in rund zwei Kilometer Entfernung. Um uns selber Mut zu machen, redeten wir pausenlos (nervöses und sinnloses Zeug). Einer erzählte Witze. Es ging darum, den Eindruck zu erwecken, daß die Gruppe sich normal verhielt, daß wir einfach dahinspazierten, als sei nichts weiter dabei. Doch nach etwa einem Kilometer machte sich Angst breit. Es ist tatsächlich sehr unangenehm, in dem Bewußtsein dahinzumarschieren, daß man sich jeden Augenblick eine Kugel einfangen kann. Die Beine werden schwer wie Blei, Schweiß tritt auf die Stirn. Doch keiner wollte seine Angst offen zeigen. Es begann damit, daß einer eine Rastpause vorschlug. Also setzten wir uns und verschnauften ein wenig. Als wir weitermarschierten, blieben zwei zurück, als hätten sie das so verabredet. Wenig später entdeckte ein anderer eine bemerkenswerte Baumgruppe, die er längere Zeit betrachten wollte. Dann sagten zwei andere, sie müßten zurück, sie hätten die Filter für ihre Kameras vergessen. Immer wieder legten wir Pausen ein, und diese dehnten sich immer länger. Nun waren wir nur mehr zu zehnt.

Um uns herum geschah gar nichts. Wir wanderten auf einer leeren Chaussee in Richtung Salvador, die Luft war herrlich, die Sonne neigte sich zum Horizont. Und es war die Sonne, die uns aus dieser Situation befreite. Denn plötzlich holten die TV-Kameraleute ihre Lichtmesser hervor und meinten, für Aufnahmen sei es bereits zu dunkel. Sie könnten nichts mehr machen, weder Totale noch Nahaufnahmen, weder Bewegung noch Reglosigkeit. Und bis zur vordersten Linie war es noch weit. Ehe wir ankämen, wäre die Nacht hereingebrochen.

Die ganze Gruppe machte kehrt. Unter dem Baum, neben den feuernden Geschützen, erwarteten uns alle diejenigen, die ein krankes Herz hatten oder nur allgemeine Kommentare schreiben wollten, die vorher umgekehrt waren, sich verplaudert oder die Filter vergessen hatten.

Der verschwitzte, stoppelbärtige Major (er hieß Policarpio Paz) organisierte einen Armeelastwagen, der uns zum Übernachten hinter die Front brachte, in das Städtchen Nacaome. Dort berieten wir und kamen zum Schluß, daß die Amerikaner den Präsidenten anrufen und ihn bitten sollten, uns an die vorderste Front bringen zu lassen, in die Hölle des Kampfes, auf Schlachtfelder, die von Blut getränkt waren.

Am Morgen kam ein Flugzeug, das uns ans andere Ende der Front bringen sollte, wo heftige Kämpfe stattfanden. Ein nächtlicher Regen hatte die Rollbahn des Feldflughafens Nacaome in rötlichbraunen Morast verwandelt. Eine alte, klapprige DC 3, schwarz von Benzinrückständen, stand wie ein Hydroplan im Wasser. Die Maschine war am Vortag von salvadorianischen Jägern beschossen, die Löcher im Bug waren mit ungehobelten Brettern geflickt worden. Der Anblick gewöhnlicher ungehobelter Bretter erschreckte diejenigen, die von sich sagten, sie hätten ein schwaches Herz. Sie kamen nicht mit und kehrten später nach Tegucigalpa zurück.

Wir aber flogen ans andere Ende der Front, nach Santa Rosa de Copán. Das Flugzeug stieß beim Abflug Feuer und Rauch aus wie eine Rakete, die zum Mond startet. In der Luft bebte und zitterte die Maschine und wurde hin und her gebeutelt wie ein Betrunkener, der sich dem Herbstwind entgegenstemmt. Einmal sackte sie gefährlich nach unten, dann schoß sie ruckartig nach oben. Nie flog sie normal, nie geradeaus. Im Inneren des Transportflugzeuges gab es weder Bänke noch Sitze. Wir klammerten uns krampfhaft an die metallenen Spanten, um nicht von einer Seite auf die andere geschleudert zu werden. Der Wind fegte durch breite Ritzen und riß einem beinahe den Kopf ab. Nur die beiden Piloten, sorglose junge Kerle, lachten uns im Rückspiegel zu, als hätten sie sich eine großartige Unterhaltung für uns ausgedacht.

»Hauptsache«, brüllte mir Antonio Rodriguez von EFE über das Dröhnen der Motoren und das Heulen des Windes ins Ohr, »daß die Triebwerke laufen. Wenn die nur nicht ausfallen, hol's der Teufel!«

In Santa Rosa de Copán (einem kleinen verschlafenen Ort, in dem es nun von Soldaten wimmelte) brachte uns ein Lastwagen durch morastige Gassen zur Kaserne. Die Kaserne war in einem alten spanischen Fort untergebracht, das von einer grauen, vor Feuchtigkeit rissigen Mauer umgeben war. Als wir die Kaserne betraten, sahen wir im Hof drei verwundete Gefangene, die verhört wurden.

»Redet!« brüllte der Untersuchungsoffizier sie an. »Ihr müßt auspacken!«

Die Gefangenen konnten, geschwächt vom Blutverlust, nur stammeln. Sie waren bis zum Gürtel nackt, der eine hatte eine Bauchwunde, der andere eine Verletzung am Arm, dem dritten hatte ein Splitter den Arm abgerissen. Der mit der Bauchwunde hielt nicht lange durch, er stöhnte auf, machte eine Drehung wie ein Tänzer und fiel um. Die beiden anderen sagten nichts und starrten ihren Kameraden mit stumpfen, toten Blicken an.

Ein Offizier brachte uns zum Garnisonskommandanten. Bleich und erschöpft, wußte der Kommandant nicht, was er mit uns machen sollte. Er ließ uns Militärhemden zuteilen. Dann ließ er die Ordonnanz Kaffee bringen. Der Kommandant befürchtete, daß jeden Moment salvadorianische Einheiten auftauchen könnten. Santa Rosa lag in der Hauptrichtung des feindlichen Vorstoßes, das heißt an der Straße, die den Atlantik mit dem Pazifik verbindet. Salvador liegt am Pazifik und hatte sich zum Ziel gesetzt, Honduras, das am Atlantik liegt, zu erobern. Auf diese Weise würde aus dem kleinen Salvador plötzlich eine Großmacht zweier Weltmeere. Der kürzeste Weg von Salvador zum Atlantik führte genau über die Linie, auf der wir uns befanden – von Ocotepeque über Santa Rosa de Copán und San Pedro Sula nach Puerto Cortés. Die Spitzen der salvadorianischen Panzerverbände waren bereits tief nach Honduras eingedrungen. Sie hatten Befehl, bis zum Atlantik vorzustoßen, bis nach Europa, in die Welt hinein!

Ihr Radio wiederholte:

EIN BISSCHEN LÄRM, EIN WENIG GESCHREI
UND MIT HONDURAS IST'S VORBEI

Das schwache, ärmere Honduras setzte sich verbissen zur Wehr. Durch das geöffnete Fenster der Kaserne sahen wir, wie höhere Offiziere Verbände an die Front führten. Die Soldaten waren schmächtige, braune Burschen, durchweg Indianer, mit ernsten, erschrockenen, aber auch wütenden Mienen. Die Offiziere kommandierten und deuteten auf den fernen Horizont. Dann kam ein Priester und besprengte die in den Tod marschierenden Trupps mit seinem Weihwasserwedel.

Am Nachmittag fuhren wir mit einem verdeckten Lastwagen an die Front. Vierzig Kilometer ging es ruhig dahin. Der Wagen kletterte immer höher die grünen, mit dichtem tropischem Buschwerk bewachsenen Berghänge hinauf. Auf den Hängen waren verlassene Lehmhütten zu sehen, ein paar waren niedergebrannt. Während der Fahrt überholten wir eine ganze Dorfgemeinschaft, die mit Bündeln am Rücken neben der Straße herstapfte. An einer anderen Stelle stand eine Schar Bauern in weißen Hemden und Sombreros, die uns mit Macheten und Flinten zuwinkten. Später hörten wir aus der Ferne das Grollen der Geschütze.

Plötzlich gab es Bewegung auf der Straße. Wir kamen zu einem Ort, wo auf einer dreiecksförmig in den Wald gehauenen Lichtung Verwundete lagerten. Einige waren auf Tragbahren gebettet, andere lagen im Gras. Dazwischen stapften eine Handvoll Soldaten und zwei Sanitäter herum; ein Arzt war nicht zu sehen. Am Rand der Lichtung hoben vier Soldaten eine Grube aus. Die Verwundeten lagen ruhig und ergeben da. Das Erstaunlichste war ihre Geduld, diese unbegreifliche, übermenschliche Fähigkeit, Schmerzen zu ertragen, die so charakteristisch ist für die Indianer. Keiner schrie, keiner rief um Hilfe. Die Soldaten verteilten Wasser, und die einfachen Sanitäter legten, so gut sie es verstanden, Verbände an. Was wir sahen, überstieg alle Vorstellungskraft. Einer der Sanitäter ging mit einem Skalpell von einem Verwundeten zum nächsten und holte die Kugeln heraus, so wie man die Kerne aus einem Apfel pult. Der zweite schüttete Jod auf die Wunden und legte Verbandskissen darüber.

Dann brachten Soldaten auf einem Lastwagen einen verwundeten Bauern mit. Einen Salvadorianer. Die Kugel hatte das Knie getroffen. Sie befahlen ihm, sich ins Gras zu legen. Der Bauer war barfuß, bleich, blutüberströmt. Der Sanitäter wühlte mit dem Skalpell im Knie herum, er suchte die Kugel. Der Bauer ächzte.

»Ruhe, du Ärmster«, sagte der Sanitäter, »du störst mich.«

Er behalf sich mit dem Finger und holte die Kugel heraus. Dann schüttete er Jod auf die Wunde und verband sie notdürftig.

»Aufstehen und hinüber zum Lastwagen!« kommandierte der Soldat der Eskorte.

Der Bauer taumelte hoch und humpelte zum Wagen. Er sagte kein Wort und stöhnte nicht einmal.

»Hinauf!« befahl der Soldat.

Wir sprangen hin, um dem Bauern zu helfen, doch der Soldat stieß uns mit seinem Karabiner weg. Er war eben von der Front gekommen, wütend und nervös. Der Bauer packte die hohe Ladewand und zog sich hinauf. Sein Körper plumpste auf die Ladefläche. Ich dachte, er sei tot. Doch nach einer Weile tauchte sein graues, verzerrtes, naives Gesicht auf, demütig die nächste Prüfung der Vorsehung erwartend.

»Gebt mir was zu rauchen!« wandte er sich mit leiser, heiserer Stimme an uns.

Wir warfen alle Zigaretten, die wir hatten, auf den Lastwagen. Der Wagen fuhr an, und er lachte vor Freude über die Unmenge von Zigaretten, mit denen er sein ganzes Dorf beschenken konnte.

Nun gaben die Sanitäter einem Soldaten, der im Sterben lag, eine Infusion. Das zog eine Menge Gaffer an. Die einen hockten neben der Bahre, auf der der Todgeweihte lag, andere standen, auf ihre Karabiner gestützt, hinter ihnen. Der Verwundete war etwa zwanzig Jahre alt. Er war von elf Kugeln getroffen worden. Hätten diese elf Kugeln einen alten und schwachen Menschen erwischt, wäre er gleich tot gewesen. Doch die Kugeln hatten einen jungen, kräftigen, muskulösen

Körper durchbohrt, der dem Tod heftigen Widerstand leistete. Der Verwundete war bewußtlos, er stand bereits an der Schwelle zum Jenseits, doch sein Körper führte einen letzten, verzweifelten Kampf. Der Soldat war bis zum Gürtel nackt, und wir sahen, wie sich seine Muskeln verkrampften und Schweiß über die dunkle Haut lief. An den gespannten Muskeln und den Schweißströmen war zu erkennen, wie schwer der Kampf sein mußte, den das Leben gegen den Tod führte. Alle waren neugierig, wie der Kampf enden würde, sie wollten sehen, wie stark das Leben war und wie stark der Tod. Jeder wollte wissen, ob ein junges Leben, das noch nicht aufgeben will, den Tod bezwingen kann.

»Wird er überleben?« fragte einer der Soldaten.

»Ausgeschlossen«, stellte der Sanitäter fest, der die Glukoseflasche hoch über den Verwundeten hielt.

Dumpfes Schweigen machte sich breit. Der Verwundete atmete heftig, wie nach einem langen und schweren Lauf.

»Kennt ihn denn keiner?« fragte nach einer Weile der Soldat.

Das Herz des Verwundeten schlug kräftig, man konnte es pochen hören.

»Keiner«, antwortete ein anderer Soldat.

Auf der Straße kamen mit heulenden Motoren Lastwagen heraufgekrochen. Am Waldrand hoben vier Soldaten eine Grube aus.

»Ist er einer von uns oder von den anderen?« fragte ein Soldat, der neben der Bahre hockte.

»Keine Ahnung«, antwortete nach kurzem Schweigen der Sanitäter.

»Er ist der Sohn seiner Mutter«, sagte ein Soldat, der neben ihm stand.

»Nun gehört er nur mehr Gott«, sagte ein anderer. Er nahm die Mütze ab und hängte sie über den Lauf seines Karabiners.

Der Verwundete zitterte, unter der glänzenden, braunen Haut pulsierten die Muskeln.

»Wieviel Kraft das Leben besitzt«, bemerkte erstaunt ein Soldat, der auf seinen Karabiner gestützt stand. »Es ist immer noch da. Immer noch da.«

Die anderen betrachteten den Verwundeten aufmerksam und schweigend. Sein Atem ging immer langsamer, der Kopf sank nach hinten. Die Soldaten drängten sich gebückt um ihn herum, wie um ein Feuer, das herunterbrennt und langsam kalt wird. Als es zu Ende war, doch bis dahin dauerte es noch lange, sagte einer:

»Aus und vorbei mit dem Menschen. Alles hat ihn verlassen.«

Sie standen noch eine Weile um den Toten herum und betrachteten ihn angstvoll. Als sie erkannten, daß nichts weiter passieren würde, zerstreuten sie sich.

Wir nahmen unsere Fahrt wieder auf. Die Straße stieg über den bewaldeten Bergrücken und führte durch den leeren Weiler San Francisco, hinter dem Serpentinen begannen. Nach einer Kehre gerieten wir plötzlich in den Wirrwarr des Krieges. Soldaten rannten wild feuernd durch die Gegend, Granaten schwirrten über die Hänge, schwere Maschinengewehre hämmerten auf beiden Seiten der Straße lange Feuerserien. Der Chauffeur brachte den Wagen mit einem Ruck zum Stehen, und im selben Augenblick schlug auf der Straße vor uns eine Granate ein. Eine Sekunde später heulte etwas durch die Luft, wieder ein Einschlag, und noch einer. Heiliger Jesus, dachte ich, das ist das Ende. Wir wurden wie von einem Taifun vom Lastwagen geschleudert. Alle stürzten durcheinander, um möglichst rasch in einem Graben Deckung zu finden, sich unsichtbar zu machen. Im Laufen sah ich aus dem Augenwinkel den dicklichen Kameramann eines französischen Teams, der geschockt auf der Straße herumirrte und seine Kamera suchte. Einer rief ihm zu: »Deckung!«, und erst diese Stimme, nicht die Explosion der Granaten, nicht das Hämmern der Maschinengewehre, wirkte; er ließ sich wie tot auf die Straße fallen.

Ich rannte geradeaus, in die Richtung, wo es mir am ruhigsten schien, brach durch die Büsche hangabwärts, nur weg von der Kehre, wo uns das Unheil überfallen hatte, rutschte die glatte Lehmböschung hinunter und rannte in den Busch, dort, wo er am dichtesten schien, doch weit kam ich nicht, denn plötzlich brach in meiner Nähe, direkt vor mir, ein Schußwechsel los, pfiffen Kugeln durch die Gegend, klatschten gegen Zweige, hämmerten Maschinengewehre. Ich ließ mich fallen und preßte mich gegen den Boden.

Als ich mich gesammelt hatte und die Augen öffnete, sah ich ein Stück Boden vor mir, über das Ameisen krochen.

Sie folgten ihren Pfaden, die in verschiedene Richtungen liefen, eine hinter der anderen. Es schien nicht der geeignete Moment, sie zu beobachten, doch allein der Anblick der friedlich dahinkriechenden Ameisen, der Anblick einer anderen Welt, einer anderen Wirklichkeit, ließ mich wieder zu Bewußtsein kommen. Wenn es mir gelänge, dachte ich, meine Angst zu beherrschen, mir für eine Weile die Ohren zuzuhalten und nur die dahinwandernden Insekten zu beobachten, wäre ich wieder imstande, einen vernünftigen Gedanken zu fassen. Ich lag im dichten Gebüsch, hielt mir mit beiden Händen die Ohren zu und beobachtete, die Nase dicht an den Boden gepreßt, die Ameisen.

Wie lange das dauerte, weiß ich nicht, doch als ich den Kopf hob, sah ich das Gesicht eines Soldaten vor mir.

Ich erstarrte. Ich hatte panische Angst davor, den Truppen Salvadors in die Hände zu fallen, weil das unwiderruflich mein Ende bedeuten würde. Sie waren blindwütige, grausame Soldaten, die in der Furie des Krieges jeden erschossen, den sie zwischen die Finger bekamen. Das glaubte ich jedenfalls, das hatte die honduranische Propaganda behauptet. Einen Amerikaner oder Engländer würden sie vielleicht verschonen, obwohl auch das nicht sicher war. Am Vortag hatten wir in Nacaoma die Leiche eines amerikanischen Missionars gesehen, der von Salvadorianern massakriert worden war.

Der Soldat war nicht weniger erschrocken als ich. Er war durch den Busch gekrochen und hatte mich erst im letzten Moment gesehen. Er rückte seinen mit Gras und Blättern aufgeputzten Helm zurecht. Sein Gesicht war schmutzig, dunkel und hager. Seine Hand hielt einen alten Mauserkarabiner umklammert.

»Was bist denn du für einer?« fragte er.

»Und von welcher Armee bist du?«

»Honduras«, antwortete er, denn er sah mir an, daß ich fremd sein mußte, weder einer der Ihren noch einer der Gegenseite.

»Honduras! Lieber Bruder!« Froh zog ich ein Stück Papier aus der Tasche. Es war ein Schreiben des honduranischen Armeechefs, Oberst Ramirez Ortega, an alle Fronttruppen, mit der Genehmigung, mich in den umkämpften Gebieten aufzuhalten. Ein solches Schreiben hatte jeder von uns in Tegucigalpa vor der Abfahrt an die Front bekommen.

Ich sagte dem Soldaten, daß ich nach Santa Rosa und dann weiter nach Tegucigalpa müsse, um eine Depesche nach Warschau zu schicken. Der Soldat war erfreut, denn er rechnete sich, ganz richtig, aus, daß er sich mit Hilfe dieses Befehls des obersten Heerführers (das Schreiben befahl allen Untergebenen, mir Hilfe zu leisten) gemeinsam mit mir von der Front absetzen konnte.

»Gehen wir zusammen, Señor«, sagte der Soldat. »Der Señor sagt, er hat mir befohlen, ihn zu begleiten.«

Er war ein Rekrut, ein armer Teufel von einem Bauern, der vor einer Woche zu den Waffen gerufen worden war, die

Armee nicht kannte, den Krieg nicht verstand und nur daran dachte, wie er überleben könnte.

Um uns herum schlugen Granaten ein, in weiter Entfernung waren Rufe zu hören und dröhnendes Geschützfeuer, ein Geruch von Pulver und Rauch lag in der Luft. Vor uns und hinter uns hämmerten Maschinengewehre.

Die Kompanie meines Soldaten robbte durch die Büsche vorwärts, den Hang hinauf, wo wir hinter der Kehre in die Kriegswirren geraten waren und wo noch immer unser Lastwagen stand. Von dem Platz aus, wo wir an den Boden gepreßt lagen, waren die dicken Gummiprofilsohlen der kriechenden Kompanie zu sehen. Sohlen, die ruhig im Gras lagen und dann weiterrobbten, eins-zwei, eins-zwei, ein paar Meter vor und dann wieder halt. Der Soldat stieß mich an:

»*Señor, mire cuántos zapatos!*« (Schauen Sie nur, wie viele Schuhe!)

Er schaute auf die Schuhe der dahinrobbenden Kompanie und kniff die Augen zusammen, als denke er über etwas nach, dann sagte er mit Verzweiflung in der Stimme:

»*Toda mi familia anda descalzada.*« (Meine ganze Familie geht barfuß.)

Wir begannen durch den Wald zu kriechen.

Das Schießen setzte für eine Weile aus, und der Soldat blieb erschöpft liegen. Er sagte mit matter Stimme, ich möge warten, er wolle zu der Stelle zurückkriechen, wo seine Kompanie ins Feuer geriet. Die Überlebenden seien gewiß weiter vorgerückt, sagte er, denn sie hätten Befehl, den Feind bis an die Grenze zu verfolgen; auf dem Schlachtfeld seien nur die Gefallenen zurückgeblieben, und die brauchten keine Schuhe mehr. Er wolle ein paar Gefallenen die Schuhe ausziehen, das Schuhwerk in den Büschen verstecken und die Stelle kennzeichnen. Wenn der Krieg zu Ende sei und er nach Hause entlassen werde, wolle er hierher zurückkehren und seine Familie mit Schuhen versorgen. Er hatte bereits ausgerechnet, daß man ein Paar Militärstiefel gegen drei Paar Kinderschuhe tauschen konnte, und er hatte in seiner Hütte neun Kinder.

Ich dachte zunächst, er sei übergeschnappt, und sagte, er unterstehe meiner Befehlsgewalt und wir müßten weiterkriechen. Doch der Soldat wollte nicht hören. Er war wie besessen von dem Gedanken an die Schuhe, es trieb ihn zurück in die vorderste Schlachtlinie, um sich die Beute zu sichern, das im Gras verstreute Vermögen, das es zu bergen galt, ehe es begraben wurde. Nun hatte der Krieg für ihn mit einem Mal einen Sinn bekommen, einen Inhalt, ein Ziel. Nun wußte er, was er wollte und was es zu tun galt. Ich war sicher, daß wir einander für immer verlieren würden, wenn er zurückging. Ich wollte aber um nichts in der Welt allein in diesem Wald bleiben, denn ich wußte nicht, in wessen Händen er sich befand, wo welche Armee ihre Stellung bezogen hatte und in welche Richtung ich mich wenden sollte. Es gibt nichts Schlimmeres, als sich allein in einem fremden Land, in einem fremden Krieg zu finden. Ich robbte daher hinter dem Soldaten zurück zur Front. Wir kamen an die Stelle, wo der Wald lichter wurde und durch Stämme und Büsche das frische Schlachtfeld zu sehen war. Die Kämpfe hatten sich nun auf die Flanken verlagert. Hinter dem Berg, der links aufragte, explodierten Granaten, und rechts im Dickicht hämmerte Maschinengewehrfeuer, das klang, als werde unter der Erde geschossen. Vor uns stand ein verlassener Mörser, und auf der Wiese lagen tote Soldaten.

Ich sagte meinem Begleiter, daß ich nicht weitergehen würde. Er solle tun, was er wolle, nur solle er nicht verlorengehen und rasch zurückkommen. Er übergab mir seinen Karabiner und setzte in Sprüngen davon. Ich schaute ihm nicht nach und dachte ständig daran, daß uns jemand entdecken, plötzlich jemand aus Büschen springen oder eine Granate werfen könnte. Mir war übel, ich lag auf dem Bauch und preßte den Kopf gegen die feuchte Erde, die nach Moder und Rauch roch. Das wichtigste ist, daß wir nicht umzingelt werden, dachte ich, daß wir uns näher an die friedliche Welt heranrobben. Mein Soldat, dachte ich, ist jetzt zufrieden. Über seinem Kopf öffneten sich die Wolken, und Manna fiel herab. Er hat seinen Krieg schon gewonnen, er kehrt in sein Dorf zurück, leert den Sack mit Schuhen auf den Fußboden, und die Kinder beginnen vor Freude zu tanzen.

Der Soldat schleppte seine Beute herbei und versteckte sie im Gebüsch. Dann wischte er sich über das schweißnasse Gesicht und blickte sich aufmerksam um; er wollte sich den Ort einprägen. Wir drangen tiefer in den Wald ein. Es nieselte, und Nebel lag über den kleinen Lichtungen. Wir schlugen keine bestimmte Richtung ein, sondern wollten nur möglichst rasch dem Kriegslärm entkommen. Nicht weit von hier mußte Guatemala beginnen. Dann kommt Mexiko. Und dann – die Vereinigten Staaten. Doch für uns lagen in diesem Augenblick diese Länder auf einem fernen Planeten. Die Bewohner dieses Planeten lebten ihr eigenes Leben und dachten an andere Dinge. Vielleicht wußten sie nicht einmal, daß es hier Krieg gab. Kein Krieg läßt sich über größere Entfernungen vermitteln. Der Mensch sitzt zu Hause beim Mittagessen und sieht fern: Auf dem Bildschirm spritzen Erdfontänen hoch – Schnitt –, Panzerketten kriechen näher – Schnitt –, Soldaten fallen und winden sich in Schmerzen, und der Mensch ärgert sich und flucht, weil er sich ablenken ließ und die Suppe versalzte. Aus der Ferne gesehen, am Schneidetisch fachmännisch zubereitet, ist der Krieg ein Schauspiel. In Wirklichkeit sieht der Soldat nicht über seine Nasenspitze hinaus, sind seine Augen von Sand und Schweiß verklebt, schießt er blindlings und klammert sich an die Erde wie ein Maulwurf. Vor allem empfindet er Angst. Der Frontsoldat ist wortkarg. Wenn man ihn etwas fragt, gibt er oft keine Antwort, ein Achselzucken kann die ganze Antwort sein. Für gewöhnlich ist er hungrig und unausgeschlafen und weiß nicht, wie der nächste Befehl lauten wird und was in einer Stunde passiert. Der Krieg läßt ihn ständig die Nähe des Todes spüren. Diese Erfahrung gräbt sich tief ins Bewußtsein ein. Später, im Alter, erinnert sich der Mensch immer öfter an die Kriegserlebnisse, als seien im Verlauf der Jahre Erinnerungen an die Front dazugekommen, als hätte er sein ganzes Leben im Schützengraben verbracht.

Während wir durch den Wald pirschten, fragte ich den Soldaten, weshalb sie gegen Salvador kämpften. Er sagte, er wisse es nicht, das sei Sache der Regierung. Ich fragte ihn, wie er kämpfen könne, ohne zu wissen, wofür er sein Blut vergieße. Er sagte, wenn man im Dorf lebe, sei es besser, keine Fragen zu stellen, denn wer fragt, weckt das Mißtrauen des Bürgermeisters. Der Bürgermeister teilt ihn dann für öffentliche Arbeiten ein. Wegen dieser Arbeit muß er seine Wirtschaft und die Familie vernachlässigen, und dann droht noch schlimmerer Hunger. Dabei genügt schon das gewöhnliche Elend, das es auch so gibt. Der Mensch muß trachten, so zu leben, daß sein Name den Behörden nicht zu Ohren kommt. Wenn die Behörden einen Namen hören, notieren sie ihn unverzüglich, und ein so gekennzeichneter Mensch muß dann mit großen Schwierigkeiten rechnen. Die Regierungsangelegenheiten sind nichts für den Verstand des Bauern, denn die Regierungsleute besitzen politisches Bewußtsein, doch der Bauer bekommt das von keinem vermittelt.

Wir gingen durch den Wald weiter, immer aufrechter, weil es um uns herum ruhiger wurde, bis wir in der Dämmerung zu einem kleinen Dorf aus strohgedeckten Lehmhütten kamen – Santa Teresa. Hier hatte ein Bataillon Infanterie, das während der Kämpfe, die den ganzen Tag gedauert hatten, zersprengt worden war, Quartier bezogen. Die Soldaten taumelten zwischen den Hütten herum, erschöpft und verwirrt von den Erlebnissen an der Front. Es regnete immer noch, und alle waren schmutzig und lehmverkrustet.

Die Soldaten des Postens, auf den wir am Dorfeingang stießen, brachten uns zum Bataillonskommandanten. Ich zeigte ihm das Schreiben des Armeeführers und bat ihn, mich nach Tegucigalpa zu bringen. Der gute Mann versprach mir einen Wagen, wies mich jedoch an, bis zum Morgen zu warten. Die Wege seien naß und steil und voll Kurven, die an Abgründen entlangführten, weshalb es unmöglich sei, nachts ohne Scheinwerfer zu fahren. Der Kommandant saß in einer verlassenen Hütte und hörte Radio. Der Sprecher verlas Frontberichte. Dann hörten wir die Nachrichten, daß Staaten auf beiden Halbkugeln der Erde sich als Vermittler anböten, um den Krieg zwischen Honduras und Salvador zu beenden. In dieser Frage hätten sich bereits die Länder Lateinamerikas und eine Reihe europäischer und asiatischer Staaten zu Wort gemeldet. Man erwarte auch ein Kommuniqué über die Position Australiens und Ozeaniens. Auffallend sei das Schweigen Chinas und – auf der anderen Seite – Kanadas. Das Schweigen Kanadas wurde damit erklärt, daß der kanadische Korrespondent Charles Meadows sich an der Front befand und Ottawa nicht mit einer Erklärung seine Lage komplizieren und ihm die Ausübung des gefährlichen Berufes erschweren wollte.

Dann verlas der Sprecher die Nachricht, daß von Cape Kennedy eine Rakete des Typs Apollo 11 abgeschossen wurde. Drei Astronauten, Armstrong, Aldrin und Collins, fliegen zum Mond. Der Mensch nähert sich den Sternen, er erobert neue Welten, rast durch die grenzenlosen Weiten der Galaxien. Aus allen Ecken der Welt träfen Glückwünsche in Houston ein, berichtete der Sprecher; die ganze Menschheit juble über diesen Triumph rationalen und präzisen Denkens.

Mein Soldat döste, erschöpft von den Strapazen des Tages, in einer Ecke der Kammer vor sich hin. Im Morgengrauen weckte ich ihn und sagte, daß wir losfahren wollten. Der Bataillonskommandant, halb besinnungslos vor Müdigkeit und Erschöpfung, brachte uns mit dem Jeep nach Tegucigalpa. Um keine Zeit zu verlieren, fuhren wir gleich zum Postamt. Dort schrieb ich auf einer geborgten Maschine die Depesche, die später in unseren Zeitungen abgedruckt wurde. José Málaga übermittelte die Depesche außer der Reihe und ohne Militärzensur (im übrigen war sie ohnehin polnisch).

Auch meine Kollegen kamen von der Front zurück. Jeder für sich, denn alle hatten einander bei jener Kehre, wo wir ins Artilleriefeuer geraten waren, aus den Augen verloren. Enrique Amado von Radio Mundo war einer Patrouille aus Salvador, drei Männern der Guardia Rural, in die Hände gelaufen. Das ist eine private Gendarmerietruppe, die von den großen Latifundienbesitzern Salvadors ausgehalten wird und sich aus verbrecherischen Elementen rekrutiert. Brandgefährliche Typen. Sie befahlen ihm, sich zum Erschießen aufzustellen. Enrique wollte Zeit gewinnen und betete lange, dann bat er um Erlaubnis, noch einmal ein menschliches Bedürfnis zu erledigen. Die drei weideten sich offensichtlich am Anblick eines Menschen, dem die Angst im Nacken sitzt. Schließlich befahlen sie ihm nochmals, sich zum Erschießen hinzustellen, doch im selben Moment hagelten Schüsse aus dem Dickicht. Einer der Männer wurde getötet, die beiden anderen wurden gefangengenommen.

Der Fußballkrieg dauerte hundert Stunden. Die Opfer: sechstausend Gefallene und etwa fünfzehntausend Verwundete. Ungefähr fünfzigtausend Menschen verloren ihr Dach über dem Kopf und ihre Felder. Zahlreiche Dörfer wurden zerstört.

Dank der Intervention der lateinamerikanischen Staaten stellten die beiden Länder die Kampfhandlungen ein, doch bis heute brechen an der Grenze zwischen Honduras und

Salvador immer wieder bewaffnete Scharmützel aus, kommen Menschen ums Leben, werden Dörfer niedergebrannt.

Die wahre Ursache des Krieges war folgende: Salvador ist das kleinste Land Mittelamerikas, hat jedoch die größte Siedlungsdichte in Mittelamerika (über 160 Menschen pro Quadratkilometer). Es herrscht verzweifeltes Gedränge, um so mehr, als der Großteil des Bodens sich in Händen von vierzehn großen Grundbesitzerklans befindet. Man sagt sogar, »Salvador gehört vierzehn Familien«. Tausend Latifundienbesitzer besitzen genau zehnmal mehr Land als hunderttausend Bauern. Zwei Drittel der Landbevölkerung besitzen überhaupt kein Land. Ein Teil der landlosen Armen emigriert seit Jahren nach Honduras, wo es viel herrenloses Land gibt. Honduras (112 000 km²) ist ungefähr sechsmal so groß wie Salvador, hat jedoch nur halb soviel Einwohner (ungefähr 2,5 Millionen). Es war eine stille, illegale Immigration, die jedoch von Honduras jahrelang toleriert wurde.

Viele Bauern aus Salvador ließen sich in Honduras nieder, gründeten ganze Dörfer und führten ein Leben, das etwas besser war als jenes zu Hause. Es gab 300 000 solcher Bauern.

In den sechziger Jahren wurden die Bauern von Honduras unruhig und forderten Land. Die Regierung beschloß eine Landreform. Da es sich um eine oligarchische Regierung handelte, die von den Vereinigten Staaten abhängig war, war in diesem Dekret weder eine Aufsplitterung der Latifundien vorgesehen noch eine Aufteilung des Bodens der amerikanischen United Fruit Company, die in Honduras riesige Bananenplantagen besitzt. Die Regierung wollte den honduranischen Bauern das Land geben, auf dem die Bauern aus Salvador wirtschafteten. Das bedeutete, daß 300 000 Emigranten aus Salvador in ihre Heimat zurückkehren müßten, wo sie nichts besaßen. Die oligarchische Regierung von Salvador lehnte es ab, diese Leute aufzunehmen, weil sie eine Bauernrevolte befürchtete.

Die Regierung von Honduras drängte, die Regierung von Salvador weigerte sich. Die Beziehungen zwischen den beiden Ländern verschlechterten sich. Auf beiden Seiten der Grenze entfesselten die Zeitungen eine Haß-, Verleumdungs- und Beleidigungskampagne. Sie beschimpften einander als Hitleristen, Gartenzwerge, Säufer, Sadisten, Kasper, Aggressoren, Diebe usw. Es gab Pogrome, und Läden wurden in Brand gesteckt.

In dieser Atmosphäre kam es zur Begegnung der Fußballmannschaften von Honduras und Salvador. Das entscheidende Spiel fand auf neutralem Boden statt, in Mexiko (Salvador gewann 3:2). Die Anhänger Salvadors bekamen ihre Plätze in der einen Hälfte des Stadions zugewiesen, die Anhänger von Honduras in der anderen, und dazwischen saßen fünftausend mit dicken Knüppeln bewaffnete mexikanische Polizisten.

Der Fußball trug noch dazu bei, die chauvinistischen Emotionen und die hurrapatriotische Hysterie anzuheizen, deren es bedurfte, um einen Krieg auszulösen und die oligarchische Herrschaft in beiden Ländern zu festigen.

Salvador, das über die stärkere Armee verfügte und daher mit einem leichten Sieg rechnete, griff an.

Der Krieg endete unentschieden. Die Grenze blieb unverändert. Eine Grenze, die über den Daumen hinweg durch Busch und gebirgiges Gelände gezogen worden war, auf das beide Seiten Anspruch erhoben.

Ein Teil der Emigranten kehrte nach Salvador zurück, ein Teil lebt nach wie vor in Honduras.

Beide Regierungen waren mit dem Krieg zufrieden, weil Honduras und Salvador ein paar Tage lang in der Weltpresse Schlagzeilen gemacht und sich im Mittelpunkt des Interesses der Weltöffentlichkeit befunden hatten. Es ist traurig, aber wahr: kleine Länder der dritten, vierten und vielleicht fünften Welt haben nur dann eine Chance, größeres Interesse zu wecken, wenn sie sich entschließen, Blut zu vergießen.

Von Hindernissen und Hinterhalten

Brennende Barrikaden (Nigeria)

Januar 1966. In Nigeria herrscht Bürgerkrieg. Ich bin Korrespondent in diesem Bürgerkrieg. An einem bewölkten Tag verlasse ich Lagos. An einem Schlagbaum hält eine Polizeipatrouille alle Wagen an. Sie öffnen den Kofferraum und suchen nach Waffen. Sie schlitzen Säcke mit Mais auf: Vielleicht ist im Mais Munition versteckt?

Hinter dem Schlagbaum der Hauptstadt endet die Staatsmacht.

Der Weg führt nun durch eine grüne Landschaft mit flachen Hügeln, bewachsen mit dichtem Buschwerk. Die Straße besteht aus rostfarbenem Laterit, die Fahrbahn ist holprig und trügerisch.

Die Hügel, die Straße, die Dörfer entlang der Straße, das ist das Land der Joruba, die im Südwesten Nigerias wohnen. Sie machen ein Viertel der Bevölkerung des Landes aus. Im Himmel der Joruba drängen sich die Götter, auf Erden – die Könige. Ihr höchster Gott heißt Oduduwa und wohnt über den Sternen, höher noch als die Sonne. Dafür wohnen die Könige ganz in der Nähe der Menschen. In jedem Ort, jedem Weiler gibt es einen König. Die Joruba sind stolz darauf und verachten die übrige Welt, weil kein anderes Volk so viele Könige sein eigen nennt.

(Im Jahre 1962 zerfielen die Joruba in zwei Lager: Die Mehrheit gehörte der Partei UPGA an, eine verschwindende Minderheit der Partei NNPD. Im Herbst 1965 fanden Wahlen statt. Es war klar, daß die Mehrheitspartei, die UPGA, gesiegt hatte. Die Zentralregierung ignorierte jedoch das Wahlergebnis und die Stimmung der Joruba und rief die Marionettenpartei NNDP zum Sieger aus, die eine Regierung bildete. Die Zentralregierung sah in der Provinz lieber die schwächere Partei an der Macht, weil sie auf diese Weise die Joruba besser kontrollieren und ihre separatistischen Gelüste leichter dämpfen konnte. Doch auch die Mehrheitspartei, die gegen den Schwindel protestierte, bildete eine Regierung. Eine Zeitlang gab es zwei Regierungen. Schließlich wurde die Mehrheitsregierung eingesperrt. Nun begann die UGPA den offenen Kampf gegen die Minderheitsregierung.)

Es gibt also ein Unheil, es gibt Krieg. Einen ungerechten, brutalen, bösartigen Krieg, in dem alle Mittel erlaubt sind, wenn man nur den Gegner schneller besiegen und die Macht an sich reißen kann. Dieser Krieg benötigt viel Feuer, daher brennen Hütten, brennen Plantagen, liegen auf Straßen und Chausseen verkohlte Leichen.

Die ganze Erde der Joruba steht in Flammen.

Ich fahre auf einer Landstraße, von der es heißt, daß auf ihr kein Weißer lebend durchkommt. Ich fahre, um mich zu überzeugen, ob das stimmt, denn ich muß alles selber erleben. Ich weiß, daß der Mensch Angst empfindet, wenn er sich im Dickicht an einen Löwen heranpirscht. Ich habe mich an Löwen angepirscht, um zu erfahren, wie das ist. Ich mußte das kennenlernen und wußte, daß es mir keiner beschreiben konnte. Ich selber kann es auch nicht beschreiben. So wie ich die Nacht in der Sahara nicht beschreiben kann. Die Sterne in der Sahara sind riesig groß. Solche Sterne gibt es nirgends sonst in der Welt. Sie schaukeln wie gewaltige Lüster über dem Sand und verströmen ein grünes Licht. Die Nacht der Sahara ist grün wie eine masowische Wiese.

Vielleicht sehe ich noch einmal die Sahara und die Straße, die mich durch das Land der Joruba führte. Auf dieser Straße fuhr ich einen Hügel hinauf, und als ich auf der anderen Seite hinunterkam, sah ich im Tal die erste brennende Barrikade.

Für eine Umkehr war es zu spät.

Quer über der Fahrbahn lagen brennende Baumstämme. In der Mitte loderte ein großes Feuer. Ich bremste und hielt schließlich an, da eine Weiterfahrt unmöglich war. Ich sah ein Dutzend junger Menschen. Einige trugen Schrotflinten, andere waren mit Messern bewaffnet, die übrigen mit Macheten. Alle waren gleich gekleidet: blaue Hemden mit weißen Ärmeln. Die Farben der Opposition, die Farben der UPGA. Sie trugen blauweiße Kappen mit der Aufschrift UPGA. Auf die Hemden hatten sie Photographien von Chief Awolowo geheftet. Chief Awolowo war der Führer der Opposition, der kleine Gott der Partei.

Ich war in die Hände von Aktivisten der UPGA gefallen. Sie standen offenbar unter dem Einfluß von Haschisch, denn in ihren Augen waren nur Leere und Wahnsinn. Sie waren schweißgebadet, in Ekstase, in einem Zustand des Amoks.

Nun fielen sie über mich her und zerrten mich aus dem Auto. Sie riefen: »UPGA! UPGA!« Auf dieser Landstraße herrschte also die UPGA. Sie herrschte nun auch über mich. Ich spürte drei Messerspitzen in meinem Rücken und sah einige Macheten auf meinen Kopf gerichtet. Zwei Aktivisten standen ein paar Schritte entfernt und richteten ihre Schrotflinten auf mich, um jeden Fluchtversuch zu verhindern. Ich war umzingelt. Dicht vor mir sah ich schweißnasse Gesichter, wirre Blicke, blitzende Messer und Läufe.

Meine afrikanischen Erfahrungen lehrten mich, daß es in einer solchen Situation am schlimmsten ist, Schwäche zu zeigen oder zu versuchen, sich zu wehren, denn das stachelt den Gegner nur auf, setzt in ihm neue Aggressionen frei.

Im Kongo wurden Maschinenpistolen auf meinen Magen gerichtet. Ich durfte mich nicht bewegen. Das war das oberste Gebot: reglos zu bleiben. Um diese Reglosigkeit zu erreichen, bedarf es eines gewissen Willenstrainings, denn innerlich möchte man am liebsten davonlaufen oder dem Gegenüber an die Gurgel fahren. Doch da dieser stets in Scharen auftritt, würde das den sicheren Tod bedeuten. Es ist der Moment, da er, der Schwarze, mich prüft, nach meiner Schwachstelle sucht. Er hat Angst, meinen starken Punkt zu treffen, denn die Angst vor dem weißen Mann sitzt tief, daher will er meine Schwächen aufspüren. Er will mich schlagen und fahndet nach der geeigneten Stelle. Daher muß ich nun meinerseits jede Schwäche verbergen, muß sie tief in mir verstecken. Das ist Afrika, ich bin in Afrika. Sie wissen nicht, daß ich nicht ihr Feind bin. Sie wissen, daß ich ein Weißer bin, und der einzige Weiße, den sie kannten, war der Kolonialherr, der sie ihrer Würde beraubte, und nun wollen sie sich an mir rächen.

Die Situation ist paradox: Ich soll für den Kolonialismus sterben, soll für den Sklavenhandel mein Leben lassen, für die Peitsche des weißen Pflanzers, ich soll umgebracht werden, weil Lady Lugard sich in der Sänfte tragen ließ.

Die Leute an der Straße wollten Geld. Sie wollten, daß ich der UPGA beitrete und dafür bezahle. Ich gab ihnen 5 Shilling. Das war zu wenig, gleich drosch mir einer von hinten über den Kopf. Schmerz zuckte durch meinen Schädel. Gleich darauf setzte es neuerlich einen Schlag auf den Kopf. Nach dem dritten Schlag verspürte ich eine ungeheure Müdigkeit. Müde und schläfrig fragte ich, wieviel sie verlangten.

Sie wollten fünf Pfund.

Alles in Afrika wird teurer. Im Kongo wurde man von den Soldaten noch für eine Schachtel Zigaretten und einen Kolbenhieb in die Partei aufgenommen. Und hier hatte ich schon eine ganze Serie Schläge eingesteckt und sollte noch fünf Pfund herausrücken. Offenbar zögerte ich, denn der Chef, der die Aktion überwachte, rief den Aktivisten zu: »Steckt das Auto an!«, doch der Wagen war nicht mein Eigentum, er war Eigentum des polnischen Staates, ein Peugeot, der mich durch ganz Afrika gebracht hatte. Dieser Peugeot wurde nun mit Benzin übergossen.

Ich begriff, daß die Diskussion damit zu Ende war und ich keinen anderen Ausweg hatte. Ich gab ihnen fünf Pfund. Sie begannen sich um das Geld zu balgen.

Doch sie ließen mich weiterfahren. Zwei Burschen schoben die brennenden Holzbohlen zur Seite. Ich blickte mich um. Auf beiden Seiten der Landstraße, im Wald, lag ein Dorf, und die Dorfbewohner beobachteten, was auf der Straße vor sich ging. Sie schwiegen, einer hielt eine Fahne der UPGA hoch. Alle trugen an den Hemden Photographien von Chief Awolowo. Am besten gefielen mir die Mädchen. Sie waren nackt bis zu den Hüften und hatten auf ihre vollen Brüste den Parteinamen gemalt: auf die rechte Brust – UP, auf die linke – GA.

Ich machte mich auf den Weg.

Zurück konnte ich nicht: Sie ließen mich nur weiterfahren. Also fuhr ich weiter hinein in das kämpfende Land, eine Staubfahne hinter mir herziehend. Die Landschaft hier ist schön, überall leuchtende Farben, Afrika, wie ich es liebe. Ruhig, leer, manchmal flog ein Vogel vor dem Wagen hoch. Nur in meinem Kopf rumorte es wie in einer Mühle. Doch die leere Landstraße und der fahrende Wagen wirkten beruhigend auf mich.

Jetzt kannte ich bereits den Preis: Die UPGA hatte fünf Pfund verlangt. Ich besaß nur mehr viereinhalb Pfund und hatte noch 50 Kilometer vor mir. Ich kam durch ein brennendes, menschenleeres Dorf, dessen Bewohner in den Busch geflüchtet waren. Zwei Ziegen grasten neben der Fahrbahn, Rauchschwaden hüllten die Straße ein.

Hinter dem Dorf loderte eine weitere Barrikade.

Aktivisten in der Uniform der UPGA, Messer in Händen, traten einen Autofahrer mit Füßen, der die Einschreibgebühr nicht bezahlen wollte. Daneben stand blutüberströmt ein zweites Opfer, das sich ebenfalls nicht freikaufen konnte. Sonst sah alles aus wie bei der ersten Barrikade. Ehe ich noch den Wunsch äußern konnte, der UPGA beizutreten, mußte ich schon zwei schwere Haken in den Magen einstecken. Dann rissen sie mir das Hemd herunter, durchsuchten meine Taschen und nahmen mir alles Geld ab.

Ich erwartete, daß sie mich in Brand stecken würden, denn die UPGA verbrannte viele Menschen bei lebendigem Leib. Der Chef der Operation an der Barrikade versetzte mir einen Schwinger ins Gesicht. Ich spürte süßliche Wärme im Mund. Dann übergoß er mich mit Benzol, denn hier werden alle Menschen mit Benzol in Brand gesteckt, weil das am besten brennt.

Ich empfand animalische Angst, eine Angst, die mich lähmte und am Boden festnagelte, als steckte ich bis zum Hals in der Erde. Ich fühlte Schweiß über meinen Körper rinnen, doch unter der Haut spürte ich eisige Kälte, als stünde ich nackt im grimmigsten Frost.

Ich wollte leben, doch das Leben hatte mich verlassen. Ich wollte leben, doch ich konnte mein Leben nicht verteidigen. Mein Leben wird mir unter unmenschlichen Schmerzen geraubt werden, es wird in Flammen verlöschen.

Was wollten sie von mir? Sie hielten mir ein Messer vor die Augen. Sie hielten mir ein Messer ans Herz. Der Chef der Operation stopfte sich mein Geld in die Taschen und brüllte mir durch seinen Bieratem ins Gesicht: *»Power! UPGA must get power! We want power! UPGA is power!«* Er geriet außer sich, er lechzte nach Macht, er war verrückt nach Macht, allein das Wort Macht versetzte ihn in höchste Ekstase. Sein Gesicht troff von Schweiß, die Adern an den Schläfen traten hervor, die Augen waren blutunterlaufen und glänzten im Wahnsinn. Er war glücklich und begann froh zu lachen. Nun stimmten alle in dieses Lachen ein. Das Lachen war meine Rettung.

Sie ließen mich ziehen.

Die Menge an der Barrikade rief »UPGA!« und reckte die

Arme, zwei Finger zu einem V geformt: Sieg der UPGA an allen Fronten.

Etwa vier Kilometer weiter loderte die dritte Barrikade. Die Straße verlief hier gerade, und ich sah schon von weitem den Rauch, dann die Flammen und die Aktivisten. Zurück konnte ich nicht: In meinem Rücken hatte ich zwei Barrikaden. Ich konnte nur vorwärts. Ich war in eine Falle geraten, taumelte von einer Grube in die nächste. Doch nun besaß ich auch kein Geld mehr, um mich freizukaufen, und ich wußte, daß sie meinen Wagen anstecken würden, wenn ich nicht bezahlte. Vor allem wollte ich Schläge vermeiden. Ich war fix und fertig, mein Hemd hing in Fetzen herab, und ich stank nach Benzol.

Es blieb nur ein Ausweg – die Barrikade zu durchbrechen. Das war riskant, denn der Wagen konnte kaputtgehen oder Feuer fangen. Doch ich hatte keine andere Wahl.

Ich trat das Gaspedal bis zum Bodenblech durch. Die Barrikade war noch einen Kilometer entfernt.

Die Nadel des Tachometers schnellte hinauf. 110 – 120 – 140. Der Wagen zitterte, und ich packte das Lenkrad fester. Ich drückte auf die Hupe. Das Feuer war schon ganz nah, die ganze Straße schien in Flammen zu stehen. Die Aktivisten schwangen ihre Messer, um mich zum Anhalten zu zwingen. Zwei zielten mit Benzinflaschen auf den Wagen. Das ist das Ende – jetzt ist es aus, dachte ich, doch es gab kein Zurück. Es gab kein Zurü…

Ich raste ins Feuer, der Wagen sprang hoch, Blech kreischte, Funken stoben über die Windschutzscheibe. Und plötzlich waren die Barrikade, das Feuer, die Schreie hinter mir. Die Flaschen hatten nicht getroffen. Die Messer hatten mich verfehlt. Von Angst gejagt, fuhr ich noch einen Kilometer weiter und blieb dann stehen, um zu sehen, ob der Wagen Feuer gefangen hatte. Er brannte nicht. Ich war schweißnaß. Die Kräfte verließen mich, ich war unfähig zu kämpfen, fühlte mich nackt und wehrlos. Ich setzte mich in den Staub, mir wurde schlecht. Um mich herum war alles fremd. Fremde Hügel, fremde Maniokfelder. Der Himmel und die Bäume fremd. Ich mußte weiter und fuhr bis zum Städtchen Idiroko. An der Einfahrt stand ein Polizeiposten, bei dem ich hielt. Die Polizisten hatten es sich auf einer Bank gemütlich gemacht. Sie erlaubten mir, mich zu waschen und auszuruhen.

Ich wollte zurück nach Lagos, doch allein konnte ich die Fahrt nicht unternehmen. Der Kommandant stellte eine Eskorte zusammen. Auch die Polizisten wollten nicht allein fahren. Der Kommandant wollte einen Wagen leihen und machte sich in die Stadt auf.

Ich saß auf der Bank und las die *Nigerian Tribune*, die Zeitung der UPGA. Die Zeitung war voll von Berichten über die Aktivitäten der Partei und die Methoden, mit denen sie ihren Kampf um die Macht führte. »Unser zorniger Kampf«, las ich, »dauert immer noch an. Unsere Aktivisten haben u. a. die achtjährige Schülerin Janet Bosede Ojo aus Ikere lebendigen Leibes verbrannt. Der Vater des Mädchens hatte für die NDPP gestimmt.« Ich las weiter: »In Ilesha wurde der Farmer Alek Aleke lebendigen Leibes verbrannt. Eine Gruppe unserer Aktivisten wandte bei ihm die Methode *spray and lit* an, Besprühen und Anzünden, eine Methode, die hier auch UPGA-Kerze genannt wird. Der Farmer ging auf sein Feld, als die Aktivisten ihn schnappten und ihm befahlen, sich nackt auszuziehen. Er zog sich aus, fiel auf die Knie und flehte um Gnade. In dieser Stellung wurde er mit Benzol übergossen und angesteckt.« Die Zeitung brachte noch mehr solcher Meldungen. Die UPGA kämpfte um die Macht, und die Flammen ihres Kampfes verschlangen immer mehr Menschen.

Der Kommandant kehrte ohne Auto zurück. Er befahl drei Polizisten, mich in meinem Wagen zu begleiten. Sie hatten offensichtlich Angst. Schließlich setzten sie sich doch in den Wagen, steckten ihre Karabiner aus den Fenstern, und so fuhren wir wie ein Panzerwagen los. Bei der ersten Barrikade war das Feuer noch nicht heruntergebrannt, doch es war niemand mehr zu sehen. Bei den beiden anderen Barrikaden war die Arbeit noch voll im Gang; als die Aktivisten jedoch die Polizisten erblickten, ließen sie uns passieren. Die Polizisten befahlen mir, unter keinen Umständen anzuhalten – sie wollten nicht in Konflikt mit den Aktivisten geraten. Ich verstand sie sehr gut – sie waren hier zu Hause. Heute waren sie mit Karabinern bewaffnet, doch für gewöhnlich trugen die Polizisten keine Waffen. In der Region waren zahlreiche Polizisten ums Leben gekommen.

Als wir nach Lagos kamen, brach die Dämmerung herein.

Fetascha (Äthiopien)

Ungefähr zur selben Zeit brach der Irrsinn der Fetascha aus, der später ein auf der Welt bislang nie erlebtes Ausmaß annehmen sollte; und die Opfer waren wir – alle, unabhängig von Hautfarbe, Alter, Geschlecht oder Stand. Fetascha ist das amharische Wort für Durchsuchung. Plötzlich begannen alle sich gegenseitig zu durchsuchen. Vom frühen Morgen bis spät in die Nacht, ja, vierundzwanzig Stunden, überall, ohne Atem zu schöpfen. Die Revolution zerfiel in verschiedene Lager, und es kam zu Kämpfen. Es gab keine Barrikaden, Gräben oder andere sichtbare Trennlinien, und daher konnte jeder, dem man begegnete, ein Feind sein. Die Atmosphäre der allgemeinen Bedrohung wurde noch verschärft durch das krankhafte Mißtrauen der Amhara. Man kann niemandem trauen, nicht einmal einem anderen Amhara; man kann auf niemanden zählen, denn die Absichten der Menschen sind schlecht und verräterisch, und alle Menschen Verschwörer. Die Philosophie der Amhara ist pessimistisch und traurig, und traurig sind daher auch ihre Augen, aber gleichzeitig wachsam und forschend, ihre Gesichter ernst, die Züge straff, und sie lächeln nur selten.

Alle haben sie Waffen; sie lieben Waffen. Die Reichen hatten in ihren Höfen ganze Waffenlager zusammengetragen und unterhielten private Armeen. Auch die Offiziere horteten in ihren Wohnungen regelrechte Arsenale: Maschinengewehre, Kollektionen von Pistolen, Kisten mit Handgranaten. Noch vor wenigen Jahren konnte man einen Revolver wie jede beliebige Ware im Geschäft kaufen – man brauchte nur zu bezahlen, niemand stellte Fragen. Die Waffen des Plebs sind schlechter und oft veraltet, diverse Feuersteinflinten, Hinterlader, Jagdbüchsen, ein ganzes Museum – auf dem Rücken zu tragen. Die meisten dieser antiken Stücke sind nicht zu verwenden, da es dafür keine Munition mehr gibt. Ein Schuß Munition ist daher auf der Waffenbörse oft teurer als ein ganzer Karabiner. Patronen sind die beste Währung auf diesem Markt, gesuchter sogar als Dollars. Was ist schon ein Dollar? – ein Fetzen Papier; eine Kugel aber kann einem das Leben retten. Patronen erhöhen die Bedeutung unserer Waffen, und diese steigern wieder unsere Bedeutung.

Welchen Wert hat schon das Leben eines Menschen? Ein anderer Mensch existiert nur insofern, als er uns im Weg steht. Das Leben bedeutet nicht viel, aber es ist jedenfalls besser, es dem Feind zu nehmen, als darauf zu warten, daß er zum Schlag ausholt. Nacht für Nacht sind Schüsse zu hören (und auch tagsüber), später liegen die Toten auf den Straßen. »Negus«, sage ich zu unserem Fahrer, »sie schießen zuviel. Das ist nicht gut.« Aber er schweigt und sagt nichts, ich weiß nicht, was er denkt. Sie haben sich daran gewöhnt, aus dem nichtigsten Grund die Pistole zu ziehen und zu schießen.

Zu töten.

Vielleicht ginge es auch anders, vielleicht wäre das alles nicht nötig. Aber so denken sie nicht, ihr Denken ist nicht auf das Leben, sondern auf den Tod ausgerichtet. Zuerst unterhalten sie sich ganz normal, dann kommt es zum Streit und schließlich fallen Schüsse. Wieso gibt es so viel Verbissenheit, Aggression, Haß? Und alles ohne Reflexion, ohne einen Moment Nachdenkens, ohne Bremse, kopfüber in den Abgrund.

Um die Situation in den Griff zu bekommen und die Opposition zu entwaffnen, ordneten die Behörden eine allgemeine Fetascha an. Wir werden pausenlos durchsucht. Auf der Straße, im Auto, vor dem Haus (und im Haus), vor dem Geschäft, vor dem Postamt, vor dem Eingang zum Büro, zur Redaktion, zur Kirche, zum Kino. Vor der Bank, vor dem Restaurant, am Marktplatz, im Park. Jeder kann uns durchsuchen, denn niemand weiß, wer dazu das Recht hat und wer nicht; es ist besser, man stellt keine Fragen, das würde alles nur schlimmer machen, am besten, man gibt nach. Ständig durchsucht uns jemand: Irgendwelche zerlumpte Kerle, Stöcke in Händen, stellen sich uns wortlos in den Weg und breiten die Arme aus, das bedeutet, daß auch wir die Arme ausbreiten sollen – und uns zur Durchsuchung bereitmachen; nun holen sie alles aus unseren Aktenmappen und Taschen, inspizieren es, wundern sich, runzeln die Stirn, wackeln mit dem Kopf, beraten sich untereinander, dann tasten sie über unseren Rücken, den Bauch, die Beine, die Schuhe, und dann? Dann ist nichts – wir dürfen weitergehen, bis zum nächsten Ausbreiten der Arme, zur nächsten Fetascha. Nur, daß die nächste vielleicht schon ein paar Schritte weiter ist, und dann fängt alles von vorne an, denn die Fetaschas ergeben, summiert, nicht etwa eine generelle Ein-für-allemal-Entlastung, Freisprechung, Absolution, nein, wir müssen uns jedesmal von neuem, alle paar Meter, alle paar Minuten, wieder und immer wieder entlasten, rechtfertigen, Absolution erhalten. Am lästigsten sind die Fetaschas unterwegs, wenn man mit dem Autobus fährt. Man wird Dutzende Male angehalten, alle müssen aussteigen, und dann wird das Gepäck geöffnet, aufgeschlitzt, durchwühlt, umgestülpt und durcheinandergeworfen. Wir werden abgesucht, abgetastet, abgedrückt und gequetscht. Dann wird das Gepäck, das wie ein Germteig aufgegangen ist, wieder in den Autobus gestopft, um bei der nächsten Fetascha von neuem herausgerissen zu werden; Kleidungsstücke, Körbe, Tomaten und Töpfe werden auf die Straße gestreut, herumgetreten, gestoßen, bis es ausschaut wie auf einem spontan errichteten Straßenbasar. Die Fetaschas vergällen einem die Reise dermaßen, daß man am liebsten auf halber Strecke aussteigen und umkehren würde; aber was sollte man dann machen, allein auf offener Straße, mitten in den Bergen, eine leichte Beute für Banditen? Manchmal erfassen die Fetaschas ganze Stadtviertel, und dann ist das eine ernste Angelegenheit. Solche Fetaschas werden vom Militär durchgeführt, das nach Waffenlagern, Geheimdruckereien und Anarchisten sucht. Im Verlauf dieser Operationen fallen Schüsse, und später sieht man Tote. Wenn jemand unvorsichtigerweise – und völlig unschuldig – in so eine Aktion gerät, kann er sich auf etwas gefaßt machen. Man geht ganz langsam, mit erhobenen Händen, von einem Gewehrlauf zum anderen und wartet auf das Urteil. Aber am häufigsten sind die Amateurfetaschas, an die man sich bald gewöhnt. Viele machen auf eigene Faust eine Fetascha, einsame Fetaschisten, außerhalb des Plans der organisierten Fetascha. Wir gehen die Straße entlang, und plötzlich hält uns ein Unbekannter an und breitet die Arme aus. Es hilft nichts, auch wir müssen die Arme ausbreiten, das heißt, uns zur Durchsuchung bereitmachen. Dann tastet und greift und fingert er uns ab, und schließlich nickt er, wir sind entlassen. Offenbar hat er uns einen Moment für einen Feind gehalten, und jetzt ist er den Verdacht los, und wir haben Ruhe. Wir können unseren Weg fortsetzen und den banalen Vorfall vergessen. In meinem Hotel gab es einen Wächter, der großen Spaß daran fand, mich zu durchsuchen. Wenn ich es eilig hatte, rannte ich durch die

Eingangshalle und die Treppe hinauf bis zu meinem Zimmer, er auf meinen Fersen, und ehe es mir noch gelang, den Schlüssel herumzudrehen, drängte er schon durch die Tür und machte eine Fetascha. Ich hatte Fetaschaträume. Ein Ameisenheer von dunklen, schmutzigen, gierigen, tastenden, tanzenden, suchenden Händen bedeckte meinen Körper und drückte, kratzte, kitzelte und würgte mich, bis ich schweißgebadet erwachte und bis zum Morgen nicht mehr einschlafen konnte. Aber trotz aller Widrigkeiten ging ich weiter in die Häuser, die Teferra mir öffnete, und hörte die Geschichten über den Kaiser, die bereits aus einer anderen Welt zu kommen schienen.

Ein Hinterhalt (Uganda)

Wir fuhren von Kampala in den Norden Ugandas, in Richtung der Grenze zum Sudan. Die Wagenkolonne wurde von einem Jeep mit einem über die Fahrerkabine ragenden schweren MG angeführt, dahinter kamen ein Lastwagen mit einem Zug Soldaten, dann ein paar Personenwagen und ganz am Ende ein offener japanischer Lieferwagen, auf dem wir drei Journalisten saßen. Ich war schon lange nicht mehr so komfortabel gereist, bewacht von einem Zug Soldaten, und dazu noch ein schweres MG! Aber natürlich ging es hier nicht um mich. Es handelte sich nämlich um eine Versöhnungstour von drei Ministern der Regierung Museveni, auf dem Weg zu Rebellen, die den Norden unsicher machten.

Präsident Yoveri Museveni, damals seit zwei Jahren an der Macht, das heißt seit dem Jahre 1986, hatte gerade eine Amnestie für alle verkündet, die sich stellten und freiwillig die Waffen niederlegten. Das richtete sich an die Angehörigen der Armeen Idi Amins, Milton Obotes und Tito Okellos – drei aufeinanderfolgende Diktatoren, die in den letzten Jahren ins Ausland geflüchtet waren. Doch sie alle hatten ihre Armeen zurückgelassen. Jetzt plünderte und mordete jede dieser Armeen auf eigene Faust, brandschatzte Dörfer und raubte das Vieh, verheerte und terrorisierte die nördlichen Provinzen, das heißt ungefähr die Hälfte des Landes. Die Truppen Musevenis waren zu schwach, um den Rebellen bewaffnet entgegenzutreten. Der Präsident verkündete daher eine Losung der Versöhnung. Er war in diesem Land seit 25 Jahren der erste Führer, der sich an seine Gegner mit Worten der Aussöhnung, Einigung und des Friedens wandte.

Neben zwei lokalen Reportern und mir saßen in unserem Wagen noch drei Soldaten. Ihre Kalaschnikows hatten sie über die nackten Schultern gehängt (es war heiß, daher hatten sie die Hemden ausgezogen). Sie hießen Onom, Semakula und Konkoti. Onom, der älteste von ihnen, war 17. Manchmal lesen wir, daß in Amerika oder Europa ein Kind einen Gleichaltrigen oder einen Erwachsenen erschoß. Ein Chor des Grauens und Schreckens begleitet gewöhnlich solche Meldungen. In Afrika werden Kinder massenweise von Kindern getötet, und das schon seit Jahren. Die Kriege auf diesem Kontinent sind in Wahrheit Kinderkriege.

Dort, wo die Kämpfe bereits Jahrzehnte andauern (wie in Angola und im Sudan), sind die meisten Älteren längst gefallen, verhungert oder von Seuchen dahingerafft worden. Übriggeblieben sind die Kinder, und die führen den Krieg weiter. Das blutige Chaos, das in verschiedenen Ländern Afrikas herrscht, hat Zehntausende zu hungrigen und obdachlosen Waisen gemacht. Diese suchen jemanden, der ihnen etwas zu essen gibt und sie aufnimmt. Am leichtesten findet man dort etwas zu essen, wo das Militär ist – die Soldaten haben die besten Chancen, sich Nahrung zu beschaffen: In diesen Ländern ist die Waffe nicht nur ein Kriegsgerät, sondern auch ein Hilfsmittel zum Überleben, manchmal das einzige, das es gibt.

Die verlassenen, einsamen Kinder ziehen dorthin, wo das Militär stationiert ist, wo es seine Kasernen, Lager und Posten hat. Hier helfen sie, arbeiten sie, werden sie zu einem Teil der Armee, zu »Söhnen des Regiments«. Sie bekommen Waffen und erhalten bald ihre Feuertaufe. Ihre älteren Kollegen (im übrigen ebenfalls Kinder!) liegen gern auf der faulen Haut, und wenn es zum Kampf mit dem Gegner kommt, schicken sie die Kleinen an die Front, ins Feuer. Diese bewaffneten Konfrontationen der Kinderscharen verlaufen in der Regel erbittert und blutig, denn Kinder besitzen keinen Selbsterhaltungstrieb, sie spüren und begreifen nicht die Todesgefahr, kennen die Furcht nicht, die erst das Erwachsensein mit sich bringt.

Die Kinderkriege werden auch durch die technische Entwicklung ermöglicht. Die automatischen Handfeuerwaffen sind heute leicht und kurz, ihre neuen Generationen ähneln immer mehr Spielzeugwaffen. Der alte Mauser-Karabiner war zu groß, zu schwer, zu lang für ein Kind. Ein kleines Kind hat zu kurze Arme, um den Abzug zu drücken, und auch die Zieleinrichtung ist für sein Auge nicht geeignet. Die moderne Waffe löst diese Probleme, überwindet diese Hindernisse. Ihre Maße sind hervorragend der Größe eines Jungen angepaßt, und diese Waffen wirken eher in den Händen eines erwachsenen, kräftig gebauten Soldaten komisch und kindlich.

Die Tatsache, daß ein Kind nur diese für kurze Distanzen eingerichteten Handfeuerwaffen benützen kann (denn es ist außerstande, das Feuer einer Artilleriebatterie zu lenken oder ein Bombenflugzeug zu steuern), hat zur Folge, daß die Kampfhandlungen in diesen Kinderkriegen zu direkten Zusammenstößen, zu engen, hautnahen Kontakten führen, daß die Kleinen aus Entfernungen von wenigen Schritten aufeinander schießen. Diese Duelle fordern schreckliche Opfer. Denn es kommen nicht nur jene um, die auf der Stelle getötet werden. Unter den Bedingungen dieser Kriegsführung sterben auch die Verwundeten – durch Blutverlust, Infektionen, weil es keine Medikamente gibt.

Biograph der Macht

Die Projektionsflächen, die meine Parabel der Macht bietet,
sind übrigens nicht auf die politische Sphäre beschränkt.

Über *König der Könige, eine Parabel der Macht*

Eine Frage, die mir immer wieder gestellt worden ist, betrifft das Ver-
hältnis von faktischem Gehalt und literarischer Erfindung. Ist König
der Könige ein Sachbuch? Ist es Literatur? Fiction oder Non-fiction?
Ich finde, daß diese Fragestellung nicht nur erkenntnistheoretisch
naiv, sondern auch unergiebig ist. Natürlich besteht mein Text nicht
aus Tonbandabschriften; er ist ein literarisches Konstrukt. Das ver-
steht sich von selbst.

Aber das Problem liegt überhaupt nicht auf dieser Ebene. Wenn
man einen historischen Vorgang wie die äthiopische Revolution be-
schreiben will, kommt man mit den traditionellen Genres nicht mehr
aus. Dazu ist weder der Roman noch die Autobiographie, noch die
Reisebeschreibung geeignet. Vieles an diesen Formen kommt mir aus-
geleiert vor, als hätten sie sich historisch erschöpft. Man muß sich et-
was Neues einfallen lassen. Das gilt auch für die klassische Reporta-
ge. Wenn man heute die besten Arbeiten dieser Art aus den dreißiger,
vierziger, fünfziger Jahren wiederliest, wird man feststellen, daß ein
großer Teil ihrer Funktion heute vom Fernsehen übernommen worden
ist. Eine ähnliche Krise hat die Malerei bereits im neunzehnten
Jahrhundert durchgemacht, als die Photographie aufkam. Die techni-
schen Medien haben die Künste jedoch keineswegs überflüssig ge-
macht; sie haben nur ihre Funktion grundlegend verändert. Das gilt
auch für die Literatur.

Eine der Folgen ist, daß ich mich an die herkömmlichen Spielre-
geln, wie sie sich in Gestalt der literarischen Genres ausgebildet ha-

ben, nicht mehr halten kann; ich muß ihre Grenzen überschreiten. Dazu ist mir jedes Mittel recht. Ich sehe nicht ein, warum ich darauf verzichten sollte. Je nachdem, was ich zu sagen habe und womit ich die höchste Präzision erreichen kann, bediene ich mich essayistischer, erzählerischer, journalistischer Methoden. Ich greife auf die klassische Prosa, auf die Form des Reisetagebuchs, ja sogar auf die Poesie zurück.

Bei meinem Vorgehen ließen sich vielleicht drei Phasen unterscheiden. Erstens muß ich mich auf jedes Projekt gründlich vorbereiten. Ich lese alles, was ich finden kann. Dieses Studium verschafft mir nicht nur die nötigen Vorkenntnisse; es hilft mir auch, der Wiederholung des Bekannten zu entgehen; im übrigen gerate ich oft genug in Opposition zu der vorhandenen Literatur, wenn ich an Ort und Stelle sehe, was der Fall ist.

Denn die zweite Phase ist für mich unentbehrlich. Ich muß da sein, ich muß mich der Situation aussetzen, bis zur physischen Erschöpfung, hautnah. Ohne diese unmittelbare Erfahrung könnte ich keine Zeile schreiben. Und dabei stellt sich nicht selten heraus, daß die Berichte aus dem Archiv völlig unzulänglich waren, weil sich niemand die Mühe gemacht hatte, die eigene Haut zu riskieren.

Die dritte Phase, die der Reflexion, ist gewöhnlich die langwierigste; hier beginnt die eigentliche literarische Arbeit. Dabei entscheidet sich dann, ob und wieweit man über das Niveau des Journalismus hinaus etwas Dauerhaftes zustande bringt oder nicht. Das alles mag sich reichlich überheblich anhören, aber es hätte keinen Sinn, wenn ich verschweigen wollte, was mein Ehrgeiz ist.

Auf diese Weise erklärt sich auch meine Themenwahl. Es ist ja nicht so, daß ich mich irgendwohin schicken lasse und dann ein Buch über meine Reise schreibe. Das würde kaum den Aufwand lohnen. Die spezifische Situation, das Ereignis, das ich beschreibe, dient mir als Modell, an dem sich etwas zeigen läßt, das für uns alle von Bedeutung ist. Mein Buch über Haile Selassie handelt vom universellen Code der Machtpolitik. Deshalb trägt es auch den Untertitel Eine Parabel der Macht. Am kaiserlichen Hof von Addis lassen sich Me-

*chanismen darstellen, die man überall wiederfindet, wo es um den
harten Kern der Politik geht. Ich wollte zeigen, wie dieses Medium
der Politik die Menschen, die in der Zone der Macht leben, von
Grund auf verändert: ihre Mentalität, ihre Kultur, ihr Verhalten. Das
geht bis in die Körpersprache, den Gang dieser Leute, ihre Sprache,
ihre Gestik. Dafür bot der Fall Äthiopien die besten Bedingungen,
nicht zuletzt durch die Abgeschlossenheit des Hofes, durch seine Entfernung von der Alltagsrealität des Landes. Das ist auch der Grund
dafür, daß das Buch viele Arten der Lektüre ermöglicht.*

Aus: *König der Könige*

An den Abenden hörte ich denen zu, die den Hof des Kaisers
gekannt hatten. Einst waren sie Menschen des Palastes gewesen oder hatten Zutritt zu ihm gehabt. Es waren nicht mehr
viele übrig. Ein Teil war umgekommen, erschossen von den
Exekutionskommandos. Andere waren ins Ausland geflüchtet
oder sie sitzen im Gefängnis, das sich in den Verliesen des Palastes befindet: Aus den Salons wurden sie in die Keller geworfen. Manche verstecken sich in den Bergen oder leben, als
Mönche verkleidet, in Klöstern. Jeder sucht auf seine Weise
zu überleben, den ihm offenstehenden Möglichkeiten ent-
sprechend. Nur ein kleiner Teil ist in Addis Abeba geblieben,
wo es – wie sich herausgestellt hat – am leichtesten ist, die
Wachsamkeit der Behörden zu täuschen.

Ich besuchte sie, wenn es schon dunkel war. Ich mußte die
Autos und Verkleidungen wechseln. Die Äthiopier sind ungemein mißtrauisch und wollten nicht an die Aufrichtigkeit
meines Vorhabens glauben: Ich hätte die Absicht, jene Welt
wiederzufinden, die von den Maschinengewehren der Vierten
Division weggefegt worden war. Die Maschinengewehre sind
auf amerikanische Jeeps montiert, neben dem Fahrersitz. Sie

werden von Schützen bedient, deren Beruf das Töten ist. Hinten sitzt ein Soldat, der über ein Funkgerät die Befehle empfängt. Die Jeeps sind offen, und Fahrer, Schütze und Funker tragen daher dunkle Motorradbrillen, die halb vom Rand des Stahlhelms verdeckt sind und gegen den Staub schützen sollen. Man kann ihre Augen nicht sehen, die ebenholzfarbenen, stoppeligen Gesichter sind völlig ausdruckslos. Die Dreiermannschaften dieser Jeeps sind mit dem Tod so vertraut, daß die Fahrer die Wagen wie Selbstmörder lenken. Sie gehen mit voller Geschwindigkeit in die Kurven und rasen gegen die Fahrtrichtung, so daß alle zur Seite spritzen, sobald ein solches Gefährt heranschießt. Es ist besser, ihnen nicht ins Schußfeld zu geraten. Aus dem Funkgerät, das der Mann am Rücksitz auf den Knien hält, tönen zwischen Knacksen und Pfeifen aufgeregte Stimmen und Rufe. Man weiß nie, ob dieses heisere Gestammel nicht der Befehl ist, das Feuer zu eröffnen. Es ist besser, man macht sich dünn; besser, man verschwindet in eine Seitengasse und wartet ab.

Ich drang nun tiefer in die verwinkelten und schmutzigen Seitengäßchen ein und stieß auf Häuser, die nach außen hin einen verlassenen und unbewohnten Eindruck machten. Ich hatte Angst: Die Häuser standen unter Beobachtung, und wie leicht konnte ich gemeinsam mit ihren Bewohnern hochgehen. Das wäre möglich, denn sie durchkämmen oft irgendeinen Winkel der Stadt oder ganze Stadtteile auf der Suche nach Waffen, subversiven Flugblättern und Menschen des alten Regimes. Alle Häuser überwachen, beobachten und bespitzeln sich gegenseitig. Ich nehme beim Fenster Platz, und sie sagen sofort – bitte, setzen Sie sich woanders hin, man könnte Sie von der Straße aus sehen, dort sind Sie ein leichtes Ziel. Ein Auto fährt vorüber, es hält an. Man hört Schüsse. Wer war das – diese oder jene? Und wer sind diese, und wer nicht – diese, die anderen, die gegen die einen sind, weil sie für jene sind? Das Auto fährt weiter. Hunde bellen, die ganze

Nacht hindurch bellen in Addis Abeba Hunde, es ist eine Hundestadt, voll reinrassiger Hunde, verwildert und struppig, von Malaria und Würmern zerfressen.

Unnötigerweise schärfen sie mir nochmals ein, ich solle vorsichtig sein: Keine Adressen und Namen, nicht einmal die Gesichter darf ich beschreiben, nicht, daß er groß ist, klein ist, mager ist, daß er so eine Stirn und solche Hände hat; oder daß sein Blick, die Beine, die Knie ... Es gibt niemanden mehr, vor dem man auf die Knie fallen müßte.

F.:
Es war ein kleiner Hund, eine japanische Rasse. Er hieß Lulu. Er durfte im Bett des Kaisers schlafen. Während der verschiedenen Zeremonien sprang er vom Schoß des Kaisers herunter und pißte den Würdenträgern auf die Schuhe. Die Herren Würdenträger durften nicht zucken oder nur die kleinste Bewegung machen, wenn sie spürten, daß es in ihren Schuhen feucht wurde. Meine Aufgabe war es, zwischen den Würdenträgern herumzugehen und ihnen die Pisse von den Schuhen zu wischen. Dazu hatte ich ein Tuch aus Atlas. Das war zehn Jahre lang meine Beschäftigung.

L. C.:
Der Kaiser schlief in einem breiten Bett aus hellem Nußholz. Er war so zart und gebrechlich, daß man ihn kaum sehen konnte, er verschwand völlig im Bettzeug. Im Alter wurde er noch kleiner und wog nur mehr fünfzig Kilo. Er aß immer weniger und trank nie Alkohol. Seine Knie wurden steif, und wenn er sich allein wußte, schleppte er die Beine nach und schwankte hin und her, als ginge er auf Stelzen. Wenn er aber wußte, daß ihn jemand beobachtete, zwang er seine Muskeln mit größter Willensanstrengung zu einer gewissen Elastizität, um sich würdig bewegen und die kaiserliche Gestalt möglichst kerzengerade halten zu können. Jeder Schritt war ein

Kampf zwischen Schlurfen und Würde, Bücken und aufrechtem Gang. Unser ehrwürdiger Herr vergaß nie den altersbedingten Defekt, den er nicht zeigen wollte, um nicht das Ansehen und die Autorität des Königs der Könige aufs Spiel zu setzen. Aber wir, die Diener des Schlafgemaches, wußten, wieviel Überwindung ihn diese Anstrengung kostete.

Er hatte die Gewohnheit, nur kurz zu schlafen und früh aufzustehen, wenn es draußen noch dunkel war. Überhaupt sah er im Schlaf einen Zwang, der ihm unnötig Zeit raubte, die er lieber mit Regieren und Repräsentieren zugebracht hätte. Der Schlaf war ein privater, lästiger Eindringling in sein Leben, das unter Dekorationen und Lichtern ablaufen sollte. Daher war er auch beim Erwachen irgendwie unzufrieden, daß er geschlafen hatte, ungehalten darüber, daß es den Schlaf überhaupt gab, und erst im weiteren Tagesablauf fand er seine innere Ausgeglichenheit wieder. Ich muß hier hinzufügen, daß der Kaiser nie auch nur das geringste Anzeichen von Unmut, Ärger, Zorn oder Frustration merken ließ. Man konnte glauben, daß er solche Gemütsbewegungen überhaupt nicht kannte und seine Nerven kalt und tot waren wie Stahl, oder daß er gar keine hatte. Das war eine angeborene Eigenschaft, die unser Herr bestrebt war zu entwickeln und zu vervollkommnen, eingedenk des Grundsatzes, daß Nervosität in der Politik ein Zeichen von Schwäche ist, das die Gegner ermutigt und die Untergebenen heimlich Witze reißen läßt. Und der Monarch wußte genau, daß der Witz eine gefährliche Form des Widerstands ist. Daher hielt sich der Kaiser psychisch immer in Form. Er stand um vier oder fünf Uhr auf, und wenn er auf Staatsbesuch ins Ausland fuhr, sogar um drei. Später, als die Zustände im Land sich verschlimmerten, verreiste er immer öfter, und der ganze Palast war nur damit beschäftigt, den Kaiser auf neue Reisen vorzubereiten. Nach dem Erwachen drückte er auf einen Knopf am Nachtkästchen – die wachende Dienerschaft wartete bereits auf dieses

Zeichen. Dann wurden im Palast die Lichter entzündet. Das war das Zeichen für das Kaiserreich, daß unser ehrwürdiger Herr einen neuen Tag begann.

Y. M.:

Der Kaiser begann seinen Tag damit, daß er sich die Berichte der Informanten anhörte. Die Nacht ist die gefährliche Stunde der Verschwörung, und Haile Selassie wußte, daß die Ereignisse der Nacht wichtiger sind als das, was tagsüber geschieht. Am Tag hatte er alle im Auge, aber in der Nacht war das nicht möglich. Aus diesem Grund maß er auch den morgendlichen Spitzelberichten so große Bedeutung bei. Hier möchte ich eines erklären: Unser weiser Herr war nicht gewohnt zu lesen. Für den Kaiser existierte das geschriebene und gedruckte Wort nicht, alles mußte ihm mündlich vorgetragen werden. Der edle Herr hatte keine Schulen besucht, sein einziger Lehrer − und der nur in der Kindheit − war ein französischer Jesuit gewesen, Monsignore Jérôme, der spätere Bischof von Harar und ein Freund des Dichters Arthur Rimbaud. Es gelang dem Geistlichen nicht, den Kaiser mit dem Lesen zu befreunden, und das war ja auch insofern schwierig, als Haile Selassie schon seit den Jahren seiner Kindheit verantwortliche Führungspositionen innehatte und ihm die Zeit zum Lesen fehlte. Aber ich glaube, es war nicht nur eine Frage mangelnder Zeit und Gewohnheit. Der mündliche Vortrag hatte den Vorteil, daß der Kaiser gegebenenfalls behaupten konnte, dieser oder jener Würdenträger habe etwas ganz anderes berichtet, als es der Wirklichkeit entsprach, und der Betroffene konnte sich nicht rechtfertigen, da er ja keinen schriftlichen Beweis in der Hand hatte. So hörte der Kaiser von seinen Untergebenen nicht das, was sie tatsächlich sagten, sondern was seiner Meinung nach gesagt werden sollte. Unser erhabener Herr hatte eine bestimmte Konzeption, und dieser wurden alle Signale angepaßt, die den Kaiser aus seiner Umgebung erreichten. Ähnlich verhielt es sich mit dem Schreiben, denn unser Herrscher vernachlässigte nicht nur die Kunst des Lesens, sondern er schrieb auch nie etwas und unterzeichnete nichts eigenhändig. Obwohl er ein halbes Jahrhundert herrschte, wissen nicht einmal die ihm Nächststehenden, wie seine Unterschrift aussah.

Während der Amtsstunden stand dem Kaiser immer der Minister der Feder zu Seite, der alle Befehle und Verordnungen aufzeichnete. Ich muß hinzufügen, daß der Kaiser während der Arbeitsaudienzen sehr leise sprach und kaum die Lippen bewegte.

Der Minister, der nur einen halben Schritt neben dem Thron stand, war daher gezwungen, sein Ohr dicht an den kaiserlichen Mund zu halten, um die Entschlüsse des Monarchen hören und notieren zu können. Dazu waren die Worte des Kaisers in der Regel unklar und zweideutig, vor allem, wenn er vermeiden wollte, eindeutig Stellung zu beziehen, die Situation es aber verlangte, daß er sich äußerte. Die Geschicklichkeit des Monarchen war bewunderungswürdig. Wenn ein Würdenträger ihn um die kaiserliche Entscheidung bat, antwortete er nicht geradeheraus, sondern sprach mit so leiser Stimme, daß diese nur an das wie ein Mikrofon über seinen Lippen hängende Ohr des Ministers der Feder drang. Dieser notierte das knappe und undeutliche Gemurmel der Macht. Der Rest war eine Frage der Interpretation, und die oblag dem Minister, der die Entschlüsse in eine schriftliche Form goß und sie nach unten weiterleitete.

Der Minister der Feder war der engste Vertraute des Kaisers, und er besaß große Macht. Aus der geheimnisvollen Kabbala des kaiserlichen Gemurmels konnte er beliebige Entscheidungen ableiten. Wenn alle von der Trefflichkeit und Weisheit der höchsten Verfügungen in Erstaunen versetzt wurden, dann war dies nur ein weiterer Beweis für die Unfehlbarkeit des Gotterwählten. Drang aber aus der Luft oder irgendeinem Winkel des Reiches auch nur ein Wispern der Unzufriedenheit an das Ohr des Monarchen, dann konnte er alles auf die Dummheit des Ministers schieben. Dieser war somit der meistgehaßte Mann am Hof, denn die öffentliche Meinung war von der Weisheit und Güte unseres huldreichen Herrn überzeugt und machte für alle schlechten und gedankenlosen Entscheidungen, von denen es viele gab, den Minister verantwortlich. Die Dienerschaft flüsterte zwar, weshalb Haile Selassie nicht den Minister wechsle, aber im Palast durften immer nur von oben nach unten Fragen gestellt werden, nie umgekehrt. Als dann zum ersten Mal laut und vernehmlich in die umgekehrte Richtung gefragt wurde, war dies ein Signal für den Ausbruch der Revolution.

Aber ich eile in die Zukunft voraus und muß zu jenem Moment am Morgen zurückkehren, da der Herrscher auf den Stufen des Palastes erscheint und zum Morgenspaziergang aufbricht. Er betritt den Park. In diesem Augenblick nähert sich ihm der Chef des Geheimdienstes des Palastes, Solomon Kedir, um Bericht zu erstatten. Der Kaiser wandelt durch die Allee, und einen Schritt hinter ihm geht Kedir, der redet und redet. Wer sich mit wem getroffen hat, wo das war und worüber sie gesprochen haben. Gegen wen sie sich verbünden und ob man das als Verschwörung ansehen kann. Kedir informiert den Kaiser auch über die Arbeit des militärischen Dechiffrierdienstes. Diese Abteilung, die ebenfalls Kedir untersteht, liest die verschlüsselten Gespräche, die zwischen den Divisionen geführt werden – es ist immer gut, zu wissen, ob dort nicht umstürzlerische Gedanken gedeihen. Seine Hoheit fragt nichts, kommentiert nichts, geht nur und hört. Manchmal bleibt der Kaiser vor dem Löwenkäfig stehen, um den Tieren eine Kalbskeule zuzuwerfen, die ihm ein Diener reicht. Er beobachtet die Gier der Löwen und lächelt. Dann geht er zu den angeketteten Leoparden und füttert sie mit Ochsenrippen. Hier muß er vorsichtig sein, denn er tritt nahe an die Raubkatzen heran, und diese sind unberechenbar. Schließlich nimmt er den Spaziergang wieder auf, und hinter ihm geht Kedir, der immer noch Meldung erstattet. Schließlich nickt der Herrscher, und das ist das Zeichen für Kedir, sich zu entfernen. In diesem Moment tritt zwischen den Bäumen der Minister für Industrie und Handel, Makonen Habte-Wald, hervor, der schon gewartet hat. Er nähert sich dem dahinschreitenden Kaiser und erstattet Bericht, sich immer einen Schritt hinter ihm haltend. Habte-Wald besitzt ein privates Netz von Zuträgern; er hält es einerseits aufrecht, weil er leidenschaftlich gern Intrigen spinnt, und andererseits, weil er dem Monarchen gefallen möchte. Jetzt berichtet er dem Kaiser, gestützt auf die Meldungen seines Geheimdienstes, über den Verlauf der vergangenen Nacht. Und wieder fragt der gütige Herr nichts und kommentiert nichts, schreitet nur dahin und hört mit auf dem Rücken verschränkten Armen zu. Der Kaiser nähert sich einer Flamingoherde, aber die schreckhaften Vögel fliegen sofort auf, und er lächelt beim Anblick der Geschöpfe, die ihm den Gehorsam versagen. Schließlich neigt er wieder im Gehen den Kopf, Habte-Wald verstummt und zieht sich, rückwärts gehend, in die Allee zurück.

Jetzt wächst die bucklige Gestalt des vertrauten Zuträgers Asha Walde-Mikaela wie aus der Erde. Dieser Würdenträger steht an der Spitze der politischen Polizei, die eng mit dem Geheimdienst des Palastes von Solomon Kedir zusammenarbeitet, aber einen erbitterten Konkurrenzkampf gegen die privaten Spitzeldienste führt, wie etwa jenen von Habte-Wald.

Die Aufgabe dieser Leute war schwierig und gefahrvoll. Sie lebten in ständiger Angst, daß sie etwas nicht rechtzeitig melden und in Ungnade fallen könnten, oder daß ein Widersacher ausführlicher Meldung erstattete und der Kaiser dann denken könnte: »Warum hat mir Solomon heute ein Festmahl bereitet, Makonen aber nur Reste gebracht? Hat er nichts gesagt, weil er nichts weiß, oder hat er geschwiegen, weil er selbst in die Verschwörung verstrickt ist?« Hatte denn unser Herr nicht oft genug am eigenen Leib erfahren müssen, daß die nächsten und engsten Vertrauten ihn verrieten? Daher bestrafte der Kaiser das Schweigen. Andererseits wurde das kaiserliche Ohr durch einen ungehemmten Strom von Worten ermüdet und beleidigt, daher war auch rastlose Schwatzhaftigkeit nicht am Platz. Allein schon das Aussehen dieser Menschen ließ ahnen, in welcher Furcht sie lebten. Unausgeschlafen und erschöpft, waren sie in ständiger Spannung, wie im Fieber, immer auf der Suche nach Opfern, auf Schritt und Tritt umgeben von Angst und Haß. Ihr einziger Schild war der Kaiser, aber dieser konnte sie mit einer Handbewegung vernichten. O nein, der mildherzige Herr machte ihnen das Leben nicht leicht.

Wie schon gesagt, wenn Haile Selassie während des Morgenspazierganges die Informationen über den Stand der Verschwörungen im Kaiserreich hörte, stellte er keine Fragen und kommentierte die Meldungen nicht. Er wußte genau, warum. Er wollte die Spitzelberichte in reinem Zustand bekommen, wahre Berichte. Hätte er aber gefragt und Meinungen geäußert, dann hätte der Informant die Berichte beflissen gefärbt und den Vorstellungen des Kaisers angepaßt; damit wäre aber die Zuträgerei der Willkür und subjektiven Einschätzung unterworfen worden, und der Monarch hätte nie in Erfahrung gebracht, was im Staat und im Palast tatsächlich vor sich ging.

Kurz vor Beendigung seines Spazierganges hört der Kaiser noch, was Ashas Leute vergangene Nacht zusammengetragen haben. Er füttert die Hunde und den schwarzen Panther, dann bewundert er den Ameisenbären, den er kürzlich bekommen hat – ein Geschenk des Präsidenten von Uganda. Er nickt, und Asha verschwindet gebückt, unsicher, ob er mehr oder weniger berichtet hat als seine erbittertsten Feinde – Solomon, der Feind von Makonen und Asha, und Makonen, der Feind von Asha und Solomon.

Die letzte Runde seines Spazierganges absolviert Haile Selassie allein. Im Park wird es hell, der Nebel lichtet sich, und in der Wiese brechen sich die ersten Sonnenstrahlen im Tau. Der Kaiser denkt nach. Das ist die Stunde, in der er sich Strategie und Taktik zurechtlegt, die personellen Kreuzworträtsel löst und die nächsten Züge auf dem Schachbrett der Macht vorbereitet. Er denkt über die Meldungen nach, die ihm seine Informanten gebracht haben. Es ist kaum etwas Wichtiges darunter, meistens denunziert nur einer den anderen. Der Monarch hat alles im Kopf notiert, sein Denken funktioniert wie ein Computer, der jedes Detail speichert, selbst die geringste Kleinigkeit bleibt haften. Im Palast gab es kein Personalbüro, keine Akten und Fragebögen. Der Kaiser hatte alles im Kopf, die ganze geheime Kartothek der Machtelite. Ich sehe ihn vor mir, wie er dahinschreitet, dann stehenbleibt und das Gesicht emporhebt, wie ins Gebet versunken. O Herr, befreie mich von jenen, die vor mir auf den Knien rutschen und dabei den Dolch im Gewand verstecken, den sie mir in den Rücken bohren wollen. Aber welche Hilfe vermag der Herrgott zu geben? Alle Menschen, die den Kaiser umgeben, sind so – auf den Knien und den Dolch im Gewande. Oben auf den Gipfeln ist es nie warm. Dort wehen eisige Sturmböen, jeder steht gebückt und muß darauf achten, daß ihn sein Nachbar nicht in den Abgrund stürzt.

T. K-B.:
Lieber Freund, natürlich erinnere ich mich. Das war doch erst gestern. Gestern vor einem Jahrhundert. In dieser Stadt, aber auf einem anderen Planeten, der sich entfernt hat. Wie sich das alles vermischt – die Zeiten, die Orte; die Welt ist in Trümmer zerbrochen, und niemand mehr kann sie zusam-

menfügen. Nur die Erinnerungen sind übrig, das einzige, was vom Leben bleibt.

Ich war sehr lange beim Kaiser, als Beamter des Ministeriums der Feder. Wir begannen den Dienst um acht, damit alles fertig war, wenn der Monarch um neun kam. Unser Herr wohnte im Neuen Palast gegenüber der Africa Hall, aber die Amtsgeschäfte erledigte er im Alten Palast, den Kaiser Menelik auf dem benachbarten Hügel hatte errichten lassen. Unser Amt befand sich im Alten Palast wie die meisten kaiserlichen Ämter, denn Haile Selassie wollte alles unmittelbar bei der Hand haben. Er kam mit einem der siebenundzwanzig Autos, die seinen privaten Wagenpark ausmachten. Er liebte Autos, vor allem aber Rolls Royces, deren ernste und würdevolle Silhouette er schätzte, aber zur Abwechslung benützte er auch einmal einen Mercedes oder Lincoln Continental. Ich darf daran erinnern, daß unser Herr die ersten Autos nach Äthiopien gebracht hatte, überhaupt brachte er allen Verfechtern des technischen Fortschritts viel Wohlwollen entgegen, anders als unser Volk, das sie leider nicht ausstehen konnte. Als der Kaiser in den zwanziger Jahren das erste Flugzeug aus Europa einführte, hätte er darüber beinahe den Thron und sogar sein Leben verloren! Der einfache Aeroplan wurde als ein Werk des Teufels angesehen, und an den Magnatenhöfen begann man, Komplotte gegen diesen verrückten Monarchen zu schmieden, in dem man fast so etwas wie einen Kabbalisten und Zauberer sah. Seit jener Zeit mußte der ehrwürdige Herr seinen Ambitionen als Pionier Zügel anlegen, bis er schließlich fast ganz darauf verzichtete, weil in einem Greis jede Neuheit nur Abneigung weckt.

Um neun Uhr morgens also kam der Kaiser in den Alten Palast. Vor dem Tor wartete eine dichte Menge von Untertanen, die dem Kaiser eine Petition überreichen wollten. Theoretisch war dies der einfachste Weg, im Kaiserreich Gerechtigkeit und Güte zu suchen. Da, unser Volk nicht schreiben kann, in der Regel aber gerade die Armen Gerechtigkeit suchen, verschuldeten sich die Menschen auf Jahre hinaus, um den Kanzleischreiber zu bezahlen, der ihre Klagen und Bitten aufsetzte. Dann war da noch ein protokollarisches Problem: Der Brauch verlangte von den armen Wichten, daß sie mit dem Gesicht am Boden vor dem Kaiser knieten – wie aber sollte man aus dieser Position ein Kuvert in eine vorüberfahrende Limousine reichen? Das Problem wurde folgenderweise gelöst: Der kaiserliche Wagen fuhr langsamer, und hinter der Scheibe wurde das gütige Antlitz des Monarchen sichtbar, dann nahmen die im nachfolgenden Wagen sitzenden Leibwächter einen Teil der Kuverts aus den vom gemeinen Volk emporgestreckten Händen; nur einen Teil, versteht sich, denn da war ein ganzer Wald von Händen. Wenn die Menge zu nahe an die fahrenden Autos herankroch, mußte die Leibgarde den aufdringlichen Pöbel zurücktreiben und stoßen, denn Sicherheit und Würde des Monarchen erforderten, daß die Fahrt zügig und ohne unerwartete Verzögerungen verlief.

Dann fuhren die Autos durch eine Allee den Hügel hinauf und kamen im Hof des Palastes zum Stehen. Hier erwartete den Kaiser neuerlich eine Menge, aber eine ganz andere als der Pöbel vor dem Tor, den die ausgewählten Gardisten der Imperial Body Guard auseinandergejagt hatten. Die Menschen, die ihn hier begrüßten, waren aus dem Gefolge des Kaisers. Wir hatten schon frühzeitig Aufstellung genommen, um nur ja nicht die Ankunft des Monarchen zu versäumen, denn dieser Augenblick war für uns von besonderer Bedeutung. Jeder wollte sich unbedingt zeigen, in der Hoffnung, vom Kaiser beachtet zu werden. Man träumte nicht etwa von einer besonderen Beachtung, daß der ehrwürdige Herr einen vielleicht bemerkt und in ein Gespräch gezogen hätte. O nein, das wäre zu viel gewesen. Man wollte nur eine kleine Beachtung, die allergeringste, unscheinbarste, die den Kaiser zu nichts verpflichtete. Eine flüchtige Beachtung, nur für den

Bruchteil einer Sekunde, aber doch so, daß sie eine innere Erschütterung auslöste und ein triumphierender Gedanke das Gehirn durchzuckte: »Er hat mich bemerkt!« Wieviel Kraft einem das gab! Welche unbegrenzten Möglichkeiten das eröffnete! Denn nehmen wir an, der Blick des ehrwürdigen Herrn wäre nur über unser Gesicht geglitten – nur geglitten. Man könnte sagen, es sei nichts geschehen, aber andererseits – was heißt, nichts geschehen, wenn er doch geglitten ist. Wir spüren sofort, wie das Gesicht heiß wird, das Blut steigt zu Kopf, und das Herz beginnt kräftiger zu schlagen. Das sind die sichersten Anzeichen dafür, daß uns der Blick des gütigen Beschützers getroffen hat. Aber für den Moment haben diese Beweise keine so große Bedeutung. Wichtiger ist der Prozeß, der möglicherweise im Gehirn unseres Herrn abläuft. Es war allgemein bekannt, daß unser Herr, der weder las noch schrieb, ein phänomenal entwickeltes optisches Gedächtnis besaß. Und auf diese Gabe der Natur durfte der Besitzer jenes Gesichts, über das der Blick des Kaisers geglitten war, seine Hoffnung gründen. Denn er rechnete bereits damit, daß eine flüchtige Spur, und sei es nur ein verschwommener Schatten, im Gedächtnis des Kaisers haftengeblieben ist. Jetzt galt es, mit Ausdauer und Entschlossenheit in der Menge so zu manövrieren, sich so durchzuschlängeln und zu drängen, zu stoßen und zu schieben und das Gesicht immer so zu wenden, daß der Blick des Kaisers es unwillkürlich bemerkte, bemerkte und wieder bemerkte. Dann galt es abzuwarten, bis der Augenblick kam, in dem der Kaiser dachte: »Wart einmal, das Gesicht kenn' ich doch, aber nicht den Namen.« Und nehmen wir an, er fragt dann nach dem Namen. Lediglich nach dem Namen, aber das genügt. Jetzt fallen Gesicht und Namen zusammen, und es entsteht eine Person, ein fertiger Kandidat für eine Ernennung. Denn das Gesicht allein ist anonym; der Name allein eine Abstraktion. Man muß konkret werden und eine Gestalt annehmen, um sich abzuzeichnen.

Ach, das bedeutete das größte Glück, doch es war nicht leicht zu erringen. Denn in diesem Hof, wo das Gefolge den Kaiser begrüßte, gab es Dutzende, ja, ich übertreibe nicht, Hunderte Gesichter, die um etwas Beachtung kämpften. Gesicht rieb an Gesicht, die höheren drückten die niederen hinunter, die dunkleren verdüsterten die helleren, Gesicht verachtete Gesicht, die älteren verdrängten die jüngeren, die schwächeren unterlagen den stärkeren, Gesicht haßte Gesicht, die gewöhnlichen stießen an adelige, gierige an schwächliche, Gesicht quetschte Gesicht. Aber selbst noch die erniedrigten und verstoßenen Gesichter, die drittklassigen und besiegten, selbst die drängten noch nach vorne – freilich aus einer gewissen Distanz, wie die Gesetze der Hierarchie sie geboten –, tauchten hier und da zwischen den Gesichtern der Noblen und Titulierten auf, und sei es, daß nur ein Stückchen zu sehen war: ein Ohr, eine Schläfe, eine Wange, ein Kiefer, alles drängte unter den Blick des Kaisers. Hätte der gütigste Herr mit einem Blick die ganze Szene erfaßt, die sich ihm beim Verlassen des Autos darbot, dann wäre ihm nicht verborgen geblieben, daß sich da nicht nur ein hundertgesichtiges Magma demütig und zugleich frenetisch auf ihn zuwälzte, sondern daß, neben dieser zentralen und hochtitulierten Gruppe, ihm rechts und links, vor ihm und hinter ihm, weiter weg und ganz weit entfernt, in Türen und Fenstern und auf allen Wegen Scharen von Lakaien, Küchenpersonal, Dienern, Gärtnern und Polizisten ihre Gesichter entgegenstrecken, damit er sie bemerke.

Und unser Herr sieht das alles. Wundert er sich? Wohl kaum. Früher einmal war er selbst ein Teil dieses hundertgesichtigen Magmas gewesen. Hatte er nicht selbst sein Gesicht vorstrecken müssen, um im Alter von nicht einmal vierundzwanzig Jahren zum Thronfolger zu avancieren? Dabei hatte er es mit einer teuflischen Konkurrenz zu tun gehabt. Eine ganze Schar von gewitzten Notabeln hatte nach der Krone gegriffen. Aber sie waren zu hastig gewesen, voll Gier waren sie einander an die Kehle gefahren, voll Ungeduld, nur den Thron vor Augen. Unser unvergleichlicher Herr hatte es verstanden zu warten. Und das ist eine wichtige Gabe. Wer nicht die Fähigkeit besitzt, zu warten und sich geduldig damit abzufinden, daß die geeignete Gelegenheit sich erst nach Jahren bieten kann, der hat nicht das Zeug zum Politiker. Unser ehrwürdiger Herr wartete zehn Jahre, bis er zum Thronfolger ernannt wurde, und weitere vierzehn Jahre, bis er schließlich den Thron bestieg. Alles in allem beinahe ein Vierteljahrhundert vorsichtiger, aber zugleich entschlossener Bemühungen um die Krone. Ich sage vorsichtiger, denn unser Herr zeichnete sich durch Verschlossenheit, Diskretion und Schweigen aus. Er kannte den Palast und wußte, daß jede Wand Ohren hat und hinter jeder Portiere Blicke lauern, die einen beobachten. Es galt daher, sich schlau und listig anzustellen. Vor allem durfte man nie seine Absichten zu früh aufdecken und keine Machtgelüste erkennen lassen, denn das hätte sofort die Konkurrenten auf den Kampfplatz gerufen und sie geeint. Sie schlagen und vernichten jeden, der sich an die Spitze setzt. O nein, man muß jahrelang tief in den Reihen ausharren, darauf achten, daß keiner sich vordrängt, und auf seine Chance warten. Im Jahre 1930 brachte dieses Spiel dem Herrn die Krone ein, die er für die nächsten vierundvierzig Jahre behalten sollte.

Über die iranische Revolution und die Demokratisierung eines Vielvölkerstaats

Der Islam ist nicht nur eine Religion, sondern auch eine Kultur, die sich ausbreiten wird, wenn sie auch noch einige Zeit dafür braucht. Die moslemische Zivilisation ist ungeheuer dynamisch. Heute stützt sich ihre Macht auf Staaten wie die Türkei, Pakistan, Iran. Die islamische Welt ist reich an Naturschätzen. Die meisten Menschen im Westen sind sich dieser ungeheuren Kräfte gar nicht bewußt. Der Islam ist eine rigoros disziplinierte Religion. In »Schah-in-schah« habe ich eine betende Menge beschrieben: eine Million Menschen, die gleichzeitig dieselbe Bewegung ausführen, und das ohne jeden Befehl. Das ist unglaublich, aber charakteristisch für den Islam. Der Iran wird sicher nicht zurückgreifen auf das westliche Modell der Entwicklung. Das Modell des Schahs war falsch, denn es bedeutete eine totale Erniedrigung der Menschen. Wenn man Mineralwasser aus Paris in ein Land importiert, dessen herrliches Wasser den Durst der größten Dichter der Welt gelöscht hat, darunter des Poeten Fardoussi, dann ist das absurd. Wenn man in ein Land, wo es schmackhaftes persisches Brot gibt, amerikanisches und deutsches Brot einführt, dann ergibt das keinen Sinn. Hätte ich damals im Iran gelebt, ich hätte auch gegen den Schah revoltiert.

Die iranische Revolution war ein faszinierendes, großes historisches Ereignis. Sie zeigte, wie schwierig es ist, einen Vielvölkerstaat zu demokratisieren. Der Iran war ein Imperium, eine autoritäre Macht. Und in diesem Staat erhoben sich demokratische Kräfte gegen die Staatsmacht. Sie begannen das Zentrum zu attackieren und bedienten sich dabei demokratischer Losungen. Im Iran leben zahlreiche Minderheiten: Kurden, Armenier und viele andere. Diese Minderheiten machten sich die demokratischen Losungen zu eigen und formulierten sie um zu Forderungen nach Unabhängigkeit. Die Demokratisierung bedeutete für sie das Recht, sich abzuspalten. Die iranische Revolution begann als demokratische Bewegung, Bachtiar, Bani-Sadr waren Demokraten, Rechtsanwälte. Die erste Regierung nach der Revolution setzte sich aus Leuten zusammen, die in Harvard und an der Sorbonne studiert hatten. Doch nach dem Sieg der Revolution sagten die Führer der Minderheiten: »Demokratie heißt für uns: weitergehen. Ihr habt uns beherrscht und ausgebeutet. Wahre Demokratie bedeutet für uns Unabhängigkeit.« Als diese Forderung laut wurde, kam es im Zentrum zu einer Umgruppierung der Kräf-

te. Im Machtzentrum der herrschenden Nation – der Parsen – rief man: »Nein! Wir müssen unseren Staat retten.« An diesem Punkt vollzog die Revolution eine radikale Kehrtwendung. Die Kräfte der Diktatur übernahmen die Macht. Chomeini verkörperte das Stadium der iranischen Revolution, in dem sich die herrschende Nation des drohenden Zerfalls des Staates bewußt wird. Sie reagierte mit Repression, die demokratischen Losungen wurden ersetzt durch die Losung der »nationalen Integration«. Und sie griff zu Massakern an Minderheiten, um die Einheit des Staates zu erhalten. Daher ist jede demokratische Revolution in einem Vielvölkerstaat zum Scheitern verurteilt, denn eine Voraussetzung der Demokratie muß dort die Liquidierung des Staates sein, der sich auf die Unterdrückung der Minderheiten stützt.

Aus: *Schah-in-schah*

Die Revolution machte der Herrschaft des Schahs ein Ende. Sie zerstörte den Palast und begrub die Monarchie. Dieses Geschehen begann mit einem scheinbar geringfügigen Fehler, den die kaiserliche Macht beging. Die Macht setzte einen falschen Schritt und besiegelte damit ihr Schicksal.

Für gewöhnlich sucht man die Ursachen einer Revolution in objektiven Bedingungen – in der allgemeinen Armut, in Unterdrückung, im zunehmend frecheren Machtmißbrauch. Diese Sicht ist gewiß richtig, aber auch einseitig. Solche Bedingungen herrschen nämlich in vielen Ländern, es brechen aber nur selten Revolutionen aus. Dazu braucht es noch das Bewußtsein der Armut und der Unterdrückung, die Überzeugung, daß Armut und Unterdrückung nicht der normalen Ordnung der Dinge entsprechen. Es ist interessant zu beobachten, daß in diesem Falle die Erfahrung allein keineswegs ausreicht, und sei sie noch so dramatisch. Nötig und unerläßlich ist das Wort, der erklärende Gedanke. Aus diesem Grund fürchten die Tyrannen Worte, die sie nicht kontrollieren können, die frei im Umlauf sind, sich im Untergrund herumtreiben, rebellieren, die weder Galauniform noch offizielle Stempel tragen. Solche Worte fürchten sie viel mehr als alle Bomben und Dolche. Aber es kommt auch vor, daß gerade Worte in Uniform und mit offiziellem Stempel eine Revolution auslösen.

Man muß die Revolution von der Revolte unterscheiden, vom Staatsstreich und von der Palastrevolution. Ein Staatsstreich oder Umsturz läßt sich planen – eine Revolution nicht. Ihr Ausbruch, die Stunde ihres Losbrechens, überrascht alle, selbst jene, die sie selbst vorbereitet haben. Sie stehen erschrocken einer Naturgewalt gegenüber, die plötzlich auftaucht und alles auf ihrem Weg zertrümmert. Ihre zerstörerische Kraft ist von solcher Gewalt, daß sie oft am Ende auch jene Ideale vernichtet, die die Revolution ins Leben gerufen haben.

Es ist irrig anzunehmen, daß die Nationen, die von der Geschichte benachteiligt wurden (und diese sind in der Mehrheit), ständig mit dem Gedanken an Revolution leben, daß sie in dieser den einfachsten Ausweg sehen. Jede Revolution ist ein Drama, und der Mensch hat instinktiv eine Abneigung gegen dramatische Situationen. Wenn er sich aber einmal in einer solchen Situation findet, sucht er verzweifelt nach einem Ausweg, nach Ruhe und meistens – Alltäglichkeit. Daher sind Revolutionen nie von langer Dauer. Sie stellen eine letzte Waffe dar, und wenn das Volk sich dazu aufrafft, zu dieser Waffe zu greifen, dann nur, weil es aus langjähriger Erfahrung gelernt hat, daß es keinen andern Ausweg mehr gibt. Alle anderen Versuche sind gescheitert, alle anderen Mittel haben versagt.

Jeder Revolution läuft ein Zustand allgemeiner Erschöpfung und, dadurch bewirkt, entfesselter Aggressionen voraus.

Die Staatsmacht kann das Volk nicht länger ertragen, das sie ärgert, das Volk hat genug von der Staatsmacht, die es haßt. Die Regierung hat alles Vertrauen verspielt, sie steht da mit leeren Händen, das Volk hat den letzten Rest Geduld verloren und ballt die Faust. Es herrscht ein Klima unerträglicher Spannung und immer beklemmenderen Drucks. Wir unterliegen langsam einer Psychose des Terrors. Eine Entladung kündigt sich an, das spüren wir.

Was die Kampftechnik betrifft, kennt die Geschichte zwei Typen der Revolution. Die Revolution im Sturm und die Revolution durch Belagerung. Bei der Revolution im Sturm entscheidet die Wucht des ersten Schlages über ihren Erfolg, ihr weiteres Schicksal. Zuschlagen und so viel Terrain wie nur möglich erobern! Das ist die Devise, denn die Revolution dieses Typs ist zwar ungemein gewaltsam, gleichzeitig aber auch wenig ausdauernd. Der Gegner wurde geschlagen, aber im Rückzug hat er einen Teil seiner Kräfte gerettet. Er wird nun zum Gegenangriff übergehen und den Sieger seinerseits zur Umkehr zwingen. Je wuchtiger daher der erste Schlag geführt wurde, um so mehr Boden kann man, trotz des Rückzuges, für sich behaupten. In der Revolution im Sturm ist die erste Etappe die radikalste. Die folgenden bestehen aus einem langsamen, aber stetigen Zurückweichen bis zu jenem Punkt, an dem beide Kräfte – die revolutionäre und die bewahrende – schließlich einen Kompromiß erreichen. Anders im Falle der Revolution durch Belagerung: Hier ist der erste Schlag in der Regel schwach, man kann sich gar nicht vorstellen, daß er eine Katastrophe auslösen könnte. Aber bald gewinnen die Ereignisse an Tempo und Dramatik. Immer mehr Menschen beteiligen sich. Die Mauern, hinter denen die Macht sich verschanzt, zeigen die ersten Sprünge und beginnen zu wanken. Über den Erfolg der Revolution durch Belagerung entscheidet die Entschlossenheit der Aufständischen, ihre Willenskraft und ihre Ausdauer. Noch einen Tag! Noch ein Aufbieten der Kräfte! Endlich geben die Tore nach. Die Menge strömt ins Innere und feiert ihren Triumph.

Die Staatsmacht provoziert die Revolution. Zwar nicht bewußt, aber ihr Lebensstil und die Form ihres Regierens werden schließlich zur Provokation. Diese Entwicklung tritt ein, wenn sich innerhalb der herrschenden Elite das Gefühl der Straflosigkeit breitmacht. Uns ist alles erlaubt, für uns existiert kein Gesetz. Das ist eine Täuschung, die allerdings nicht einer rationalen Grundlage entbehrt. Denn tatsächlich könnte man für einige Zeit meinen, den Herrschenden wäre alles erlaubt. Ein Skandal nach dem anderen, ein Unrecht nach dem anderen bleibt ungestraft. Das Volk schweigt, übt sich in Geduld und Vorsicht. Es hat Angst und spürt noch nicht die eigene Kraft. Gleichzeitig aber führt es peinlich genau Buch über die Erniedrigungen, um zum gegebenen Zeitpunkt Bilanz zu ziehen. Die Wahl dieses Zeitpunktes ist das größte Geheimnis der Geschichte. Warum gerade an jenem Tag und nicht an einem anderen? Warum wurde er durch dieses Ereignis heraufbeschworen und nicht durch ein anderes? Gestern noch hatte sich die Staatsmacht viel schlimmere Exzesse erlaubt, und keiner hat darauf reagiert. »Was habe ich so Schreckliches verbrochen«, fragt der Herrscher verblüfft, »daß den Untertanen mit einem Mal der Teufel in den Leib gefahren ist?« Ganz einfach: Er hat die Geduld des Volkes mißbraucht. Aber wo verlaufen die Grenzen dieser Geduld, wie lassen sich diese beschreiben? Für jede Situation wird die Antwort anders ausfallen, soweit es eine solche überhaupt gibt. Sicher ist nur, daß denjenigen Herrschern, die um die Existenz dieser Grenzen wissen und sie respektieren, um ihre Macht nicht bang zu sein braucht. Aber solche gibt es nicht viele.

Auf welche Weise hat der Schah diese Grenze verletzt und damit das eigene Urteil gesprochen? Der auslösende Faktor war ein Zeitungsartikel. Daß ein einziges achtloses Wort imstande ist, das mächtigste Imperium in die Luft zu sprengen, das sollte der Staatsmacht bekannt sein. Und anscheinend weiß sie es auch, angeblich ist sie achtsam, aber in einem gewissen Moment versagt ihr Selbsterhaltungsinstinkt – selbstsicher und eingebildet läßt sie sich zu einem arroganten Schritt hinreißen und stürzt in den Abgrund. Am 8. Januar 1978 erscheint im Regierungsorgan *Etelat* ein Artikel gegen Chomeini. Zu jener Zeit lebt Chomeini im Exil, von wo aus er den Schah bekämpft. Vom Despoten verfolgt, dann außer Landes gejagt, wird er zum Idol und Gewissen der Nation. Den Mythos Chomeinis zu vernichten heißt, die Heiligkeit zu zerstören, die Hoffnung der Erniedrigten und Beleidigten mit Füßen zu treten. Genau das war die Absicht jenes Artikels.

Was muß man schreiben, um einen Gegner fertigzumachen? Am besten, man berichtet, daß er ein Fremder ist. Zu diesem Zweck bedienen wir uns der Kategorie der richtigen Familie. Wir hier, du und ich, die Staatsmacht und das Volk, wir sind eine richtige Familie. Wir leben in Harmonie, haben es heimelig und gut. Wir besitzen ein gemeinsames schützendes Dach, einen gemeinsamen Tisch, wir können miteinander reden, der eine reicht dem anderen helfend die Hand. Aber leider sind wir nicht allein. Wir sind umgeben von Fremden, die unsere Ruhe stören und in unser Heim eindringen wollen. Wer ist ein Fremder? Ein Fremder ist vor allem schlechter als wir – und gleichzeitig ist er gefährlich. Wenn er nur schlechter wäre, sich ansonsten aber passiv verhielte! Aber keine Rede davon! Er möchte hetzen, Unfrieden stiften, zerstören. Streit vom Zaun brechen, Lügen verbreiten und alles zerschlagen. Der Fremde lauert dir auf, er ist die Wurzel deines Unglücks. Worin besteht seine Kraft? Darin, daß fremde Mächte ihn unterstützen. Die fremden Mächte können beim Namen genannt werden oder nicht, eines ist unbestritten – sie sind gefährlich. Das heißt, sie sind gefährlich, wenn wir sie unterschätzen; wenn wir aber wachsam bleiben und den Kampf nicht scheuen, sind wir ihnen überlegen. Und jetzt schaut euch einmal diesen Chomeini an. Er ist ein Fremder. Sein Großvater kam aus Indien, es drängt sich daher die Frage auf: Welchen Interessen dient dieser Enkel eines ausländischen Großvaters? Das war der erste Teil des Artikels. Der zweite beschäftigte sich mit der Gesundheit. Wie fein, daß wir alle gesund sind! Denn unsere richtige Familie ist auch eine gesunde Familie. Gesund im Geist und Körper. Und wem verdanken wir das? Das verdanken wir unserer Staatsmacht, die uns ein gutes, glückliches und gesundes Leben sichert; sie ist die beste Macht unter der Sonne. Wer könnte sich also gegen eine solche Macht erheben? Doch nur einer, der nicht gesund, nicht richtig im Kopf ist. Da sie doch die beste Regierung ist, muß man schon verrückt sein, um sie zu bekämpfen. Eine gesunde Gesellschaft muß solche Wirrköpfe isolieren, von den anderen absondern. Wie gut, daß der Schah Chomeini aus dem Lande gejagt hat, sonst hätte man ihn noch ins Irrenhaus sperren müssen.

Als die Ausgabe der Zeitung mit diesem Artikel Qom erreichte, wurden die Menschen von Empörung erfaßt. Sie begannen sich auf Straßen und Plätzen zusammenzurotten. Wer buchstabieren konnte, las anderen den Artikel laut vor. Die Menschen schafften sich zu immer größeren Gruppen zusammen, sie schrieen und diskutierten durcheinander, die Diskussion aber ist die größte Leidenschaft der Iraner, der sie überall frönen, zu jeder Tages- und Nachtzeit. Die hitzig debattierenden Gruppen zogen wie Magneten ständig neue Gaffer und Zuhörer an, bis schließlich der große Platz bis an den Rand mit Menschen gefüllt war. Das aber ist es, was die Polizei am wenigsten leiden kann. Wer hat diese Massen erlaubt? Niemand. Eine solche Erlaubnis ist nicht erteilt worden. Wer hat gestattet, daß Rufe laut werden? Wer hat sein Einverständnis gegeben, daß die Menschen aufgeregt die

Arme schwenken? Die Polizei weiß von vornherein, daß diese Fragen rein rhetorisch sind und ihr nichts anderes übrigbleibt, als sich an die Arbeit zu machen.

Der wichtigste Moment, der über das Schicksal des Landes, des Herrschers und der Revolution entscheidet, ist jener, da der vom Kommissar beauftragte Polizist sich dem Mann am Rande der Menschenansammlung nähert und ihm mit erhobener Stimme befiehlt, auf der Stelle nach Hause zu gehen. Der Polizist und der Mann aus der Menge sind beide anonyme Menschen, und dennoch kommt ihrer Begegnung historische Bedeutung zu. Beide sind erwachsen, haben einiges durchgemacht und ihre Erfahrungen gesammelt. Die Erfahrung des Polizisten lautet: Wenn ich einen Menschen anbrülle und dazu drohend den Knüppel schwinge, beginnen diesem vor Angst die Knie zu schlottern, und er läuft davon. Die Erfahrung des Mannes aus der Menge lautet: Wenn ein Polizist auf mich zukommt, werde ich von Angst gepackt und gebe Fersengeld. Aufbauend auf diesen Erfahrungen, können wir das weitere Szenario entwickeln: Der Polizist hebt die Stimme, der Mann läuft davon, und ihm hinterdrein die übrigen; im Nu ist der Platz wie leergefegt. Diesmal kommt es anders. Der Polizist hebt die Stimme, aber der Mann rennt nicht weg. Er bleibt stehen und schaut den Polizisten an. Sein Blick ist wachsam und enthält noch einen Rest Angst, aber gleichzeitig ist er hart und unverschämt. Ja, das ist es! Der Mann aus der Menge starrt die uniformierte Macht unverschämt an. Er rührt sich nicht vom Fleck. Dann wendet er sich um und registriert die Blicke der anderen. Sie sind ähnlich: wachsam, noch mit einem Restchen Angst, aber bereits hart und fest. Keiner läuft davon, obwohl der Polizist immer noch brüllt. Endlich verstummt er, und für einen Augenblick tritt tiefe Stille ein. Wir wissen nicht, ob der Polizist und der Mann aus der Menge begriffen haben, was vorgefallen ist. Daß der Mann aus der Menge seine Angst überwunden hat und daß damit die Revolution begann. Das ist der Anfang. Sooft die beiden Männer einander bisher begegnet waren, hatte sich immer sogleich ein Dritter zwischen sie geschoben. Die Angst. Die Angst war ein Verbündeter des Polizisten und Gegner des Mannes. Sie zwang allen ihre Gesetze auf, entschied alles für sich. Aber nun standen die beiden einander allein gegenüber – die Angst war verschwunden, wie vom Erdboden verschluckt. Bisher war die Beziehung zwischen ihnen voll Emotionen gewesen. Eine Mischung aus Aggression, Verachtung, Wut und Angst. Aber nun, da die Angst weg ist, zerfällt diese niederträchtige und haßerfüllte Bindung mit einem Male, etwas brennt aus, verlöscht. Die beiden sind einander gleichgültig geworden, brauchen einander nicht mehr, jeder kann seiner eigenen Wege gehen. Der Polizist wendet sich um und geht schleppenden Schrittes zum Posten zurück, der Mann aus der Menge aber bleibt auf dem Platz stehen und begleitet den verschwindenden Gegner noch eine Weile mit seinem Blick.

Die Angst: eine angriffslustige, gefräßige Bestie, die in unserem Innern haust. Sie ruft sich ständig von neuem in Erinnerung, überwältigt und quält uns. Dauernd fordert sie Nahrung, möchte gefüttert werden. Wir tragen selbst dafür Sorge, daß sie nur das beste Futter erhält. Am liebsten sind ihr finstere Gerüchte, schlechte Nachrichten, panische Vorstellungen, entsetzliche Bilder. Unter Tausenden von Gerüchten, Meldungen und Vorstellungen wählen wir immer die schlimmsten aus, eben jene, die unsere Angst gedeihen lassen. Wir tun alles, um die Bestie bei Laune zu halten, um das Monster zu streicheln. Wir sehen, wie ein Mann beim Zuhören erbleicht und unruhig hin und her rutscht. Was ist passiert? Er füttert gerade seine Angst. Und wenn wir kein Futter auftreiben können? Dann denken wir uns rasch etwas aus. Wenn uns aber nichts einfällt (was nur selten der Fall ist)? Dann laufen wir herum, suchen, fragen, horchen und tragen so lange

Nachrichten und Gerüchte zusammen, bis unsere Angst wieder satt ist.

Alle Bücher über Revolutionen beginnen mit einem Kapitel, in dem von der Fäulnis der zerfallenden Macht oder dem Leiden und Elend des Volkes die Rede ist. Dabei sollten sie eher mit einem Kapitel Psychologie beginnen, das davon handelt, wie ein gepeinigter, furchtsamer Mensch unversehens seine Angst ablegt und Mut faßt. Dieser ungewöhnliche Prozeß, der sich manchmal nur über einen Augenblick erstreckt, wie ein Schock, eine Läuterung, müßte bis ins Detail beschrieben werden. Der Mensch schüttelt die Angst ab und fühlt sich frei. Das ist eine Voraussetzung für die Revolution …

… Mit meinen Wanderungen durch die Stadt ging der Dezember hin. Silvester 1979 rückte näher. Ein Kollege rief an, sie wollten einen gemeinsamen Abend veranstalten, ein richtiges, wenn auch diskret getarntes Fest, ob ich nicht Lust hätte zu kommen? Ich lehnte ab; ich hätte andere Pläne. Was für Pläne? wunderte er sich, denn was konnte man an jenem Abend in Teheran schon Großes unternehmen? Seltsame Pläne, erwiderte ich und kam damit der Wahrheit ziemlich nahe. Ich wollte am Silvesterabend zur amerikanischen Botschaft gehen und schauen, wie jener Ort, von dem damals alle Welt sprach, in dieser Nacht aussah. Ich verließ das Hotel um elf Uhr. Ich hatte nicht weit zu gehen, vielleicht zwei Kilometer, und das ständig bergab. Die Nacht war empfindlich kalt, und es wehte ein trockener, eisiger Wind; in den Bergen tobten offenbar Schneestürme. Die Straßen waren wie leergefegt, ich begegnete weder Passanten noch Patrouillen; nur auf dem Valiahd-Platz saß ein Nußverkäufer vor seinem Stand, tief in einen warmen Schal gehüllt, wie bei uns in Warschau die Marktfrauen an der Polna-Straße. Ich kaufte ein Säckchen mit Nüssen und gab ihm eine Handvoll Rials, eine schöne

Stange Geld; es sollte mein Weihnachtsgeschenk sein. Aber er verstand mich nicht. Er zählte den richtigen Betrag ab und gab mir die restlichen Münzen mit ernster, würdevoller Miene zurück. Auf diese Weise wurde meine Geste zurückgewiesen, die mich wenigstens für einen Augenblick dem einzigen Menschen näherbringen sollte, dem ich in dieser ausgestorbenen, froststarrenden Stadt begegnet war. Ich ging weiter und betrachtete die Schaufenster, die immer ärmlicher wurden. Schließlich bog ich in die Takhte-Jamschid ein, ging vorbei an einem ausgebrannten Kino, einer zerstörten Bank, einem leerstehenden Hotel und den verdunkelten Büros der internationalen Fluggesellschaften. Endlich kam ich zur Botschaft. Am Tag hat dieser Ort etwas von einem riesigen Jahrmarkt an sich, von einem Nomadenlager, einem dröhnenden politischen Vergnügungspark, wo man sich einmal gründlich austoben und die Seele aus dem Leib schreien kann. Hier darf man alle Mächtigen dieser Erde in die Schranken fordern, ohne daß einem etwas passiert. Das lockt viele an, der Platz ist stets überfüllt. Aber jetzt, kurz vor Mitternacht, war kein Mensch zu sehen. Mir war, als schritte ich über eine weite, leere Bühne, die der letzte Schauspieler längst verlassen hatte. Lediglich die achtlos hingestellten Dekorationen und die seltsame Stimmung eines von Menschen verlassenen Ortes waren geblieben. Der Wind zerrte an Fetzen von Transparenten und verfing sich knatternd in einer riesigen Leinwand, auf der eine Horde Teufel abgebildet war, die sich am höllischen Feuer wärmte, daneben Präsident Carter im sternenbesetzten Zylinder, der einen Sack mit Goldstücken schüttelte, und der Imam Ali, der sich verzückt auf den Märtyrertod vorbereitete. Auf der Plattform, von der aus sonst erregte Redner die Massen zu wütender Empörung aufpeitschten, standen ein Mikrofon und eine Batterie Lautsprecher. Der Anblick der stummen Lautsprecher verstärkte noch den Eindruck der Leere und Leblosigkeit. Ich ging hinüber zum Haupttor. Wie immer war es mit einem Vorhängeschloß und einer Kette gesichert; beim Sturm auf die Botschaft hatten Demonstranten das Zylinderschloß gesprengt, das nicht mehr repariert worden war. Vor dem Tor standen zwei junge Wächter, die Karabiner über dem Arm, an die hohe Ziegelmauer gelehnt – Studenten, Anhänger des Imams. Sie schienen zu dösen. Im Hintergrund, zwischen den Bäumen, war ein erleuchtetes Gebäude zu erkennen, in dem sich die Geiseln befanden. Obwohl ich die Fenster absuchte, konnte ich nichts entdecken, weder eine Gestalt noch einen Schatten. Ich blickte auf meine Uhr. Es war Mitternacht, jedenfalls in Teheran. Das neue Jahr brach an. Irgendwo draußen in der Welt tönten Glocken und perlte Champagner in den Gläsern, herrschten Freude und Ausgelassenheit, wurde in bunt geschmückten Ballsälen getanzt. Aber dies alles schien sich auf einem anderen Planeten zuzutragen, von dem nichts zu uns drang, kein Laut, nicht der geringste Lichtstrahl. Während ich hier frierend stand, ging mir mit einem Mal die Frage durch den Kopf, weshalb ich jenen Planeten verlassen hatte und an diesen Ort gekommen war, so düster und einsam wie kein anderer. Ich wußte es nicht. Es kam mir einfach in den Sinn, heute abend diesen Platz aufzusuchen. Ich kannte hier niemanden – weder die fünfzig Amerikaner noch die beiden Iraner, mit denen ich mich nicht einmal verständigen konnte. Vielleicht hatte ich gemeint, hier würde sich etwas ereignen? Aber es ereignete sich nichts.

Der Jahrestag der Abreise des Schahs und des Sturzes der Monarchie rückte näher. Aus diesem Anlaß wurden im Fernsehen Dutzende Filme über die Revolution gezeigt. Irgendwie waren sie alle ähnlich. Ständig wiederholten sich dieselben Bilder und Situationen. Den ersten Akt bildeten Szenen, die einen gigantischen Umzug zeigten. Das Ausmaß des Zuges läßt sich kaum beschreiben. Wir sehen einen breiten, reißenden Strom von Menschen, der unaufhörlich dahinfließt und vom frühen Morgen bis späten Abend die Hauptstraße füllt. Es ist eine Flut, eine gewaltige Flutwelle, die im nächsten Moment alles verschlingen und mitreißen wird. Ein Wald hochgereckter, drohender Fäuste, ein gefährlicher Wald. Die Massen singen und skandieren – Tod dem Schah! Wir sehen nur wenige Nahaufnahmen, kaum einzelne Gesichter. Die Kameramänner waren fasziniert vom Anblick dieser Menschenmassen, wie gelähmt von der Größe des Geschehens, dessen Zeuge sie wurden; ganz so, als ob sie am Fuße des Mount Everest stünden. Während der letzten Monate der Revolution wälzten sich diese millionenköpfigen Züge durch die Straßen der iranischen Städte. Die Massen trugen keine Waffen, ihre Stärke lag in ihrer Zahl, in ihrer verbissenen, unerschütterlichen Entschlossenheit. In jenen Tagen gingen alle auf die Straße; das gleichzeitige Ausschwärmen ganzer Städte war bezeichnend für die iranische Revolution.

Der zweite Akt enthält die größte Dramatik. Die Filmleute haben sich mit ihren Kameras auf den Hausdächern postiert. Die folgende Szene werden sie von oben aufnehmen, aus der Vogelperspektive. Zuerst zeigen sie uns das Geschehen auf der Straße. Wir sehen zwei Panzer und zwei Panzerwagen. Auf der Fahrbahn und am Gehsteig haben Soldaten in Helmen und Kampfanzügen Gefechtsstellung bezogen. Sie warten auf etwas. Jetzt zeigt die Kamera einen sich nähernden Demonstrationszug. Zuerst ist er kaum in der fernen Perspektive der Straße auszumachen, aber nun sehen wir ihn in Nahaufnahme. Ja, das ist die Spitze des Zuges. Voran marschieren Männer, aber auch einige Frauen und Kinder. Alle weiß gekleidet. Das bedeutet, bereit zu sterben. Die Kamera zeigt uns ihre Gesichter, noch leben sie. Ihre Augen. Kinder, bereits müde, aber ruhig; sie sind neugierig, was geschehen wird. Wir sehen die Menschenmassen, wie sie direkt auf die Panzer zuschreiten, ihre Schritte nicht verlangsamen, nicht anhalten. Sind die Massen hypnotisiert, verzaubert? Sind es

Verrückte, die scheinbar nichts sehen, scheinbar über unbewohnten Boden schreiten, die in diesem Moment bereits den ersten Schritt zum Aufstieg in den Himmel tun? Nun beginnt das Bild zu wackeln, denn die Hände des Kameramannes zittern, aus dem Lautsprecher tönen Detonationen, Schüsse, das Pfeifen von Kugeln, Schreie sind zu hören. Eine Nahaufnahme von Soldaten, die neue Magazine einlegen. Eine Nahaufnahme vom Turm eines Panzers, der nach allen Seiten schwenkt. Eine Nahaufnahme von einem Offizier, der lächerlich wirkt, weil ihm der Helm über die Augen gerutscht ist. Eine Nahaufnahme von der Straße; dann ein abrupter weiter Schwenk der Kamera über die Hausmauer vis-à-vis, über ein Dach, einen Kamin, den offenen Himmel, ein paar Wolkenfetzen. Leere, Schwärze. Ein Text am Bildschirm erläutert, dies seien die letzten Aufnahmen jenes Kameramannes gewesen, aber andere hätten überlebt und weiteres Beweismaterial gesammelt.

Der dritte Akt zeigt Szenen vom Schlachtfeld. Hingestreckte Leichen, ein Verwundeter schleppt sich auf ein Haustor zu, Menschen rennen, eine Frau schreit und hebt dabei die Arme hoch, ein untersetzter, in Schweiß gebadeter Mann versucht einen Toten wegzuzerren. Die Menge hat sich zurückgezogen, zerstreut, flutet chaotisch durch die Seitenstraßen ab. Ein Hubschrauber knattert niedrig über die Dächer. Ein paar Straßen weiter herrscht schon wieder normaler Verkehr, das tägliche Leben einer Großstadt.

Eine Szene ist mir in Erinnerung geblieben: Ein Demonstrationszug wälzt sich dahin. Als er zu einem Spital kommt, tritt Stille ein. Die Kranken sollen nicht gestört werden. Ein anderes Bild: Am Ende eines Zuges gehen junge Burschen und sammeln in Körbe die Abfälle ein. Der Weg, den die demonstrierende Menge genommen hat, soll sauber sein. Ein Ausschnitt aus einem Film: Kinder auf dem Weg von der Schule. Sie hören Schüsse. Nun laufen sie direkt auf die Soldaten zu, die in die Demonstranten schießen. Sie reißen leere Seiten aus ihren Schulheften und tauchen diese in das Blut, das über den Gehsteig fließt. Dann rennen sie, die Blätter durch die Luft schwenkend, die Straße hinab, um die Passanten zu warnen. Gebt acht, dort wird geschossen! Ein Streifen, der in Isfhan gedreht wurde, wird mehrmals gezeigt. Ein Demonstrationszug überquert einen weiteren Platz, man sieht ein Meer von Köpfen. Mit einem Mal eröffnen von allen Seiten Soldaten das Feuer. Die Menge flieht, es entsteht ein Tumult, Schreie, panisches Gerenne, endlich leert sich der Platz. In diesem Moment, da der letzte Fliehende verschwunden ist und sich der Platz in seiner ganzen nackten Weite auftut, sehen wir, daß in der Mitte des Platzes ein beinamputierter Invalide mit seinem Wägelchen zurückgeblieben ist. Auch er versucht wegzukommen, aber eines der Räder ist blockiert (die Aufnahme zeigt nicht, warum). Verzweifelt versucht er, den Wagen mit den Händen anzuschieben, denn um ihn herum pfeifen die Kugeln, so daß er unwillkürlich den Kopf einzieht. Aber er kommt nicht von der Stelle und dreht sich hilflos im Kreis. Der Anblick scheint selbst die Soldaten zu rühren, die für einen Moment das Feuer einstellen, als warteten sie auf einen besonderen Befehl. Es herrscht absolute Stille. Wir sehen den weiten, leergefegten Platz, und nur in der Mitte, ganz winzig, eine zusammengekauerte Gestalt, die auf diese Entfernung an eine sterbende Motte erinnert; ein einsamer Mensch, der sich gegen ein Netz zur Wehr setzt, das sich immer enger zusammenzieht. Sein Kampf dauert nicht lange. Die Soldaten beginnen wieder zu feuern, nun nurmehr auf ein einziges Ziel, das wenig später endgültig in der Bewegung erstarrt. So bleibt es einige Stunden in der Mitte des Platzes stehen; wie ein Denkmal.

Über das Schreiben

In London steht das Denkmal von Kapitän Robert Falcon
Scott. Scott und seine vier Gefährten kamen im März 1912
auf dem Rückweg vom Südpol ums Leben. Die letzten Wor-
te im später aufgefundenen Tagebuch Scotts sind die drama-
tischste Definition einer Reportage: »Those rough notes and
our dead bodies must tell the tale.«

Geschichte im Werden
Aus dem Leben eines Reporters – Nomadische Notizen

Entdecktes Reisen, Lesen und Reflexion zusammengenom-
men erzeugen meine Texte. Diesen drei tiefen Wurzeln meines
Schreibens gehe ich gleichzeitig nach. Darüber hinaus helfen
mit zwei andere Elemente – die Poesie und die Fotografie.

Die erste Wurzel ist das Reisen als Entdeckung, als Explo-
ration, als Anstrengung: Reisen auf der Suche nach Wahrheit,
nicht nach Entspannung. Mein Reisen bedeutet Aufmerksamkeit, Geduld zur Erkundung, Wille zum Wissen, zum Sehen, zum Verstehen und zur Akkumulation des gesamten Wis-
sens. Solches Reisen ist Hingabe und harte Arbeit.

Die zweite Wurzel ist eine umfangreiche Lektüre zum
Thema. Will man seinem Schreiben eine kubistische Qualität
geben, muß man sich selbst anreichern. Ich baue Zitate ein,
um andere Stimmen erklingen zu lassen, ich lade andere ein,
in meinen Texten zu sprechen. Manchmal glaubt man, eine
Entdeckung gemacht zu haben. Bei der Lektüre wird einem
häufig klar, daß diese Idee schon andere hatten; also versucht
man, in eine andere Richtung oder weiter zu gehen, um
nicht durch Wiederholung banal zu werden.

Die dritte Wurzel, die auf den beiden anderen beruht, ist meine eigene Reflexion. Durch meine Reise- und Leseerfahrung hindurch versuche ich, einen originären Zugang, neue Bilder, neue Beschreibungen, neue Reflexionen zu finden.

Würde eine dieser drei Komponenten fehlen, würde meine Prosa nicht funktionieren. Erst alle drei Komponenten in ihrer Simultaneität ermöglichen ein Vorgehen, das zwar nicht auf Vollständigkeit, aber auf größtmögliche Annäherung zielt. Auch wenn man das wirkliche Bild letztlich nicht erreicht, träume ich davon und kämpfe ich darum, der Wahrheit so nahe wie möglich zu kommen.

*

Ich verstehe mich als Detektiv des Anderen — anderer Kulturen, anderer Denkweisen, anderer Verhaltensweisen. Ich bin Detektiv einer positiv verstandenen Fremdheit, mit der ich in Berührung kommen möchte, um sie zu verstehen. Es geht um die Frage, wie ich die Realität neu und adäquat beschreiben kann. Manchmal nennt man solches Schreiben nicht-fiktionales Schreiben. Ich würde sagen, es handelt sich um kreatives nicht-fiktionales Schreiben. Schöpferische Kraft und persönliche Präsenz sind dafür wichtig. Manchmal fragt man mich, wer der Held meiner Bücher ist: »Ich bin der Held, denn diese Bücher handeln von einer Person, die reist, zuschaut, liest, denkt und über all dies schreibt.«

*

Ich bin nicht in erster Linie Dichter, aber ich gebrauche Poesie als Sprachübung; Poesie ist für mich unverzichtbar. Sie erfordert äußerst sprachliche Konzentration, und das kommt der Prosa zugute. Meine Prosa muß Musik enthalten, und Poesie ist Rhythmus. Wenn ich zu schreiben anfange, muß ich mich in einen Rhythmus einfinden. Ist der Rhythmus des Satzes einmal gefunden, fließt es. Der Rhythmus trägt einen wie ein Fluß, man schwimmt in rhythmischen Bewegungen. Den Rhythmus finde ich durch Intuition. Findet sich die rhythmische Qualität eines Satzes nicht, lasse ich ihn fallen. Erst muß der Satz einen inneren Rhythmus finden, dann die Seite, schließlich der ganze Abschnitt. So verleihe ich der Prosa eine poetische Dimension. Poesie ist von großer Dichte, deswegen darf poetische Prosa nicht sehr viele Seiten umfassen.

★

Ich bemühe mich üblicherweise um kurze Sätze, denn sie erzeugen Tempo und Bewegung. Sie sind schneller und verleihen der Prosa Klarheit. Als ich an *Imperium* schrieb, wurde mir plötzlich klar, daß ich für eine angemessene Beschreibung längere Sätze brauchen würde. Plötzlich veränderte sich der Stil meines Schreibens vollständig. Es lag an der Weite des Themas, die man nicht in kurzen Sätzen erfassen kann. Der Stil muß dem Objekt angemessen sein. Eine Schilderung der endlosen Weite der russischen Landschaft fordert lange Sätze.

★

Neben der Beziehung von Thema und Stil gibt es die zwischen Thema und sprachlichem Material. Als ich *König der Könige* schrieb, wollte ich autoritäre Macht beschreiben. Der autoritäre Blick einer autoritären Macht hat etwas Anachronistisches. Um die Antiquiertheit des Objekts auszudrücken, mußte ich den Eindruck von etwas Überkommenem, unendlich Veraltetem erzeugen. Meine Kritik der autoritären Struktur der Macht drückte sich darin aus, daß ich ihre Unzeitgemäßheit bloßlegte. Dabei ging es zugleich darum, die Überholtheit unseres autoritären Systems in Osteuropa darzustellen. Also las ich sorgfältig die alte, feudale polnische Literatur des 16., 17. und 18. Jahrhunderts. Ich fand wundervolle, vergessene Wörter, die plastisch und farbenreich waren, und ich entwickelte daraus ein eigenes Vokabular.

Die spanische Sprache ist durch einen barocken Reichtum gekennzeichnet, eine Art Rokoko-Effekt, farbig und blumenreich, von spielerischer Imagination und unermeßlicher Phantasie. Die Prosa meines Stückes über den *Fußballkrieg* zwischen El Salvador und Honduras ist deshalb nicht einfach und wenig transparent, weil sie diese hispanischen Traditionen aufnimmt.

In Afrika muß das sprachliche Material tropische Qualitäten beschreiben können. Die zeitgenössische afrikanische Literatur wird nicht in den ursprünglichen Sprachen geschrieben, sondern in Französisch oder Englisch. Das macht es schwer, tiefe Beziehungen zu den traditionalen Sprachen herzustellen. Was man sich anverwandeln kann, muß man von den älteren, nationalen afrikanischen Dichtern lernen. Traditionelle afrikanische Poesie ist Rhythmus, Einfachheit, Wiederholung. Manchmal wird ein Satz immer neu wiederholt, und aus dieser Wiederholung entsteht ein musikalischer Effekt: Musik im traditionellen Afrika meint vor allem die Trommeln, sprechende Trommeln. Nur wenige europäische Schriftsteller haben versucht, die Atmosphäre und das Klima des dichten tropischen Dschungels zu beschreiben. Joseph Conrad ist dem wahrscheinlich am nächsten gekommen. Die Erfahrung der Tropen beeinflußte seine Prosa sehr stark. Wiederholungen, Rituale, Mysterien spielen da hinein, etwas Surrealistisches, etwas, von dem man umgeben ist, ohne daß man ins Herz dieser Dunkelheit eindringen könnte. Die polnische Sprache kennt diese tropische Tradition nicht, und mit diesem Mangel muß ich mich auseinandersetzen.

Soweit es fremden Kulturen zugehört, verlangt jedes neue Thema einen Stilwechsel. Alle anderen Beschreibungsweisen bleiben künstlich. Es muß der Eindruck entstehen, daß aus dem Innern dieses besonderen Klimas, dieser Kultur oder Situation geschrieben wurde.

★

Im Inneren der Prosa muß eine Atmosphäre erzeugt werden. Den sibirischen Frost muß man anders beschreiben als die Glut der Wüste. In der Sahara gibt es Leben nur morgens und abends. Tagsüber sind die Menschen durch die furchtbare Hitze paralysiert. Sie liegen da und warten, bis der Tag vorübergeht. Diese Langsamkeit muß man beschreiben, die Lähmung, die Abwesenheit von Bewegung, die völlig tote Landschaft, die völlige Stille der tropischen Hitze, das Schweigen des tropischen Tages. Die Prosa muß diese Leere dieser Stunden wiedergeben. Im sibirischen Frost dagegen kämpft man mit dem Schnee. Wenn man durch sehr hohen Schnee geht, fühlt man sich oft verloren. Es entsteht das Gefühl, von der Umwelt bedroht zu sein. Die Umwelt ist ein Feind. Es ist eiskalt, und die Kälte ist der Feind. Natur ist nicht passiv, sondern eine aktive Kraft, die jeden Augenblick bekämpft werden muß. Es gibt keine Orientierungspunkte, und man weiß, wenn man länger als zwei Stunden umherirrt, wird man sterben. Man spürt eine ständige Spannung. Eine unbewußte Angst kommt auf. Gute Prosa muß diesen Zustand der Spannung und den Druck dieser aggressiven, gefährlichen Natur wiedergeben.

★

Wenn ich Material für ein Buch sammle oder schreibe, konzentriere ich mich darauf, was Menschen sagen könnten. Meistens treffe ich meine Helden ganz zufällig, aber ihre Art sich auszudrücken, ihre Welt, ihre Betrachtungsweisen sind wichtig, nicht die meinen. Ich versuche, im Schatten zu bleiben. Es geht um ihre Gedanken, ihre Visionen und Reflexionen.

Die Fotografie richtet sich auf einen ganz anderen Aspekt eines Menschen. Man betrachtet sein Gesicht, sein Verhalten, seine Stimmung, die Art seiner äußerlichen Repräsentation. Dies sind ganz unterschiedliche Erfahrungen. Fotografie richtet sich auf die Materialität der Dinge. Die Kamera ist ein Instrument des Eindringens, der Konzentration, der Suche nach Wirklichkeit und Leben. Man entdeckt Dinge, die man ohne Objektiv nicht erfassen würde. Bei der Landschaftsfotografie geht es um Details der Architektur, des Lichts, der Schatten, um einer anderen Dimension der Realität nahe zu kommen. Diese sorgfältige Beobachtung von Details ist beim Schreiben später sehr hilfreich. Je näher man dem Detail kommt, desto näher ist man an der Realität. Das Objektiv einer Kamera wirkt wie ein Selektionsmechanismus, es kann nicht alles ins Bild hineinnehmen. Ein Teil der Landschaft muß gewählt, der besondere Teil einer Menge isoliert werden. Eine Fotokamera muß sich auf bestimmte Gesichter konzentrieren, nicht auf eine unbestimmte Menge, man schaut konkret, nicht abstrakt. So wird man beobachtungsfähiger hinsichtlich der Verschiedenheiten des menschlichen Ausdrucks. Fotografie ist eine exzellente Schule dafür, mit Details zu arbeiten.

★

Ein fotografisches Bild fordert eine Entscheidung darüber, was letztlich gezeigt werden soll. Diese Frage nach dem Rahmen einer Realität stellt sich auch beim Schreiben. Wenn ich etwas beschreibe, betrachte ich es, als sei es eine Fotografie. Fotografie ist immer das Bild eines bestimmten Moments, der zum stillen Objekt wird. Mich interessiert es, einem solchen Bild später Bewegung zu verleihen. Diese Technik habe ich in

Schah-in-schah benutzt. Ich setze das Foto in Aktion, ich verzeitliche es.

★

Ein kubistisches Herangehen bedeutet, den Dingen Vielschichtigkeit, Tiefe und plastische Wirkungen zu verleihen. Es geht nicht darum, ein Gesicht in seinem realistischsten, einfachsten Aspekt zu beschreiben, sondern darum, die Form eines Gesichtes, seine Linien und dies aus verschiedenen Perspektiven zu erkunden, das variierende Licht hervorzuheben, das von ihm ausstrahlt und sich auf ihm bricht. Es geht darum, den Reichtum der Realität einzufangen. Ein fotografisches Porträt hat nichts Mechanisches, sondern entsteht als Kampf um die Komplexität, die Plastizität, den Reichtum des Objekts. Genauso ist es beim Schreiben.

★

Einfache, klare, starke Prosa setzt Überzeugung und Selbstsicherheit des Autor voraus. Diese Empfindung entsteht dann, wenn man zum Zeugen eines Geschehens wird. Wenn ich über etwas schreiben soll, mit dem ich nie direkt in Berührung gekommen bin, fühle ich mich unsicher. Man hat mich mehrmals um ein Porträt Bokassas, des Staatspräsidenten Zentralafrikas, gebeten; ich habe jedesmal abgelehnt, weil ich ihn nie aus der Nähe gesehen habe. Ich kann mir keine treffende Vorstellung von einer Person machen, wenn ich sie nicht mindestens für fünf Sekunden gesehen habe. Schopenhauer hat über die entscheidenden ersten Sekunden geschrieben, in denen sich die Vorstellung von einem anderen Menschen bildet. Man begegnet jemandem, und es formt sich schnell ein positive, negative oder indifferente Empfindung.

Vor zwanzig Jahren habe ich für längere Zeit in Westafrika

gelebt, ich würde aber nicht wagen, heute aus der Ferne darüber zu schreiben. Ich muß meine Erinnerungen auffrischen, wieder den Sand der Sahara berühren, wieder in den Zug nach Banakro im Senegal steigen, wieder mit dem Boot auf dem Niger fahren und über die Geschichte Nigerias lesen. Mich mit der physischen Existenz einer Sache zu konfrontieren, ist unabdingbar für mich.

Vor *Imperium* hätte mein Wissen über die Sowjetunion ausgereicht, um vom Schreibtisch aus ein Buch über das zerfallende Reich zu schreiben. Aber psychologisch wäre ich nicht in der Lage zu gewesen, wenn ich nicht 60.000 Kilometer in Rußland herumgereist wäre, unter so fürchterlichen Bedingungen, daß ich das Unternehmen einige Male abbrechen wollte. Ich sagte mir: »Ich bin nicht stark genug, es ist zu kalt, es gibt nichts zu essen, keine Reisemöglichkeiten, keine Unterkunft.« Natürlich hatte ich etwas Geld, aber was ist Geld an einem entlegenen sibirischen Ort, wo es nichts zu kaufen gibt? Ich litt unendlich. Ich mußte mich zwingen, die Reise fortzusetzen, um mehr verstehen zu können. Reisen macht einen seiner Sache sicherer.

★

Schon während einer Reise entwickelt sich die Konzeption der Story. Mein Gedächtnis ist sehr zuverlässig, wenn es um wichtige Fakten geht. Das spätere Schreiben ist ein Prozeß des Auswählens und der Erzeugung von Einfachheit. Schöne, klare Prosa braucht strenge, anspruchsvolle Selektion. Prosa ist eine derart transparente Form der Literatur, daß ein Leser sofort erkennt, wo der Autor unsicher war und das Material nicht organisieren konnte. Einfachheit erzeugt höchste Transparenz, deshalb ist es kompliziert, einfach zu schreiben. Man kann nicht tricksen oder betrügen. Meine Einfachheit beruft sich auf eine klassische Schule – die von Pascal, Stendhal,

Flaubert oder die der Bibel mit ihren klaren, kraftvollen Sätzen. Ich liebe Tschechows Prosa. Einmal wollte er eine Erzählung über ein Erlebnis auf dem Meer schreiben und suchte verzweifelt nach einer Definition des Meeres. Schließlich las er in der Arbeit einer Schülerin über Homer, daß dessen erster Satz über das Meer lautete: *»Das Meer ist ungeheuer.«* Tschechow meinte: *»Darin steckt alles, was man über das Meer sagen kann.«* Der gelungene Anfang eines Buches besteht für mich in einem einfachen beschreibenden Satz. *Wieder ein Tag Leben*, meine Reportage über Angola, beginnt mit einer höchst einfachen Wendung: *»Drei Monate lebte ich in Luanda im Hotel Tivoli.«* Kein Wort kann man weglassen; darum ist das für mich ein idealer Satz. Sätze sollen einfach sein, die Komposition jedoch polyphonisch. Eine andere Schule der Einfachheit war die Nachrichtenagentur. Als Agenturreporter muß man sich kurz fassen. Ich war Afrika-Korrespondent der sehr armen polnischen Nachrichtenagentur. Um den Staatsstreich in Nigeria 1964 zu beschreiben, hatte ich genau 100 Dollar zur Verfügung. Ein Telex kostete 50 Cent pro Wort. Mir standen also 200 Worte – das sind eine Seite – zur Verfügung, um ein derart kompliziertes politisches Ereignis zu beschreiben. Ich mußte äußerst sparsam mit den Worten umgehen, so entstand keinerlei Versuchung zu einem barocken Stil.

★

Mein Ziel ist es, eine Empfindung zu vermitteln und der Erfahrung einer Situation möglichst nahezukommen. Ich denke nicht vorab über poetologische Konstruktionsprinzipien nach, etwa nach dem Motto: dieser Teil wird Drama, der nächste Poesie, der dritte Essay und der vierte Reportage. Schreiben ist für mich der Prozeß einer vorsichtigen Annäherung. Es ist klar, daß ich keine erschöpfende Beschreibung leisten kann, und gerade das erlaubt es, die traditionellen Schranken der literarischen Genres zu zerstören. Ich muß die herkömmlichen Gattungsregeln überschreiten, um der Wirklichkeit gerecht zu werden und auf neue Weise schreiben zu können.

★

Meine Vorstellungskraft ist nicht abstrakt; ihre Grundlage sind persönliche Erfahrungen. Aus Erfahrung weiß ich, wie bestimmte Menschen sprechen. Viele Schilderungen meiner Bücher resultieren aus Beobachtungen in vergleichbaren Situationen, die ich zur Beschreibung einer bestimmten Szene transponiere. Einem solchen Verfahren liegt Wissen zugrunde, und Ähnlichkeit der Situationen ist eine notwendige Voraussetzung dafür. Nichts bei mir ist völlig freie Imagination, die einzige Manipulation besteht im Komponieren der Struktur, in der Verbindung verschiedener, typischer realer Situationen zu einer verdichteten Aussage im Text. *Ulysses* lebt von der reichen persönlichen Erfindungsgabe von James Joyce. Ich baue Komplexität, indem ich aus objektivem Material auswähle, es transformiere und neu komponiere.

★

Agenturschreibe ist schnell, aber oberflächlich. Sie tendiert dazu, die Welt in Extremen, in schwarz und weiß, gut und schlecht, revolutionär oder reaktionär zu zeichnen. Knappheit geht über alles, und das zieht Simplifizierung nach sich. Der komplexe Reichtum des Lebens geht in unserem Nachrichten-Idiom verloren. Nachdem ich jahrelang Zerrbilder meiner Wahrnehmungen produzieren mußte, entdeckte ich, daß ganze thematische Landschaften jenseits eines wirklich verantwortlichen Schreibens abgehandelt wurden. Was ist eine Tatsache? Im allgemeinen verstehen wir darunter einen politischen, ökonomischen oder historischen Sachverhalt. Aber sind das Klima, sind Gefühle und Affekte, die Stimmung einer Gesellschaft, nicht auch Realitäten? Wo bleiben diese Tatsachen in der Welt der Nachrichten? Ein wichtiger Impuls war die französische *Annales*-Schule der Geschichtsschreibung, die die Definition dessen, was als historische Tatsache anzusehen ist, transformiert hat. Geschichte wurde traditionell als die politische Geschichte von Königen, Regierungen, Institutionen, Kriegen verstanden. Die *Annales*-Schule begann damit, die Rolle des Klimas, der Trockenheiten, der Mentalitäten zu untersuchen. Die Schriften Marc Blochs, Fernand Braudels oder Georges Dubys waren sehr lehrreich für mich. So begann ich, anders zu schreiben. Jedes meiner Bücher wurde praktisch zu einer zweiten Version des Kabels, der sogenannten harten Nachrichten. Die Bücher erzählen die Geschichte, die sich dahinter verbarg.

★

Stark vereinfacht stellt sich mir die heutige Situation der Literatur so dar: Einerseits haben wir die fiktionale Literatur, die sich immer stärker auf das Innenleben, die Psyche des Individuums, konzentriert. Der Ausgangspunkt ist immer die einzelne Person. Heute dominiert das Interesse am inneren Leben und seiner Beziehungen zu dem der anderen, und Beziehung zu den anderen meint in dieser Tradition Beziehung zu nahen anderen, zur Ehefrau, zum Nachbarn, zu Geliebten und Freunden. Am Gegenpol des literarischen Spektrums finden sich Nachrichten – harte, kurze, einfache Berichte. Was findet sich in der Mitte? Ein weitgehend leeres Feld, auf dem ich mich entschlossen habe zu arbeiten. Um Klima oder Atmosphäre, Gefühlslagen und Affekte von Menschen zu beschreiben, muß man auf die Errungenschaften der fiktionalen Literatur zurückgreifen. Und doch erzählen die Nachrichten vom Allerwichtigsten: dem Werden der Geschichte.

★

Das Erinnerungsvermögen der Menschen wird immer kurzatmiger. Wir werden heute zu Zeugen eines Verschwindens des Geschichtsbewußtseins. Geschichte wird durch Collage ersetzt. Die aufwachsenden Generationen wissen kaum noch, was vor 20 Jahren geschah – ein ganz neues Phänomen. Dieser Bruch mit der Vergangenheit wirft die Frage auf, wie vor diesem Hintergrund schreiben, damit nicht alles am nächsten Tag Makulatur wird. Anfang Dezember 1991, als ich an *Imperium* schrieb, mußte ich zu Recherchen nach New York. In den Schaufenstern der Buchhandlungen sah ich eine Flut neuer Titel zu der Frage, ob und wie die Politik Gorbatschows den Bestand der Sowjetunion sichern könnte. Diese Bücher kamen auf den Markt, als die Sowjetunion gerade zu existieren aufgehört hatte. Ihr Erscheinungsdatum war zu ihrem Verfallsdatum geworden. Wie kann man vermeiden, daß das eigene Schreiben so schnell obsolet wird? Meine Antwort darauf ist die »Essayisierung« meiner Prosa. Thomas Mann, besonders seine Romane *Der Zauberberg* und *Doktor Faustus*, waren für mich in dieser Hinsicht von Bedeutung.

★

Heute schreibt ein Autor, nachdem er unzählige Bücher gelesen hat, unzählige verschiedene Meinungen aufgenommen hat und die unterschiedlichsten Fragen auf die unterschiedlichsten Weisen durchdacht hat. Die Scheidung der eigenen geistigen Errungenschaft von dem, was man von außen aufgenommen hat, wird immer schwerer. So werden wir mehr und mehr zu Komponisten oder Architekten. Unsere Vision der Welt bekommt so auf unwillkürliche Weise kubistische Züge. Unbewußt werden wir Teilnehmer an einem kollektiven kreativen Prozeß. Es wird fast unerkennbar, wer wirklich aus einem authentischen Selbst heraus schreibt. Dieses echte Selbst besteht gar nicht mehr, »er selbst«, »sie selbst«, »es selbst« haben streng genommen aufgehört zu existieren. Die Frage nach Talent und Individualität stellt sich immer stärker als Frage nach der Auswahl, Nutzung, Umformung von Material, und wie es mit individuellen Charakterzügen versehen werden kann.

★

Ich lasse mich von meinen Entdeckungen immer noch faszinieren. Ich bin ein neugieriger Mensch. Jedesmal, wenn ich Neues entdecke, versuche ich zu verstehen, wie es beschaffen ist und funktioniert. In jedem Augenblick, in dem man Zeuge eines Ereignisses wird, denkt man: »Wahnsinnig wichtig, unbedingt wichtig!« und notiert jede Kleinigkeit. Drei Monate später wird klar, daß das meiste nicht so wichtig war. Nur Qualität der Beobachtung und, noch stärker, Qualität der Reflexion sind das, was bleiben wird. Man braucht eine Auslese, und diese Wertung von Unwichtigem und wirklich Wichtigem ist entscheidend. Es kommt darauf an, sowenig wie möglich zu schreiben, sorgfältig zu wählen, auszuscheiden, zu schneiden, zu reduzieren, wegzuwerfen, eine von hundert Beobachtungen zu bewahren. Für diesen Vorgang habe ich keine Regeln, Intuition und Wissen sind meine einzigen Kriterien. Oft ist das Werten und Verzichten psychologisch eine Qual.

★

Erst spät begriff ich, daß man nur an der Werkstatt arbeitet. Das heißt, daß es einen physischen Kontakt geben muß zwischen mir und dem Gerät, dem Arbeitsinstrument, der Werkstatt. Ich brauche einen Tisch, Papier, eine Schreibmaschine, einen Bleistift, Stöße von Büchern, lose Blätter, die über den Boden verstreut liegen.

★

Zum Schreiben müssen wir uns in eine Stimmung der Andacht versetzen, wie wir sie empfinden, wenn wir einen dunklen Tann betreten, in eine tiefe Höhle steigen oder, Meter für Meter, ein unbekanntes Verlies erforschen. Dann tun wir den nächsten Schritt: Wir versetzen uns in eine mystische Stimmung, überschreiten eine Grenze, nehmen Kontakt zum Inneren und Höheren auf, versuchen mit diesem in Verbindung zu treten, es zu empfangen, zu spüren, es in uns aufzunehmen.

★

Aufgrund des Krieges habe ich spät zu lesen angefangen: Die großen Historiker wie Gibbon, Mommsen, Ranke, Michelet, Burckhardt oder Toynbee wurden dann wichtig für mich. Dazu die Philosophie, meine Leidenschaft. Dem Existentialismus fühle ich mich sehr nahe. Später bekamen zwei Arten von Schriftstellern große Bedeutung für mich. Einmal die romantische Tradition von Hemingway und Saint-Exupéry, Tschechow und Conrad. Andererseits Autoren wie Thomas Mann oder Marcel Proust, die jener Grenze nahekommen, an der die Unterscheidung zwischen Philosophie und fiktionaler Prosa schwierig wird. *Cool Memories* oder *Amerika* von Jean Baudrillard haben fast keine Story mehr, nur noch Reflexion. Baudrillard halte ich für einen der wichtigsten zeitgenössischen Autoren. Die Leistung von Autoren wie Bruce Chatwin, V.S. Naipaul oder Paul Theroux liegt auf der Hand, aber sie haben mich wenig beeinflußt. Ich gehe einen eigenen Weg.

★

Identifikation ist eine fundamentale Voraussetzung meiner Arbeit. Ich muß mitten unter den Menschen leben, mit ihnen essen oder mit ihnen hungern. Ich möchte Teil der Welt werden, die ich beschreibe, ich muß tief eintauchen und andere Realitäten vergessen. Wenn ich in Afrika bin, schreibe ich keine Briefe und telefoniere nicht nach Hause. Die andere Welt verschwindet. Andernfalls würde ich Außenseiter bleiben. Ich brauche zumindest zeitweilig die Illusion, daß meine Erfahrungswelt die einzige ist. Manchmal geht das über die Illusion hinaus. Manchmal war ich mir sicher, meine letzte Welt zu durchleben und von da aus direkt zum Himmel zu fahren.

★

Über das Sterben an der Front kann ich nicht aus einem komfortablen Hotel fern der Schlacht schreiben. Wie kann ich wissen, wie es innerhalb eines Belagerungsringes aussieht, unter welchen Bedingungen gekämpft wird, welche Waffen, welche Kleidung die Soldaten haben, was sie essen, was sie empfinden. Man muß die Würde anderer Menschen verstehen und akzeptieren und ihre Nöte teilen. Aber es reicht nicht hin, nur das eigene Leben aufs Spiel zu setzen. Am wichtigsten ist der Respekt gegenüber jenen Menschen, über die man schreibt.

★

Ich berichte oft von der Front, aber mich fasziniert nicht die Front an sich. Mich fasziniert der Prozeß, in dem Geschichte gemacht wird. Geschichte wird von Menschen gemacht, die nicht einmal ahnen, wie man sie macht, und die zu Opfern dieser grausamen Göttin »Geschichte« werden. Oft kämpfen sie ohne Wissen, aber so wird Geschichte in unserem Jahrhundert fast allerorten gemacht. Geschichte wird – unglücklicherweise – auch heute noch im Blut, im Kampf, in der Schlacht geboren. Zeugnis kann man davon nur ablegen, wenn man sich auf die Kampfplätze begibt.

★

Bei meiner Risikobereitschaft mag auch ein bißchen kindische Naivität mitspielen. Als ich, verkleidet als Pilot, in einer russischen Maschine versteckt, verbotenerweise nach Nagorny-Karabach flog, war ich eigentlich sicher, daß die Militärs mich entdecken würden. Es war eine fast unmögliche Mission. Hätte man mich erwischt, wäre ich wegen »versuchter Flugzeugentführung« angeklagt worden, und für dieses Kapitalverbrechen schreibt das russische Gesetzbuch die Todesstrafe vor. Man hätte mich wohl nicht wirklich zum Tode verurteilt, aber mit Sicherheit wäre ich im Gefängnis gelandet. Als die Sache dann doch geglückt war, empfand ich die Genugtuung des »Ich hab's wieder mal geschafft!« Das ist ein Spiel. Wenn ein Buch Erfolg hat, empfindet man eine ähnliche Genugtuung. Auch *Imperium* war ein großes Risiko. Ich sagte mir: »Entweder schreibe ich ein außergewöhnlich gutes Buch, oder es wird ein Desaster, und ich bin erledigt.« Es war ein Kampf um mein Leben. Der Wunsch nach einer Atmosphäre extremer Spannung steckt tief in mir. Ohne Herausforderungen werde ich schläfrig und bin unfähig, kreativ zu schreiben. Meine Bücher entstehen auf dem Feld der Handlungen.

★

Schreiben ist ein Dialog, eine Polemik, darüber hinaus ist es die einzige Art, wie man sich über Jahrhunderte, Jahrtausende hinweg verständigen kann.

Jahrzehntelang habe ich mich mit der Dritten Welt beschäftigt, weil ich überzeugt war, daß gerade dort sich die eigentliche Geschichte abspielt. Und dort faszinierte mich die Geschichte in Aktion. Um Europa habe ich einen Bogen gemacht, da es durch die Jaltaer Teilung festgefügt, da alles von Anfang bis Ende bekannt war. Dieses Bild ging mir 1989 in die Brüche, weil dieses Jahr eine völlig neue Situation in Europa schuf und gleichsam eine neue Grundsatzdebatte über Europa eröffnete, die auf zwei Ebenen geführt wird. Die eine ist von der Frage bestimmt, wie Europa heute definiert wird und welche Grenzen es hat; die andere, welchen Platz unser Kontinent in der großen Transformation der Welt einnimmt. Und deshalb wurde Europa für mich interessant.

3. Nach dem Fall des Kommunismus

Deutschland, Amerika und die westliche Welt

Erst seit 1989 ist Europa interessant. Vorher war das eine ziemlich festgefahrene Gegend, es war einfach nichts los hier. Ein bißchen Parteiengezänk, aber nichts von großer historischer Bedeutung. Europa war für mich immer eine Durchgangsstation, wo ich mich zwei, drei Tage zwischen meinen Reisen aufhielt.

Aus Köln, 1984

Der Kölner Dom: ergreifend. Eine Unmenge von Steinen, eingesperrt, gepeinigt, in ein monströses Korsett der Formen, Linien, Säulen gezwängt. Ein Stalagmit, der durch seine dichte Kraft und Größe in Erstaunen versetzt. Ein aufgetürmter Dschungel von Gesimsen, Bögen, Ornamenten. Eine Masse, die uns lähmt, niederdrückt, auf die Knie zwingt.

Das Innere: völlig leer; eisige, kühle Wüste.

Es kommt fast niemand hierher. Manchmal betritt eine Gruppe den Dom, um einen Blick auf den Altar zu werfen, auf die Figuren, auf die Glasfenster. Ein grauhaariger Meßdiener geht mit einer Büchse von Säule zu Säule, im Gleichschritt hin und her, wie ein Wachsoldat. Er schüttelt die Dose – die Dose ist leicht, leer und gibt keinen Ton von sich.

Auf dem Platz vor dem Dom: Vier Personen stehen bewegungslos mit dem Rücken zueinander und halten einander an den Händen. Sie sehen aus wie ein Denkmal, wie ein Denkmal-Happening, wie ein Block, der plötzlich erstarrte. Auf der Brust tragen sie Tafeln mit Aufschriften. Sie protestieren gegen etwas, kämpfen für eine Sache. In ihrer Geschlossenheit, Spannung und Kraft fallen sie unter all den Menschen, die hier locker und ohne ersichtliches Ziel flanieren, sofort ins Auge. Das ist verständlich: Wer kämpft, ist spannungsgeladen, diese Spannung unterscheidet ihn von den anderen. Sein Blick ist konzentriert, auf einen Punkt gerichtet. Unsere Reaktion – gleichgültig, achtlos oder sogar ironisch – scheint ihn nicht zu berühren. Wenn wir uns nicht beteiligen, uns nicht anschließen, bedeutet das nur, daß wir noch nicht reif sind, daß er über uns steht, daß wir noch einen langen Weg vor uns haben, den er bereits gegangen ist. Und daß wir mit Sicherheit denselben Weg zurücklegen müssen. Denselben Weg, in dieselbe Richtung.

Davon sind sie überzeugt, sonst würden sie nicht hier stehen.

Hundert Meter weiter beginnt der Wahnsinn, eine farbenfrohe Zeremonie, das große Mysterium!

Die Hohe Straße – die größte Einkaufsstraße der Stadt.

Wir lassen die eisige Mystik des Doms und den radikalen Protest der Streiter, die Gebete und Kämpfe hinter uns und tauchen ein in die Menge. Denn durch die Hohe Straße strömen Massen, unzählbar, unüberschaubar, ameisengleich. Wälzt sich eine Prozession – ein Strom. Die Menschen drängen geschäftig, eifrig. Man spürt, daß sie alle dieselben Erwartungen, dieselben Bedürfnisse verbinden.

Diese Prozession dringt nie vor bis zum Dom, obwohl der

Dom gleich nebenan steht. Doch diese Prozession findet zu Ehren anderer Götter statt, deren weitläufiger und reicher Pantheon von Neonlichtern, Scheinwerfern, Spiegeln, Messing und Nickel blitzt und glänzt. Seine Tempel erstrecken sich über die ganze Straßenfront.

C&A KAUFHALLE HANSEN BOECKER PARIS-COP MALKOWSKY FOTOQUELLE DUGENA LANGHAROT GETTNER

Im Gegensatz zum menschenleeren Dom finden wir in diesen Basiliken Drängen, Fieber, eine innere Erregung der Menschen, die sich voll und ganz dem Einkaufskult hingeben, an nichts anderes denken können.

Die Religion der Konsumwelt, ihre Triebkraft und Liturgie, ihr ständig von neuem gesprochenes Stoßgebet.

Erst hier kann man sagen, was die Menschen zur wirkungsvollen Arbeit antreibt, zur Anstrengung, zur Teilnahme an dem Wettlauf, mehr, besser, effektiver zu arbeiten: der Anblick der Waren.

Nicht das Versprechen der Ware, sondern ihr Anblick, ihre materielle, greifbare Anwesenheit, ihre Formen und Farben, ihre Fülle, Eruption, Lawine: die Tatsache, daß sie in solcher Fülle bei der Hand ist, daß einem der Kopf schwirrt, daß man sich diesem stetigen Wochenrhythmus hingibt – fünf Tage eifrig und schwer zu arbeiten, um am Morgen des sechsten Tages, am Samstag, am Einkaufsmysterium teilhaben zu können.

Einkaufen als Form gesellschaftlichen Lebens, als eine Art Unterhaltung und Entspannung. Als Spiel.

Die Menschen verabreden sich: Gehen wir zusammen einkaufen – das hat etwas vom Klima eines östlichen Marktes an sich, eines persischen oder arabischen Suks, also von Orten, die gleichzeitig Tempel des Warenangebotes und Tempel der Kultur sind. Das Erlangen der Ware wird hier nicht zum Ziel an sich und findet nicht in einer Atmosphäre des Kampfes, des Konflikts und der Aggression statt, sondern, im Gegenteil

– es geht hier um Kontakte, um das Einandernäherkommen, um die Gemeinsamkeit.

Der Kult der samstäglichen Einkäufe dauert ein paar Stunden.

Nachmittags leert sich die Hohe Straße.

Die Prozession verschwindet.

Die Verkäuferinnen schließen die Warenhäuser, die Besitzer machen ihre Läden dicht. Es verschwinden die Drehorgelspieler, es verschwinden die Maler, die ihr Geld damit verdienen, das Antlitz Jesu auf das Pflaster zu zeichnen, es verschwindet der Geiger, der stets nur Mendelssohn spielt, und die Rockband, die ein Konzert auf Glasscherben gibt. Man sieht keine mit Paketen beladenen Menschen mehr, keine Maroniverkäufer, hört keine Tramways.

Köln hört auf zu existieren.

Und wenn dann an diesem leeren, toten, langweiligen und hoffnungslosen Samstagnachmittag alles dichtgemacht, verriegelt und verschlossen ist und sich daher in den Straßen, auf den Plätzen, an den Haltestellen keine Seele mehr blicken läßt, dann kann man am besten erkennen, was diese Stadt ausmacht: nämlich der Handel.

Diese Stadt machen die mit Waren gefüllten Läden aus, das Wandern von Schaufenster zu Schaufenster, das Schauen, das Betrachten, das Berühren, das Fragen nach Preisen; sie machen das gemeinsame Sitzen in den Bars, an Restauranttischen, auf Caféterrassen aus;

Gespräche, das Austauschen von Gedanken, Diskussionen, Polemiken, die Suche nach etwas Neuem, die Suche nach Wichtigem;

Lichter, Glanz, das Zucken der Neonlichter, Flimmern von Farben, Bewegung, Gedränge, Laufen, Wirbel, Gesumme, Getöse, Benommenheit;

Straßen, die einen verführen, einem zurufen, einen mit Schaufenstern, Reklamen, Neuigkeiten, Ideen, Wundern, Flitter umzingeln; die kochen, Funken sprühen, dröhnen, hupen, fliegen, explodieren; es ist der Markt, der die Stadt ausmacht.

Aus Berlin, 1994

In Berlin drehte ich das Radio an und stellte es, in der Absicht, einen Sender mit guter Musik einzugeben, auf automatischen Suchlauf: Es meldeten sich hintereinander über ein Dutzend Stationen aus der ganzen Welt. Ich war den ganzen Abend damit beschäftigt, eine nach der anderen zu hören. Und es tut mir nicht leid um die vergeudete Zeit, denn ich machte eine Entdeckung: Alle Stationen spielten dasselbe – dieselbe Musik, denselben Beat, Pop, Heavy Metal, Rap, Hip Hop usw., abwechselnd. Wenn es Worte zu dieser Musik gab, waren die meist englisch.

Ein neues Hörerlebnis, ein neuer Geschmack, eine neue Aufnahmefähigkeit, gerichtet auf einen Laut, einen Ton, einen Rhythmus.

Diese Ausschließlichkeit, dieses Monopol ist am auffallendsten. Eine Überfülle technischer Mittel, der Elektronik, aller möglichen Lichtleiter, Satelliten, Compact Discs und Laser, und gleichzeitig eine fortschreitende Verarmung des Inhalts, Monotonie, betäubende Langeweile.

Während meines einjährigen Aufenthaltes in Berlin (1994) hörte ich Dutzende von Diskussionen, die Deutsche miteinander führten. Alle endeten stets mit der Frage, wie es dazu kommen konnte (dazu – das heißt zum Nazitum, zu Hitler). Es gab keine Antwort. Die Jüngeren stellten unentwegt neue Fragen, während die Älteren immer tiefer in Schweigen versanken. Ältere und Jüngere. Die totalitäre Erfahrung des zwanzigsten Jahrhunderts, die immer noch bedrohlichen, furchteinflößenden Schatten, die Schwächen der menschlichen Natur, welche diese Zeit bloßlegte, haben unüberwindliche Gräben der Fremdheit, Bitterkeit und Verständnislosigkeit zwischen den Generationen aufgerissen. Ich erinnere mich, daß einer, der von der Unterschiedlichkeit der Erlebnisse sprach, Kohl erwähnte. Helmut Kohl hat einmal von der »Gnade der späten Geburt« gesprochen. Die »damals« und die »später« Geborenen – sie sprechen völlig verschiedene Sprachen!

Aus Berlin, 1996

Eine Bank in Berlin, in der Nähe vom Bahnhof Zoo. Eine massive Barriere aus dunkler Eiche trennt die Kunden von den Angestellten. Der Boden auf seiten der Kunden ist höher als auf seiten der Angestellten, weshalb die Kunden auf diese herunterblicken. Dieses topographische Detail ist wichtig für Fräulein Christine, bei der ich meine Schecks einlöse. Ihrem Aussehen nach ist sie nicht viel älter als zwanzig. Sie ist durchschnittlich hübsch, sogar eher häßlich. Eine zu große Nase, tiefliegende, graue Augen, starke, breite Kiefer. Für diese Unvollkommenheiten hat die Natur das Mädchen mit einem Attribut entschädigt – Christine besitzt (das spüren, ahnen und sehen wir sogar teilweise) einen phänomenalen Busen. In diesem Wort »teilweise« kommt schon das ganze uns hier interessierende Spiel zum Ausdruck, eine in ihrer Subtilität faszinierende Darbietung, eine hinreißend kokette, zugleich aber diskrete Pantomime. Denn Christine will gefallen, das ist klar und nur zu verständlich. Und sie weiß natürlich, was an ihr gefallen kann. Doch ihr Problem besteht darin, daß das Schicksal sie mit einem Schatz bedacht hat, den sie nicht so einfach und simpel in der Öffentlichkeit zeigen kann. Diese Frage bereitet ihr viel Kopfzerbrechen: Wie kann ich zeigen, daß ich, wie man das auch immer betrachtet, einen wirklich schönen Busen besitze, ohne gleich den materiellen Beweis vorzuführen? Das Resultat dieses Nachdenkens und Grübelns können wir täglich in unserer Bank bewundern. Wie sorgfältig die Materialien der Blusen gewählt sind, damit sie richtig eng anliegen und kunstvoll straff sitzen. Wie raffiniert die Dekolletés geschnitten sind, um einerseits nicht die Grenze zu überschreiten, die Sitte und Anstand setzen (boshafte Seitenhiebe der Kolleginnen, giftige Blicke der Chefin), andererseits jedoch auch nicht die kleinste Chance zu versäumen, darauf hinzuweisen, daß hinter diesem Ausschnitt wirklich ungewöhnliche Dinge beginnen. Wie viele Versuche, Anproben, Zweifel, Zwiespältigkeiten sind dieser ideal geschnittenen Linie des Dekolletés vorausgegangen, dessen schier unlösbare Aufgabe darin besteht, verführerisch zu entblößen und gleichzeitig züchtig zu verhüllen. Wie viele Journale mußten durchgeblättert, wie viele Läden besucht, wie viele Blicke in den Spiegel geworfen, wie viele Beratungen mit Kolleginnen abgehalten werden? Nachdem sie einmal die ideale Mittellinie zwischen koketter Verhüllung und mutiger Enthüllung gefunden hat, wird Christine zur wachsamen Sklavin derselben: Beugt sie sich zu tief über ihren Schreibtisch, enthüllt sie zu viel, sitzt sie jedoch übertrieben aufrecht, rutscht die Linie des Dekolletés nach oben und verhüllt wieder zu viel. In dieser fließenden, sich ständig ändernden Form des Dekolletés, seiner offensiven Beweglichkeit stecken alle Geheimnisse des Spiels, zu dem dieses Mädchen uns einlädt.

Die Bank, bei der Christine arbeitet, liegt in einer Straße, in der es auch ein paar öffentliche Häuser gibt. Im Sommer stehen hier viele Mädchen, die alles zeigen, was sie haben, um Kundschaft anzulocken. Und doch ist Christine, eine gewöhnliche Bankangestellte, die Attraktion dieser Gegend. Denn hier, in diesem nüchternen, kühlen Kassenraum, werden wir Zeugen einer kunstvollen, verführerischen Pantomime, die bewußt-unbewußt vorgeführt wird, um uns zu erfreuen.

Aus London, 1993

Eine Woche in London, wegen des Erscheinens meines »Fußballkrieges« bei Granta-Penguin. Jede Reise in den Westen ist jetzt, in der Zeit der Freiheitsrevolution in Polen, wie ein Kübel kaltes Wasser für mich. Wie weit wir doch zurück sind, um Lichtjahre! Der wichtigste, meiner Ansicht nach am meisten ins Auge stechende Unterschied: Der Westen – das ist Freundlichkeit; der Osten – Schroffheit, der ständige Wunsch, den anderen aufs Kreuz zu legen, in die Knie zu zwingen.

Aus Zürich, 1993

Toblerplatz in Zürich. Sonntagmorgen. Leer, grau, und doch ist keine niederdrückende, erstickende Dumpfheit zu spüren, weil es hier keine Armut gibt, keinen Schmutz, keinen bröckelnden Putz, keine stinkenden Hauseingänge, keine aus den Angeln gerissenen Türen, keine zerschlagenen Laternen, keine mit Brettern vernagelten Fenster.

Was macht diese Zivilisation zur Zivilisation?

Erstens – die Qualität der Materialien. Der Beton hier ist hell und glatt, der Asphalt eben und fest, das Glas: sauber, das Aluminium: glänzend, die Fensterrahmen: weiß, immer frisch gestrichen;

zweitens – daß hier alles ordentlich und sorgsam gefertigt ist. Nichts ist hier aufgewühlt, aufgerissen, schlampig hingesetzt, hingeschmissen;

drittens – das Verhalten der Menschen ist bestimmt von exakter Pünktlichkeit. Am Toblerplatz hält die Straßenbahn Nummer 6. Sie fährt hier alle 15 Minuten. Ich stehe an der Haltestelle, die leer ist, weil noch 6 Minuten Zeit sind bis zur nächsten Straßenbahn. Diese 6 Minuten widmen die Menschen irgendwelchen Aufgaben, vertrödeln sie nicht mit Warten. Eine Minute vor der planmäßigen Ankunft der Straßenbahn füllt sich die Haltestelle. Die Menschen steigen ohne Eile ein. Keiner erregt sich, weil keinen etwas aus der Fassung bringen kann (zum Beispiel, daß die Straßenbahn nicht rechtzeitig kommt oder daß sie abfährt, ohne alle Wartenden mitzunehmen).

Das Verhältnis zwischen Mensch und Umgebung ist im Osten anders als im Westen. Im Westen behandeln die Menschen ihre Umgebung als Erweiterung ihrer selbst; wenn sie daher die Straße fegen oder Fenster putzen, dann entspringen diese Tätigkeiten demselben Bedürfnis und Wunsch, dem sie nachkommen, wenn sie ein sauberes Hemd oder ein ordentlich gebügeltes Kleid anziehen.

Für den Menschen im Osten ist die Umgebung gleichgültig. Er versucht erst gar nicht, ihr Schliff, Politur, ästhetischen Rang zu verleihen. Den Abfall wirft er direkt vors Haus, das Abwaschwasser schüttet er aus dem Fenster. Begriffe wie Konservieren, Polieren, Streichen sind ihm fremd. Er kommt mit den Dingen nur einmal in Berührung. Zum Beispiel, wenn er einen Zaun aufstellt. Dann geht der Zaun kaputt, wird morsch, fällt um – aber das interessiert den Menschen des Ostens schon nicht mehr. Er sieht keine Verbindung zwischen der Qualität des eigenen Lebens und der Qualität seiner Umgebung. Die Welt des Schmutzes und der Unordentlichkeit beginnt genau an der Grenze seiner Haut.

Aus New York, 1983

Immer, wenn ich durch Manhattan gehe, habe ich den Eindruck, ich befände mich an Bord eines großen Schiffes. Alles um mich herum scheint zu schwanken. Die Wolkenkratzer sind wie gigantische Masten, über die Wolkenherden ziehen. Man spürt das Meer. Es ist hier irgendwo, unter meinen Füßen.

★

Gespräch mit K. über die hiesigen Schulen. Schon ab der ersten Klasse beginnt die Auswahl. Sie wählen die Besten aus, nur diese zählen, nur denen schenkt man Aufmerksamkeit. Die übrigen werden sich selber überlassen, sie können lernen oder auch nicht – das ist ihre eigene Sache. Doch gerade diese übrigen interessierten mich, dieser Rest, der sich weigert, am ständigen Wettbewerb teilzunehmen, den das Leben hier darstellt. Sie wollen einfach nur durchschnittlich sein – erklärt K. – sie wollen nur so viel Platz einnehmen, wie sie als nötig erachten.

★

Washington, Ecke N Street und Connecticut Ave. Ganz oben am Eckgebäude ist eine Tafel mit der Aufschrift WELTBEVÖLKERUNG angebracht. Unter der Schrift läuft ein elektronisches Band sich ständig ändernder Zahlen.
2. Juni 1983. 8.41 Uhr
4 556 157
JEDE MINUTE 172 PERSONEN MEHR.
Wer hat diese Tafel dort angebracht? Einer, der sagen wollte – Meine Lieben, macht wenigstens ein Momentchen Pause! Laßt uns Luft schöpfen!

Jetzt, im Sommer, wird die Tafel von einem hohen, grünen Kastanienbaum verdeckt. Unter der Kastanie steht ein Kiosk mit Obst – Orangen, Ananas, Äpfeln, Erdbeeren.

★

Die große Popularität von Biographien aller Art (in jeder Buchhandlung gibt es eine große eigene Abteilung für Biographien). Das hat etwas von einer Selbstverteidigung des Menschen gegen die fortschreitende Anonymisierung der Welt an sich. Die Menschen verspüren die Notwendigkeit, weiterhin mit konkreten Menschen zu verkehren, mit jemandem, der ein Gesicht besitzt, bestimmte Gewohnheiten, Sehnsüchte. Die Popularität von Biographien läßt sich auch dadurch erklären, daß die Menschen sehen möchten, wie dieser Große zu seiner Größe kam, daß sie seinen Stil abschauen möchten.

Aus New York, 1988

Penn Station in der Nacht. So viele Verrückte, so viele Rauschgiftsüchtige, so viele Arme. Und neben ihnen die Masse der wohlhabenden, gepflegten, organisierten, eifrigen Beamten, erfolgreichen Kaufleute. Die Grenze, die die beiden voneinander trennt, ist faszinierend; es ist faszinierend, diese Grenze zu überschreiten.

Diese Armen, ihre Ungepflegtheit, Apathie, ihre Lumpen und die leere Flasche in der Hand, ihre Gemeinschaft, die dir unzugänglich bleibt, ihr Blick, den ich nicht beschreiben kann.

★

Es gibt einen Ort, an dem sich die Amerikaner wie in der Kirche benehmen: still, andächtig, fromm – in der Bank.

Modelle des Konsums

Modelle des Konsums werden leichter verbreitet als Modelle der Arbeit. Diese Modelle des bequemen, satten Lebens werden heute durch Fernsehen, Radio und Presse in die fernsten Winkel der Erde getragen. Doch das, was wir so oft im Fernsehen und auf Fotografien sehen, ist Teil der Welt des Konsums und nicht der Produktion, wir sehen die Ergebnisse der effektiven Arbeit, nicht jedoch die Arbeit selber. Von da ist es nur ein Schritt zur naiven Überzeugung, daß sich hoher Konsum ohne effektive Arbeit und gute Organisation erreichen ließe. Diese Art des Denkens (oder eher, Nicht-Denkens) ist Ursache für zahlreiche Frustrationen und gesellschaftliche Gereiztheit. Passend erscheint hier die Definition der Revolution, die Herbert Marcuse liefert: »Sie ist ein Aufruhr von Menschen, denen Bedürfnisse eingepflanzt wurden, die sie nicht befriedigen können.«

Tendenzen der modernen Welt (Thesen für einen Essay):

1 – der Übergang von der Revolution von unten (spontan, blutig, zerstörerisch) zur Revolution von oben (gelenkt von Eliten, eingeschränkt von ihren Interessen) und der verhandelten Revolution (in der die ehemalige herrschende Klasse die politische Macht abgibt, aber die wirtschaftliche Macht behält);

2 – die entwickelte, reiche, herrschende Welt versucht, Kriege und Konflikte aus ihrem Territorium »zu verdrängen«,
über den Limes hinaus, und sie dort zu isolieren oder in
Vergessenheit geraten zu lassen (meist beides);

3 – der etappenförmige Übergang von der Massenge-
sellschaft (die vorwiegend in den entwickelten Ländern
herrscht) zur planetaren Gesellschaft (verbunden durch
Elektronik, Informatik, den Markt billiger Waren, Massen-
kultur, Massenkommunikation usw.);

4 – das Entstehen – innerhalb eines Staates, aber auch welt-
weit – von zwei großen Klassen: der herrschenden Klasse
der Eliten (upperclass) und der unteren, ärmeren Klasse
(underclass). Die immer tiefere Kluft im Niveau und Le-
bensstandard der beiden Klassen;

5 – die Krise der Kultur: zunehmende Bedeutung eines irrationalen Faktors im Leben des einzelnen und der Gesellschaft (Sekten, Parapsychologie), Niedergang der traditionellen Werte (Ehre, Loyalität, Solidarität, Güte, Hingabe
usw.). In den zwischenmenschlichen Beziehungen wird
der Dialog vom Monolog verdrängt. Triumph der Technik
über die Kultur.

Paradoxe der Macht

»Die Erfahrung eines Menschen, der selbst in einem totalitären System gelebt hat, macht ihn empfindlicher für den Totalitarismus in anderen Ländern und Kulturen. Leute ohne diese Erfahrungen werden gewisse Dinge einfach nicht wahrnehmen können. Als ich in den Iran ging, war das erste, was mir auffiel, die Macht der Religion. Weil ich die Macht der Kirche aus Polen kannte. Auch hier ist die Kirche die höchste Autorität, und in diesem Sinne hat unsere Revolution vieles gemeinsam mit der Revolution in Iran. Es handelt sich also nicht um eine Allegorie, sondern um die Identität von Erfahrungen.«

Die irrationalen Momente der Geschichte

Am faszinierendsten sind die irrationalen Momente in der Geschichte. Die Revolten, die Ausbrüche kollektiver Emotionen, die Zerstörungswut, die Eruptionen von Selbstzerstörung. Ihre verblüffenden Ursachen. Oft Belanglosigkeiten als Auslöser. Die plötzliche Freisetzung mächtiger Energien. Und wie dann alles wieder in sein altes Bett zurückkehrt, wie der Strom langsamer wird und durch sein seichtes Wasser wieder der sandige Grund durchscheint.

Anatomie eines Staatsstreichs

Am Samstag, den 15. Januar, führte die Armee in Nigeria einen Staatsstreich durch. Um ein Uhr nachts wurden alle Militäreinheiten des Landes in Alarmbereitschaft versetzt. Die vorgesehenen Einheiten gingen daran, ihre jeweiligen Aufgaben zu erfüllen. Die Durchführung eines erfolgreichen Staatsstreichs war insofern schwierig, als dieser in fünf Städten gleichzeitig losschlagen mußte: in Lagos, der Hauptstadt der Föderation, und in den Hauptstädten der vier Regionen Nigerias – in Ibadan (Westnigeria), Kaduna (Nordnigeria), Benin (Mittelwestnigeria) und Enugu (Ostnigeria). In einem Land, das flächenmäßig dreimal so groß ist wie Polen und 56 Millionen Einwohner hat, führte eine Armee den Staatsstreich durch, die knapp achttausend Mann zählte.

Samstag, zwei Uhr nachts.

Lagos: Militärpatrouillen (Soldaten in Helmen, Felduniform, mit automatischen Waffen) besetzen den Flughafen, die Rundfunkstation, die Telefonzentrale und die Post. Auf Anordnung des Militärs schaltet das Kraftwerk in den afrikanischen Vierteln den Strom ab. Die Stadt schläft, die Straßen sind leer. Die Nacht zum Samstag ist sehr dunkel, heiß und schwül. An der King George V. Street halten ein paar Jeeps. Das ist eine kleine Straße am Ende der Insel Lagos (nach der die ganze Stadt benannt wurde). Auf der einen Seite liegt das Stadion. Auf der anderen stehen zwei Villen. Eine ist die Residenz des Premierministers der Föderation, Sir Abubakar Tafawa Balewa. In der zweiten wohnt der Finanzminister, Chief Festus Okotie-Eboh. Militär umstellt beide Villen. Eine Gruppe Offiziere betritt die Residenz des Premierministers, weckt ihn und nimmt ihn mit. Eine zweite Gruppe verhaftet den Finanzminister. Die Wagen fahren ab. Ein paar Stunden später verkündet ein offizielles Regierungskommuniqué, der Premierminister und sein Minister seien »in eine unbekannte Richtung entführt worden«. Das weitere Schicksal von Balewa ist bis jetzt nicht bekannt. Es heißt, er werde in einer Kaserne gefangengehalten. Viele meinen, er sei ermordet worden. Manche Leute behaupten, Okotie-Eboh sei ebenfalls ermordet worden. Sie beharren darauf, daß er nicht erschossen, sondern »zu Tode geprügelt wurde«. Diese Version entspricht vielleicht nicht so sehr den Fakten und bringt eher die allgemein herrschende Meinung über diesen Menschen zum Ausdruck. Er war äußerst unsympathisch, brutal und verfressen. Ein monströser Koloß, schwerfällig und fettleibig. Er hatte durch Korruption ein gigantisches Vermögen zusammengerafft. Die Menschen behandelte er mit größter Verachtung. Balewa war genau das Gegenteil – sympathisch, bescheiden, ruhig. Groß, hager, beinahe asketisch, ein Moslem.

Die Armee besetzt den Hafen und umstellt das Parlament. Patrouillen fahren durch die Straßen der schlafenden Stadt.

Es ist drei Uhr nachts.

Kaduna: Am Rande der Hauptstadt von Nordnigeria liegt die Residenz von Ahmadu Bello, Premierminister dieser Region, ein einstöckiges, von einer Mauer umgebenes Gebäude. Offizielles Staatsoberhaupt Nigerias ist Dr.Nnamdi Azikiwe. Regierungschef: Tafawa Balewa. Doch die eigentliche Macht im Lande besitzt Ahmadu Bello. Den ganzen Samstag hindurch empfängt Bello Besuche. Den letzten Besuch stattet ihm um neunzehn Uhr eine Gruppe Fulani ab. Sechs Stunden später bringt eine Gruppe von Offizieren in Büschen gegenüber der Residenz zwei Mörser in Stellung. Anführer dieser Gruppe ist Major Chukuma Nzeogwu. Um drei Uhr morgens fällt aus einem Mörser ein Schuß. Das Geschoß explodiert auf dem Dach der Residenz. Feuer bricht aus. Das ist das Signal für den Angriff. Die Offiziere stürmen zuerst das Wächterhaus des Palastes. Zwei von ihnen kommen im Schußwechsel mit der Leibwache des Premiers ums Leben, die übrigen dringen in den brennenden Palast ein. Im Gang treffen sie auf Ahmadu Bello, der aus seinem Schlafzimmer läuft. Bello wird tödlich von einer Kugel in die Schläfe getroffen.

Die Stadt schläft, die Straßen sind leer.

Es ist drei Uhr nachts.

Ibadan: der Palast des Premierministers von Westnigeria, Chief Samuel Akintola, steht auf einem der sanften Hügel, auf denen dieses aus ebenerdigen Häusern bestehende Stadt-Dorf liegt, das man »das größte Dorf der Welt« nennt und das eineinhalb Millionen Einwohner zählt. Seit drei Monaten toben in dieser Region blutige Kämpfe, in der Stadt herrscht Polizeistunde, der Palast Akintolas wird scharf bewacht. Das Militär setzt zum Sturm an, es kommt zu einem Schußwechsel, dann zu einem regelrechten Gefecht. Eine Gruppe von Offizieren dringt in den Palast ein. Akintola findet, von dreizehn Kugeln getroffen, auf der Veranda den Tod.

Es ist drei Uhr nachts.

Benin: die Armee besetzt die Rundfunkstation, Post und andere wichtige Objekte. Soldaten beziehen an den Ausfallstraßen der Stadt Stellung. Eine Gruppe von Offizieren entwaffnet die Polizisten, die vor der Residenz des Premierministers der Region, Denis Osadebayo, Wache halten. Es fällt kein einziger Schuß. Hin und wieder fährt ein grüner Jeep mit ein paar Soldaten durch die Straßen.

Es ist drei Uhr nachts.

Enugu: die Residenz des Premierministers von Ostnigeria, Dr. Michael Okpara, wird still und unbemerkt umstellt. Im Inneren schläft außer dem Premierminister noch dessen Gast, der Präsident von Zypern, Erzbischof Makarios. Der Anführer der Rebellen sichert beiden zu, daß sie sich frei bewegen können. In Enugu ist die Revolution liebenswürdig. Andere Gruppen der Armee besetzen die Rundfunkstation, die Post und sperren die Ausfallstraßen der Stadt, die immer noch schläft.

Der Umsturz wurde in fünf Städten Nigerias gleichzeitig

und mit Erfolg durchgeführt. Im Verlauf weniger Stunden machte sich eine winzige Armee faktisch zum Herrscher über dieses riesige Land, eine afrikanische Großmacht. In einer einzigen Nacht enden Hunderte politische Karrieren durch Tod, Verhaftung oder die Flucht in den Busch.

Samstag – Morgen, Mittag und Abend.

Lagos erwacht, es weiß noch von nichts. Für die Stadt bricht ein ganz normaler Tag an – die Läden werden geöffnet, die Menschen gehen zur Arbeit. In der Innenstadt selbst sind keine Soldaten zu sehen. Doch auf der Post bekommen wir zu hören, daß die Verbindungen zur übrigen Welt unterbrochen sind. Man kann keine Fernschreiben aufgeben. In der Stadt kursieren die ersten Gerüchte. Die meisten wollen wissen, daß Balewa verhaftet ist. Daß das Militär einen Staatsstreich durchgeführt hat. Ich fahre zur Kaserne in Ikoyi (ein Viertel von Lagos). Aus dem Tor rollen Jeeps mit Patrouillen, ausgerüstet mit automatischen Waffen, mit Maschinengewehren. Frauen, die davon leben, daß sie auf der Straße kochen und einfache Speisen verkaufen, schlagen hier ihr qualmendes Lager auf.

Am anderen Ende der Stadt tritt das Parlament zusammen. Vor dem Gebäude viele Soldaten. Sie durchsuchen uns beim Eintreten. Von den 312 Mitgliedern des Parlaments sind nur 33 gekommen. Ein einziger Minister ist erschienen – R. Okafor. Er macht den Vorschlag, die Tagung zu verschieben. Die anwesenden Abgeordneten verlangen Erklärungen: Was ist geschehen? Was geschieht jetzt? Darauf betritt eine Patrouille von acht Soldaten den Saal und treibt die Versammelten auseinander.

Der Rundfunk sendet Musik. Keinerlei Verlautbarungen. Ich fahre zum Korrespondenten von AFP, David Laurell. Wir sind beide den Tränen nahe. Das sind für Journalisten die schlimmsten Momente: Sie haben Nachrichten von internationaler Bedeutung an der Hand, können sie aber nicht übermitteln. Wir fahren zusammen zum Flughafen. Er wird von einer Abteilung der Marine bewacht. Er ist leer, es gibt keine Passagiere, keine Flugzeuge. Auf dem Rückweg werden wir von einem Militärposten angehalten: Sie wollen uns nicht in die Stadt lassen. Es gibt eine lange Diskussion. Die Soldaten sind freundlich, höflich, ruhig, dann kommt ein Offizier und erlaubt uns weiterzufahren. Wir kehren durch Viertel zurück, die völlig im Dunkeln liegen: Es gibt immer noch keinen Strom. Nur die Händlerinnen haben bei ihren Buden Kerzen oder Öllampen entzündet, wodurch die Straßen von weitem an Friedhofsalleen am Allerseelentag erinnern. Sogar die Nacht ist unerträglich schwül und drückend, so daß man kaum atmen kann.

Sonntag – die neuen Machthaber.

Über der Stadt kreisen Helikopter, doch sonst ist der Tag völlig ruhig. Der Plan zur Durchführung eines solchen Umsturzes (diese Umstürze häufen sich) ist für gewöhnlich das Werk einer kleinen Gruppe von Offizieren, die in Kasernen wohnen, zu denen Zivilisten keinen Zutritt haben. Sie agieren in totaler Konspiration. Die Bewohner des Landes erfahren erst davon, wenn alles vorbei ist, und auch dann meist nur Gerüchte.

Diesmal klärt sich die Lage rasch auf. Kurz vor Mitternacht spricht der neue Staatschef, Generalmajor John Thomas Auiyi-Ironsi, der vierzigjährige Führer der Armee, im Rundfunk. Er sagt, die Armee habe »sich bereit erklärt, die Macht zu übernehmen«, Verfassung und Regierung seien suspendiert. Die Regierungsgeschäfte lägen jetzt beim Obersten Militärrat. Im Land würden Recht und Ordnung wiederhergestellt.

Montag – Ursachen des Staatsstreichs.

In den Straßen herrscht unbändige Freude. Wenn ich nigerianischen Bekannten begegne, klopfen sie mir auf die Schultern, lachen, sind bester Laune. Ich gehe über den Marktplatz – die Menge tanzt, ein Junge schlägt auf einem Blechfaß den Rhythmus. Vor einem Monat war ich Zeuge eines ähnlichen Coup d'États in Dahomey – auch dort jubelte die Straße dem Militär zu. Die jüngste Serie von Militärputschen ist in Afrika sehr populär und wird enthusiastisch begrüßt.

In Lagos langen die ersten Unterstützungs- und Loyalitätserklärungen für die neuen Machthaber ein: »Der 15. Januar«, so heißt es in der Resolution einer der Parteien des Landes, der UPGA (United Progressive Grand Alliance), »wird in die Geschichte unserer großen Republik als jener Tag eingehen, an dem wir zum ersten Mal die wahre Freiheit erlangten, obwohl Nigeria schon seit fünf Jahren unabhängig ist. Der aberwitzige Drang unserer Politiker, sich die Taschen zu füllen, hat den Namen Nigerias im Ausland befleckt

... In unserem Land wuchs eine herrschende Kaste heran, die ihre Macht nur darauf stützte, daß sie gegenseitigen Haß säte, den Bruder gegen den Bruder aufhetzte, alle vernichtete, die anderer Meinung waren als sie. ... Wir begrüßen die neue Staatsmacht genau so, als hätte Gott sie uns geschickt, damit sie die Nation von den schwarzen Imperialisten, von Tyrannei und Intoleranz, von Betrug und den verderblichen Ambitionen jener befreit, die glaubten, sie repräsentierten Nigeria ... In unserem Vaterland darf kein Platz sein für diese politischen Wölfe, die das Land ausgeplündert haben.«

In der Resolution der Jugendorganisation »Zikist Movement« heißt es: »Die allgemeine Anarchie und die Enttäuschung der Massen haben diesen Umsturz notwendig gemacht. In den Jahren der Unabhängigkeit wurden die grundlegenden Menschenrechte von der Regierung brutal mit Füßen getreten. Den Menschen wurde das Recht verwehrt, in Freiheit und gegenseitiger Achtung zu leben. Sie durften keine eigene Meinung haben. Organisiertes politisches Gangstertum und eine Politik der Fälschung machten jede Wahl zur Farce. Statt der Nation zu dienen, waren die Politiker nur damit beschäftigt, Geld zusammenzuraffen. Arbeitslosigkeit und Ausbeutung wuchsen, und die kleine Clique der herrschenden Faschisten kannte keine Grenzen, wenn es darum ging, die Bevölkerung zu drangsalieren.«

So treten eine Reihe afrikanischer Länder in ihrer kurzen Nachkriegsgeschichte bereits in die zweite Etappe ein. Die erste Etappe war die rasche Entkolonialisierung, das Erlangen der Unabhängigkeit. Die Menschen waren überzeugt, die Freiheit würde ihnen ein besseres Dach über dem Kopf, eine größere Schüssel Reis, das erste Paar Schuhe in ihrem Leben bringen. Es würde ein Wunder eintreten – die Vermehrung von Brot, Fisch und Wein. Doch nichts dergleichen geschah. Im Gegenteil – die Bevölkerung wuchs sprunghaft, und es fehlte an Nahrungsmitteln, Schulen und Arbeitsplätzen für sie. Der Optimismus machte bald Enttäuschung und Pessimismus Platz. Die ganze Verbitterung der Menschen, ihre Wut und ihr Haß entluden sich gegen die eigenen Eliten, die nur damit beschäftigt waren, sich rasch zu bereichern. In einem Land ohne große private Industrie, wo die Plantagen Ausländern gehören und die Banken dem fremden Kapital, ist die politische Karriere der einzige Weg, um an ein Vermögen zu gelangen.

Insgesamt schaffen Armut und Enttäuschung der unteren und Gier und Unersättlichkeit der oberen Schichten eine vergiftete Atmosphäre, die das Militär richtig erkennt, das sich als Verteidiger der Erniedrigten und Beleidigten ausgibt, die Kasernen verläßt und nach der Macht greift.

★

Macht und Revier

In La Paz (Bolivien): Die Plaza Murillo ist der zentrale Punkt der Stadt. Am Sonntagmorgen kommen die Herren Politiker hierher, um sich die Schuhe putzen zu lassen. Jede Partei hat ihre eigene Seite des Platzes. Jede Partei hat ihre eigenen Schuhputzer. Jede Partei hat ihre Gassen, in der ihre Mitglieder sich traditionsgemäß treffen und flanieren. Sie haben auch verschiedene Viertel. Es ist wichtig, sich in diesem System zu orientieren, das allen erlaubt, ihr eigenes Leben zu führen, einander auszuweichen, in ihren Schlupflöchern zu hocken.

Architektur der Macht

Festung – Es handelt sich um ein imponierendes Gebäude, das in Accra für 20 Millionen Dollar errichtet wurde (zu einer Zeit, als man dort kaum Brot zu kaufen bekam), nur damit die politischen Führer Afrikas hier vier Tage lang (1966) ihre Beratungen abhalten konnten. Nach Beendigung der Beratung wurde das Gebäude zugesperrt, und seitdem steht es leer und verfällt. In den Tropen wird ein Gebäude, das nicht benützt wird, im Verlauf weniger Jahre zur Ruine.

Die Idee, dieses Gebäude, das State House genannt wurde, zu errichten, wurde von Nkrumah geboren. Die Pläne machten Architekten. Ziel war es, ein Bauwerk zu schaffen, das in sich den Gipfel der Monumentalität, den Glanz des Neuen und ein Maximum an Sicherheit vereinigt. Und genau das wurde erreicht.

Das State House ist ein gigantisches Bauwerk. Es ist zwölf Stockwerke hoch. In gesonderten Anbauten befinden sich ein riesiger Sitzungssaal und eine riesige Empfangshalle. Im Hauptgebäude gibt es sechzig Appartements. Jeder Staatschef und jeder Außenminister hatte sein eigenes Appartement. Jedes Appartement besteht aus zehn Zimmern, zwei Badezimmern, einem Vorzimmer usw. Die Appartements sind mit dem erlesensten Luxus eingerichtet. Als ich das Appartement des Präsidenten von Liberia, Tubman, betrat, blieb mir beinahe das Herz stehen, obwohl ich schon so manches auf dieser Welt gesehen habe.

Mehr noch als diese ungeheuere Verschwendung zieht das Sicherheitssystem die Aufmerksamkeit auf sich. Das Objekt ist so gebaut, daß man immer vor einer Mauer steht: wenn man die Eingangsschwelle überschreitet, wenn man sich nach links oder rechts wendet, wenn man stehenbleibt. Das Gebäude ist konstruiert wie eine russische Matrjoschka. In der großen Matrjoschka steckt eine kleine, in der kleinen eine noch kleinere usw. Hier ist das ähnlich. Hinter der einen Mauer steht eine zweite, hinter der zweiten eine dritte, und in der Mitte liegt das Appartement.

Auf diese Weise sollten die Staatschefs vor Angriffen von außen geschützt werden. Das Militär trug bloß Handfeuerwaffen, und damit hatte es nicht viel ausrichten können. Eine Karabinerkugel vermag die Mauer nicht zu durchschlagen. Die Festigkeit des Mauerwerks war sogar für Artillerie leichten und mittleren Kalibers und für Mörser bis zu einem Kaliber von 160 Millimetern berechnet. Erst schwere Schiffsgeschütze oder ein massierter Bombenangriff hätten der Festung State House größeren Schaden zufügen können. Doch auch an eine solche Eventualität war gedacht. Im Kellergeschoß des State House waren massive Schutzräume eingerichtet, die durch entsprechende Eingänge mit dem restlichen Gebäude verbunden waren. Diese Schutzräume verfügten über elektrisches Licht, fließendes Wasser, Ventilation usw. Hier wären die Staatschefs sogar vor einem Bombenangriff sicher gewesen.

Da hätte es schon eine Atombombe gebraucht.

Da eine Belagerung längere Zeit dauern kann, war auch für genügend Lebensmittelvorräte gesorgt, damit die Führer nicht Hunger leiden müßten. Im rechten Flügel des State House befindet sich ein riesiger Kühlraum, in dem Lebensmittel für ein paar Monate aufbewahrt werden können. Es gab auch Vorräte an Arzneimitteln, Wasser und Getränken.

Darüber hinaus verfügte das State House über zwei voneinander unabhängige Energiequellen (die eine wird vom Kraftwerk gespeist, die zweite vom hauseigenen Generator) sowie über unabhängige Telefonverbindungen mit den wichtigsten Hauptstädten der Welt.

Natürlich besitzt das State House auch ein eigenes Schwimmbad, eigene Cafés, Bars und Restaurants, eine eigene Druckerei, eine zentrale Klimaanlage, ein eigenes Postamt, Fernsehen usw.

Es war auch an ein Verteidigungssystem für den Fall gedacht, daß der Angriff von innen her erfolgen sollte, daß die Führer von einer fünften Kolonne angegriffen würden. Aus diesem Grund verlaufen die Gänge nicht geradlinig und überschaubar, sondern gewunden, gebrochen, elliptisch, abfallend, in Serpentinen, Halbkreisen und Kurven. So kann ein Angreifer nie das ganze Stockwerk im Visier haben. Es genügt ein Sprung um die Ecke, und der Angegriffene ist aus der Schußlinie.

Aus Sicherheitsgründen war es nicht gestattet, State House zu photographieren – weder aus der Nähe noch aus der Ferne. Für dieses Vergehen wurde man von der Polizei eingesperrt. Es war auch nicht erlaubt, vor dem State House stehenzubleiben und es längere Zeit zu betrachten. Wer länger verweilte, mußte sich ausweisen und wurde dann verjagt.

Die Stille in Diktaturen

Welche Stille alle Länder mit überfüllten Gefängnissen atmen! Es ist still um den Staat Somozas, still um den Staat Duvaliers. Welche Anstrengungen unternimmt jeder dieser Diktatoren, um den Idealzustand der Stille zu erhalten, den immer wieder jemand zu stören versucht! Wie viele Opfer und welche Summen das verschlingt! Die Stille hat ihre eigenen Rechte und Bedürfnisse. Es ist ein Gebot der Stille, Konzentrationslager in menschenleeren Gegenden zu errichten. Die Stille verlangt einen großen Polizeiapparat. Sie verlangt ein Heer von Spitzeln. Die Stille fordert, daß Feinde der Stille plötzlich und spurlos verschwinden. Sie hätte es gern, daß ihre Ruhe durch keine Stimme – der Klage, des Protests, der Empörung – gestört wird. Wo eine solche Stimme erklingt, schlägt die Stille erbarmungslos zu und stellt die ursprüngliche Ordnung wieder her – das heißt den Zustand der Stille.

Die Stille besitzt die Fähigkeit, sich auszudehnen, und daher verwenden wir Ausdrücke wie »rundherum herrschte Stille« oder »Stille machte sich breit«. Die Stille besitzt auch die Fähigkeit, Gewicht zuzulegen, und daher sprechen wir vom »Gewicht der Stille«, so wie wir vom Gewicht fester und flüssiger Körper sprechen.

Das Wort *Stille* ist am häufigsten verbunden mit Worten, wie *Friedhof* (Friedhofsstille), *Schlachtfeld* (Stille auf dem Schlachtfeld), *Verlies* (im Verlies herrschte Stille). Dieses Zusammentreffen ist nicht zufällig.

Heute wird viel vom Kampf gegen den Lärm gesprochen, obwohl der Kampf gegen die Stille wichtiger wäre. Beim Kampf gegen den Lärm geht es um die Ruhe der Nerven, beim Kampf gegen die Stille um Menschenleben. Wer viel Lärm erzeugt, den rechtfertigt und verteidigt keiner, doch wer dafür sorgt, daß in seinem Land Stille herrscht, kann sich auf den Schutz des Repressionsapparates verlassen. Daher ist der Kampf gegen die Stille so schwierig.

Es wäre interessant zu untersuchen, wieweit die weltumspannenden Systeme der Massenmedien im Dienst der Information stehen und wieweit im Dienst der Stille und des Schweigens. Wovon gibt es mehr: von dem, was gesagt wird, oder von dem, was nicht gesagt wird? Man kann sich ausrechnen, wie viele Menschen auf dem Gebiet der Werbung tätig sind. Und wenn man nun die Menschen zählte, die damit beschäftigt sind, Stille zu bewahren? Welche Zählung ergäbe mehr?

Timur Lenk und die Schönheit

Die Farbe Bucharas ist das Braun, die Farbe von Ton, der von der Sonne gebrannt wurde. Die Farbe Samarkands ist ein intensives Blau, die Farbe von Himmel und Wasser.

Buchara ist eine Kaufmannsstadt, laut, konkret und materialistisch, eine Stadt der Waren und Märkte, ein einziger Handelsplatz, ein Wüstenhafen, der Bauch Asiens. Samarkand ist vergeistigt, abstrakt, erhaben und schön, eine Stadt der Sammlung und Reflexion, Note und Bild, den Sternen zugewandt. Erkin sagt, ich müsse Samarkand in einer Vollmondnacht sehen. Die Erde bleibt dunkel, Mauern und Türme nehmen das Licht in sich auf, die Stadt beginnt zu leuchten und steigt schließlich empor wie ein Lampion.

H. Papworth äußert in seinem Buch *The Legend of Timur* (London 1937) Zweifel, ob das Wunder Samarkand tatsächlich das Werk Timurs sei, der auch Tamerlan genannt wurde. »Es ist unbegreiflich«, schreibt der Autor, »daß eine Stadt, die mit ihrer ganzen Schönheit und Komposition das menschliche Denken zur Mystik und Kontemplation lenkt, von einem grausamen Dämon, Räuber und Despoten, wie Timur einer war, geschaffen wurde.«

Es ist jedoch unbestreitbar, daß alles, was den Ruhm Samarkands ausmacht, an der Wende vom 14. zum 15. Jahrhundert entstand, das heißt unter Timurs Herrschaft. Timur ist ein verblüffendes historisches Phänomen. Sein Name erregte jahrzehntelang Furcht und Schrecken. Er war ein großer Herrscher, der ganz Asien unterwarf, doch seine Größe hinderte ihn nicht, sich mit Details zu befassen. Timur schenkte den Kleinigkeiten große Aufmerksamkeit. Seine Armeen waren berüchtigt wegen ihrer Grausamkeit. »Wo Timur auftauchte«, schreibt der arabische Historiker Said Wosifi, »strömte das Blut aus den Menschen wie aus Krügen«, und »der Himmel nahm die Farbe von Tulpen an«. Timur führte diese Kriegszüge selbst an, er beaufsichtigte alles. Den Besiegten ließ er die Köpfe abschlagen und aus ihren Schädeln Türme, Mauern und Wege bauen. Und er überzeugte sich persönlich vom Fortschritt der Arbeiten. Er ließ den Kaufleuten die Bäuche aufschlitzen, um dort nach Gold zu suchen. Und er kontrollierte persönlich, ob seine Untergebenen auch eifrig genug suchten. Er ließ seine Feinde und Gegner vergiften. Und er selbst bereitete die Mixturen zu. Er brachte den Tod, und diese Aufgabe nahm ihn die eine Hälfte des Tages in Anspruch. In der zweiten Tageshälfte widmete er sich der Kunst. Timur förderte die Kunst mit derselben Hingabe, mit der er Menschen abschlachten ließ. Im Bewußtsein Timurs gab es zwischen Tod und der Kunst eine hauchdünne Trennlinie, und das ist genau der Punkt, den Papworth nicht begreifen kann. Es muß aber auch gesagt werden, daß Timur nicht alle Menschen umbringen ließ. Er befahl, jeden am Leben zu lassen, der künstlerisches Talent besaß. Das beste Asyl im Reiche Timurs war die Begabung. Timur holte alle Talente nach Samarkand, er warb um jeden einzelnen Künstler. Er ließ keinem auch nur ein Haar krümmen, der den Funken Gottes in sich trug. Die Künste blühten, und es blühte auch Samarkand. Die Stadt war sein ganzer Stolz. An eines der Tore ließ Timur den Satz schreiben: »Wenn du an unserer Macht zweifelst – betrachte unsere Bauten!«, und dieser Satz hat Timur viele Jahrhunderte überlebt. Noch heute schlägt uns Samarkand mit seiner einmaligen Schönheit, seinen vollendeten Formen in seinen Bann. Timur beaufsichtigte jeden Bau persönlich. Was nicht makellos war, ließ er niederreißen, und er besaß einen absoluten Geschmack. Er verglich die verschiedenen Formen der Ornamente, achtete auf die Feinheit der Zeichnung, die Reinheit der Linie. Und dann stürzte er sich wieder in einen neuen Feldzug, ein neues Massaker, ein Blutbad, in Flammen, in Kriegsgeschrei.

Papworth kann nicht verstehen, daß Timur ein Spiel trieb, das sich nur wenige erlauben können. Timur zeigte die Grenzen der menschlichen Möglichkeiten auf. Timur zeigte, was später Dostojewski beschrieb: daß der Mensch zu allem fähig ist. Das Werk Timurs läßt sich in einem Satz zusammenfassen, der von Saint-Exupéry stammt: »Was ich getan habe, hat noch kein Tier getan.« Sowohl im Guten als auch im Bösen. Die Schere Timurs besitzt zwei Messer, ein schöpferisches und ein zerstörerisches. Diese Messer prägen das Handeln jedes Menschen. Nur daß sie für gewöhnlich nicht so weit auseinanderklaffen. Bei dem einen klaffen sie mehr auseinander, bei dem anderen weniger. Bei Timur war die Schere bis zum Anschlag geöffnet.

Erkin zeigt mir in Samarkand das Grab Timurs, das aus grünem Nephrit gebaut ist. Am Eingang zum Mausoleum steht eine Inschrift, die von Timur selber stammt: »Glücklich, wer die Welt aufgegeben hat, ehe die Welt ihn selber aufgab.«

Er starb im Jahre 1405 mit 69 Jahren, auf einem Kriegszug nach China.

Das Sowjetische Imperium

Francesco Petrarca: »Rom fällt nicht durch Feindeshand; keinem menschlichen Wesen wird diese Auszeichnung zuteil werden, kein Volk sich dessen rühmen können. Es ist die Zeit, die Rom besiegt, im wüsten Feld von Ruinen wird es alt und zerfällt langsam, Stück für Stück.*«*
Ich bedauere, daß ich, als ich Imperium *schrieb, diese Sätze, die der Autor der* Sonette an Laura *im Jahre 1341 verfaßt hat, noch nicht kannte und daher auch nicht zitieren konnte. Sie liefern eine ungemein treffende Beschreibung dessen, was 650 Jahre später mit dem* Dritten Rom, *dem Moskauer* Imperium, *geschah!*

Die Existenz Europas

Vor kurzem reiste ich durch Rußland und die ehemalige Sowjetunion, um Material für mein Buch *Imperium* zu sammeln. Und ich muß sagen, daß für mich die elementare Tatsache der Existenz zweier »Europas« nicht nur bestehen bleibt, sondern sich nach dem Jahr 1989 sogar noch erhärtet hat. Das ist auf die gegenseitige Enttäuschung zurückzuführen. 1989 entstanden viele naive Erwartungen – übrigens beiderseits des einstigen Eisernen Vorhangs. Nun haben sich beide Seiten davon überzeugt, daß das sehr unrealistisch war. Osteuropa rechnete damit, sofort ganz einfache Dinge zu erhalten – eine wirtschaftliche Erholung und Reisefreiheit. Da man der kommunistischen Propaganda generell nicht glaubte, nahm man ihr auch nicht ab, daß es im Westen so was wie Rezession gibt. Gleichzeitig meinten viele Menschen, wovon ich mich in Litauen, Lettland und Estland überzeugt habe, wenn sie erst einen eigenen Staat hätten, bekämen sie einen Paß und könnten in den Westen ausreisen.

Der Westen wiederum verrechnete sich gründlich in der dort geltenden Theorie, daß der Kommunismus ein ausschließlich künstliches Gebilde sei, und wenn er abgeschafft würde, werde sofort die Demokratie ausbrechen. Man verschloß die Augen vor der Tatsache, daß es im kommunistischen System zwei Elemente gab, die den östlichen Gesellschaften entsprachen: die soziale Fürsorge des Staates und die Vollbeschäftigung. Heute befinden sich die Beziehungen zwischen Ost- und Westeuropa meiner Ansicht nach in einer tiefen Krise. Die Erwartungen und der Enthusiasmus sind verflogen, geblieben sind Mißverständnisse und gegenseitiges Mißtrauen. Denn es hat sich gezeigt, daß dies wirklich zwei völlig verschiedene Europas sind.

Das Dritte Rom

Als ich im Frühjahr 1989 die Meldungen aus Moskau las, dachte ich: Vielleicht solltest du hinfahren. Auch andere drängten mich dazu, weil Rußland, wenn es einmal erwacht, alle interessiert. Und damals wurden viele von Neugierde gepackt und erwarteten etwas Außergewöhnliches. Ende der achtziger Jahre spürte man, daß die Welt in eine Epoche großer Veränderungen und tiefgreifenden Transformationen eintrat, die an niemandem vorbeigehen würden, an keinem Land und keinem Staat, also auch nicht am letzten Imperium der Welt – der Sowjetunion.

Demokratie und Freiheit fanden damals auf unserer Erde ein zunehmend günstiges Klima. Auf allen Kontinenten stürzten die Diktaturen: Obote in Uganda, Marcos auf den Philippinen, Pinochet in Chile. In Lateinamerika wurden die despotischen Militärregimes von

Regierungen gemäßigter Zivilisten abgelöst, und in Afrika zerfielen die fast überall an der Macht befindlichen (und in der Regel grotesken und korrumpierten) Einparteiendiktaturen und wurden von der politischen Bühne gefegt.

Vor dem Hintergrund dieses neuen und vielversprechenden Weltbildes erschien das stalinistisch-breschnewsche System der UdSSR zunehmend anachronistisch, wie ein heruntergewirtschaftetes, unzulängliches Relikt. Ein Anachronismus allerdings, der immer noch mächtig und gefährlich war. Die Welt verfolgte die Krise des Imperiums mit Aufmerksamkeit, aber auch Besorgnis – alle wußten, daß eine Großmacht betroffen war, die Massenvernichtungswaffen besaß und unseren ganzen Planeten in die Luft jagen konnte. Dieses grimmige und erschreckende Szenario konnte jedoch nicht die weltweite Befriedigung und Erleichterung darüber verdecken, daß der Kommunismus endgültig und unwiderruflich am Ende war.

Die Deutschen sprechen vom *Zeitgeist*. Der Augenblick, in dem sich dieser Zeitgeist, der eben noch traurig und apathisch wie ein nasses Vöglein auf einem Zweig hockte, plötzlich und ohne ersichtlichen Grund (jedenfalls ohne Grund, der sich ausschließlich rational erklären ließe) zum kühnen und freudigen Flug emporschwingt, ist faszinierend und hoffnungsspendend zugleich. Wir alle können das Rauschen dieses Fluges hören. Er weckt unsere Phantasie und verleiht uns Kraft: Und wir beginnen zu handeln.

Wenn es möglich wäre – so plante ich 1989 –, würde ich gern die gesamte Sowjetunion bereisen, alle 15 Unionsrepubliken (ich dachte freilich nicht daran, alle 44 autonomen Republiken, Kreise und Gebiete zu besuchen, denn dafür würde ein ganzes Leben nicht reichen). Die am weitesten vorgeschobenen Punkte dieser Reise: im Westen – Brest, an der Grenze zu Polen; im Osten – der Pazifik (Wladiwostok,

Kamtschatka oder Magadan); im Norden –Workuta oder Nowaja Semlja; im Süden – Astara (an der Grenze zum Iran) oder Termes (an der Grenze zu Afghanistan).

Ein schönes Stück Welt. Die Fläche des Imperiums betrug nämlich 22 Millionen Quadratkilometer, und seine Landesgrenzen waren länger als der Äquator und erstreckten sich über 42 000 Kilometer.

Wenn man bedenkt, daß diese Grenzen überall dort, wo das technisch möglich ist, durch dichte Stacheldrahtverhaue gesichert waren und immer noch sind (ich selber habe solche Verhaue an der Grenze zu Polen, zu China und zum Iran gesehen) und daß dieser Stacheldraht wegen des fatalen Klimas rasch rostet, weshalb immer wieder Hunderte, ja, Tausende von Kilometern erneuert werden müssen, kann man davon ausgehen, daß ein beträchtlicher Teil der sowjetischen Hüttenindustrie nichts anderes zu tun hatte, als Stacheldraht herzustellen.

Denn mit der Verdrahtung der Grenze ist es ja nicht getan! Wieviel tausend Kilometer Stacheldraht braucht man, um den Archipel GULAG einzuzäunen? Jene vielen hundert Lager, Etappenpunkte und Gefängnisse, die über das ganze Gebiet des Imperiums verstreut sind! Und wie viele weitere Tausende von Kilometern verschlang das Verdrahten der Artillerie-, Panzer- und Atomwaffen-Übungsplätze? Und die Sicherung der Kasernen? Und aller Lagerhäuser?

Wenn man das alles mit den Jahren multipliziert, die die Sowjetunion existierte, hat man auch die Antwort auf die Frage, warum man in den Läden von Smolensk oder Omsk weder Hacken noch Hämmer zu kaufen bekommt, von Messern und Scheren ganz zu schweigen: Für die Herstellung dieser Dinge fehlte der Rohstoff, der wurde für die Erzeugung von Stacheldraht gebraucht. Doch auch damit nicht genug! Unzählige Tonnen Stacheldraht mußten per Schiff, per

Eisenbahn, Hubschrauber, Kamel und Hundeschlitten bis in die entferntesten, unzugänglichsten Winkel des Imperiums transportiert werden, wo dann der Draht abgeladen, abgespult, in Stücke geschnitten und befestigt wurde. Man kann sich leicht die drängenden telefonischen, telegrafischen und brieflichen Fragen der Führer der Grenztruppen, der Lagerkommandanten und Gefängnisdirektoren ausmalen, die die Lieferung immer neuer Tonnen Stacheldrahts anmahnten, und ihre Sorge, ausreichende Stacheldrahtvorräte anzulegen, falls in den zentralen Magazinen einmal Ebbe herrschen sollte. Andererseits können wir uns auch die zahllosen Kommissionen und Kontrollgruppen vergegenwärtigen, die kreuz und quer durch das Imperium reisten, um zu prüfen, ob auch alles ordentlich eingezäunt war, ob die Verhaue hoch und dicht genug waren, so fein gewoben und gestrickt, daß nicht einmal mehr ein Mäuschen durchschlüpfen konnte. Und wir können uns die Telefonate aus Moskau an die Untergebenen in der Provinz vorstellen, Telefonate, in denen eine ständige, wachsame Sorge mitschwang, die sich in aller Kürze auf eine Formel bringen läßt: Seid ihr auch wirklich alle gut abgezäunt? Und so waren die Menschen (zum Glück nicht alle), statt Häuser und Spitäler zu bauen, statt die immer wieder undichte Kanalisation und die elektrischen Leitungen zu reparieren, durch Jahrzehnte mit dem inneren und äußeren, lokalen und den ganzen Staat umfassenden Verdrahten ihres Imperiums beschäftigt.

Stacheldraht

Stacheldrahtverhaue. Die Stacheldrahtverhaue sind das, was man als erstes sieht. Sie ragen aus dem Schnee, scheinen sich über dem Schnee zu erheben, Stacheldrahtlinien, -gestelle, -

zäune. Seltsame Konstellationen, Verengungen, Zusammen-
ballungen, ganze Konstruktionen von Verhauen, die Himmel
und Erde verbinden, die aus jedem Fleckchen der beinhart
gefrorenen Felder ragen, aus der weißen Landschaft, dem eisigen Horizont. Auf den ersten Blick erscheinen diese stachel-
bewehrten, grausamen Hindernisse, die sich die ganze Grenze
entlangziehen, wie ein sinnloser, surrealistischer Einfall, denn
wer wollte sich hier schon durchschleichen, in dieser Schneewüste, die sich so weit erstreckt wie das Auge reicht, weglos,
menschenleer, und der Schnee zwei Meter tief, so daß es unmöglich ist, auch nur einen Schritt zu tun. Doch diese Verhaue wollen dir etwas sagen, etwas mitteilen. Sie sagen: Gib
acht, du überschreitest die Grenze zu einer anderen Welt. Von
hier gibt es kein Entrinnen, kein Entkommen mehr. Es ist
eine Welt tödlichen Ernstes, des Gehorsams, der Befehle. Lerne zuzuhören, lerne Demut, lerne, deine Person so klein wie
möglich zu machen. Am besten tu, was dir befohlen wird. Am
besten schweig. Am besten stell keine Fragen.

Mit einem Wort, die Stacheldrahtverhaue erteilen dir die
ganze Zeit über eine Lektion; während der Waggon auf die
Station zurollt, hämmern sie dir in den Kopf, woran du von
jetzt an denken mußt; eindringlich, doch zu deinem eigenen
Besten, bleuen sie dir eine lange Litanei von Einschränkun-
gen, Verboten und Instruktionen ein.

Dann tauchen die Hunde auf. Wütende, hechelnde, tobende Wolfshunde, die sich, kaum daß der Zug zum Stehen
kommt, knurrend und bellend unter die Waggons stürzen;
doch wer wäre schon imstande, bei Temperaturen von minus
vierzig Grad unter einem Waggon hängend mitzufahren? Er
könnte sich in noch so viele Pelzmäntel wickeln, er wäre spä-
testens nach einer Stunde erfroren, wir aber sind nun schon
einen ganzen Tag unterwegs. Der Anblick der schnüffelnden
Hunde ist so faszinierend, daß wir erst nach einiger Zeit ein
anderes Bild wahrnehmen, nämlich die Soldaten, die wie aus

dem Boden gewachsen sind und blitzschnell auf beiden Seiten der Wagen Aufstellung nehmen. Sie stehen so, daß zwischen ihnen Blickkontakt herrscht, daß sich alle Wagen entlang so etwas wie eine ununterbrochene Sichtlinie zieht; wenn daher ein Passagier, ein Verrückter (vielleicht auch Agent, Saboteur oder Spion), aus dem Waggon springen und in die unendliche verschneite Weite fliehen wollte – würde er augenblicklich entdeckt und erschossen.

Wer könnte ihn auf der Stelle, ohne zu zögern, erschießen? Das könnten die Wachen tun, die auf den Türmen stehen und ihre Karabiner auf die Türen und Fenster der Waggons richten (da ich gerade aus dem Fenster schaue, sehe ich einen Karabiner, der direkt auf mich gerichtet ist, ja, wirklich, direkt auf mich!). Andererseits könnte sich so ein Verrückter (Agent, Saboteur oder Spion) ja gar nicht aus dem Zug werfen, um in die verschneite Weite zu fliehen, weil alle Waggontüren und -fenster hermetisch verriegelt sind.

Mit einem Wort, jene ununterbrochene Sichtlinie erfüllt offenbar dieselbe beschwörende Rolle wie die hohen, dichten Stacheldrahtverhaue: Sie ist nichts weiter als eine schweigende, doch unmißverständliche Warnung, auf keine dummen Gedanken zu kommen!

Doch nicht genug damit. Kaum hat sich die Horde der rasenden und vielleicht auch hungrigen Wolfshunde unter die Wagen geworfen, kaum haben die Wachen auf den Türmen ihre Karabiner auf uns gerichtet, da stürmen Soldaten in die Waggons (in der einen Hand eine Lampe, in der anderen eine lange, stählerne Nadel) und treiben alle Passagiere auf den Korridor. Nun beginnt die Suche in den Abteilen, das Wühlen in den Gepäcknetzen, unter den Sitzen, in allen denkbaren Verstecken, sogar in den Aschenbechern. Wände, Decken und Böden werden abgeklopft. Es beginnt ein Absuchen, Abtasten, Durchwühlen, Durchschnüffeln.

Nun packen die Passagiere ihre Sachen zusammen – Koffer, Taschen, Pakete und Bündel – und schleppen sie in das Stationsgebäude, wo lange, mit Blech beschlagene Tische stehen. Überall hängen rote Plakate, die uns freudig in der Sowjetunion willkommen heißen. Unter den Plakaten stehen Zöllnerinnen und Zöllner in langen Reihen, alle bedrohlich, streng und sogar irgendwie vorwurfsvoll dreinblickend, ja, ohne Zweifel vorwurfsvoll. Ich suche unter ihnen ein Gesicht mit etwas sanfteren, entspannteren, offeneren Zügen, weil ich mich selber gern ein wenig entspannen würde, für einen Moment vergessen möchte, daß ich umgeben bin von Stacheldrahtverhauen und Wachtürmen, geifernden Hunden, versteinerten Wächtern, weil ich Kontakt suche, ein paar Höflichkeiten austauschen, plaudern möchte, ohne das kann ich nicht leben.

»Du dort, warum lächelst du?« schnauzt ein Zöllner und mustert mich argwöhnisch.

Ich erstarre. Macht heißt Ernst: In der Begegnung mit der Macht wird jedes Lächeln als Ungezogenheit interpretiert, weil es mangelnde Achtung bedeutet. So wie man keinen der Machtträger grundlos ansehen darf. Aber das kenne ich vom Militär. Unser Korporal Jan Pokrywka bestrafte jeden, der ihn länger als nötig anblickte. »Kommt her!« rief er. »Warum glotzt ihr mich so an?« Und zur Strafe schickte er uns zum Latrinenputzen.

Jetzt geht es los. Öffnen und aufschnüren, entknoten und ausweiden. Stöbern, hinabtauchen, hervorziehen, durchbeuteln. Was ist dies? Und jenes? Und wozu dient das? Und wozu jenes? Und das hier? Und jenes dort? Wofür? Womit? Wohin? Wozu? Am schlimmsten ist man dran, wenn man Bücher hat. Es ist ein Fluch, Bücher mitzuführen. Man kann einen ganzen Koffer voll Kokain mitschleppen und dazwischen ein paar Bücher. Das Kokain wird keinen interessieren, alle Zöllner werden sich gleich auf die Bücher stürzen. Besonders wenn – Gott bewahre! – englische Bücher darunter sind. Das Herumrennen, Kontrollieren, Durchblättern, Lesen, das dann einsetzt!

Obwohl auch ich ein paar Bücher in englischer Sprache dabei habe (vor allem Lehrbücher der chinesischen und japanischen Sprache), ergeht es mir gar nicht so übel. Die schlimmsten Fälle werden zu einem eigenen Tisch dirigiert, sozusagen zu einem Tisch der zweiten Klasse. Es sind Hiesige, Bürger der Sowjetunion, magere und kleine Leute in abgerissenen Mänteln und löchrigen Wattejacken, dunkelhäutige, schlitzäugige Burjaten und Kamtschadalen, Tungusen und Ainu, Orotschen und Korjaken. Wie man sie nach China gelassen hat, weiß ich nicht. Jedenfalls kommen sie zurück und bringen bei der Rückkehr Lebensmittel mit. Aus dem Augenwinkel sehe ich, daß sie Säcke mit Hirse mitführen.

Und ebendiese Hirse wird nun eine wichtige Rolle spielen. Offenbar gehört Hirse, neben Büchern, zu jenen Produkten, die den bösesten Argwohn wecken.

Offensichtlich hat Hirse etwas Zweideutiges an sich, eine arglistige, heimtückische Eigenheit, etwas Trügerisches, denn freilich scheint es sich um Hirse zu handeln, doch es könnte ja sein, daß es nicht nur Hirse ist, zwar Hirse im Prinzip, aber doch nicht zu hundert Prozent. Daher schütten die Zöllner die Hirse auf den Tisch. Der Tisch wird golden und braun, er sieht mit einem Mal aus wie das vor uns hingebreitete Panorama der Sahara. Dann werden die Graupen untersucht. Sorgfältig und aufmerksam werden sie durch die Finger gesiebt. Aus den Händen der Zöllner rinnen schmale Hirsebächlein, es rieselt und rieselt, doch plötzlich – stopp! Die Finger halten inne und erstarren. Sie haben ein seltsam geformtes Körnchen ertastet. Sie haben es ertastet und dem Gehirn ein Signal geschickt, und das Gehirn hat ihnen befohlen – stopp! Die Finger halten inne und warten. Bis ihnen das Gehirn sagt – versucht es noch einmal, wachsam und aufmerksam. Unmerklich und feinfühlig berühren die Finger

Körnchen für Körnchen. Sie betasten vorsichtig jedes einzelne. Die erfahrenen Finger eines sowjetischen Zöllners. Geschult und jederzeit bereit, ein Korn zu quetschen, zu packen, es einzusperren. Doch das Körnchen ist nur, was es ist – ein gewöhnliches Körnchen gewöhnlicher Hirse, und was es von den Millionen anderer auf den Tisch der Zollstation in Sabaikalsk geschütteten Körnchen unterscheidet, ist seine außergewöhnliche Form, bewirkt durch die Unregelmäßigkeit eines Mühlsteins, der sich als schief, als uneben erwies. Das Gehirn des Zöllners kommt schließlich zum Schluß, daß hier kein Schmuggel und kein anderes Vergehen vorliegt, doch es gibt noch nicht auf. Im Gegenteil, es befiehlt, weiter zu sieben, weiter zu forschen, weiter wachsam zu sein und beim kleinsten Schatten eines Zweifels sogleich innezuhalten.

Wir müssen bedenken, dies geschieht in den fünfziger Jahren, zu einer Zeit also, da sich in China altersschwache und schlecht funktionierende Mühlen drehen. Bedenken wir auch, welche Probleme das den Zöllnern in Sabaikalsk bereitet. Unzählige Hirsekörner sind seltsam, verdächtig geformt. Jede Sekunde schicken die Finger ein Signal an das Gehirn. Und das Gehirn befiehlt immer wieder – stopp! Körnchen um Körnchen, Handvoll um Handvoll, Säckchen um Säckchen, Burjate um Burjate.

Ich kann meinen Blick nicht losreißen von diesem Bild. Ich schaue fasziniert hin und vergesse darüber die Verhaue aus Stacheldraht, die Wachtürme und die Wolfshunde. Das sind Finger, wie geschaffen für die feinste Goldschmiedearbeit, geschaffen, Diamanten zu schleifen! Ihre mikroskopisch feinen Bewegungen, ihr gefühlvolles Tasten, ihre Empfindsamkeit, ihre zöllnerische Virtuosität.

Als wir zu den Waggons zurückkehren, ist es schon finster, Schnee fällt und knirscht unter den Stiefeln. In Sabaikalsk habe ich wieder eine Lektion erhalten, nämlich daß die Grenze nicht einfach eine Linie auf der Landkarte ist, sondern eine Schule. Die Schüler, die diese Schule absolvieren, zerfallen in drei Gruppen. Die erste Gruppe – das sind die Blindwütigen. Sie sind am unglücklichsten, weil alles, was ihnen begegnet, sie in Streß, Wut und Raserei versetzt. Weil alles sie zornig macht, sie reizt, sie erschöpft. Ehe sie noch erkennen, daß sie an der sie umgebenden Wirklichkeit ja doch nichts verändern können, hat sie schon ein Herz- oder Gehirnschlag niedergestreckt.

Die Angehörigen der zweiten Gruppe beobachten die sowjetischen Menschen genau und versuchen, deren Denken und Handeln nachzuahmen. Sie versuchen sich mit der bestehenden Wirklichkeit abzufinden, ihr sogar eine gewisse Befriedigung abzugewinnen. In diesem Fall erweist sich ein Spruch als hilfreich, den man sich selber und anderen jeden Abend vorsagen sollte, egal, wie schlimm der eben verstrichene Tag war: Freu dich über diesen Tag, denn so schön wie heute wird es nie mehr sein!

Schließlich die dritte Gruppe, das sind die, die alles interessant, bemerkenswert, außergewöhnlich finden, die diese andere, ihnen bislang unbekannte Welt kennenlernen, erforschen, ergründen wollen. Sie sind imstande, sich mit Geduld zu wappnen, Distanz zu bewahren (doch nur keine Überheblichkeit!) und einen ruhigen, aufmerksamen, nüchternen Blick zu behalten.

Diese drei Haltungen waren charakteristisch für die Fremden, die in das Imperium kamen.

Am Feuer erfrieren

Es sollte Workuta sein und Nacht, doch wir landen bei Tag, im Sonnenschein. Folglich muß es ein anderer Flughafen sein.

Welcher?

Ich rutsche unruhig im Sessel hin und her, doch ich sehe bald, daß nur ich unruhig bin, die anderen zucken mit keiner Wimper. Ich habe in diesem Land vielleicht hunderttausend Kilometer mit dem Flugzeug zurückgelegt. Zwei Beobachtungen von diesen Reisen: Die Flüge sind immer ausgebucht – auf jedem Flughafen warten auf jeden Flug Scharen von Menschen, oft wochenlang, es ist also völlig undenkbar, daß irgendwann ein Sitz frei bleibt. Zweitens: Den ganzen Flug über herrscht in der Kabine Totenstille. Die Passagiere hocken reglos und schweigend in ihren Sesseln. Wenn man Lärmen, Lachen und Gläserklirren hört, heißt das, daß eine Gruppe Polen im Flugzeug sitzt: Aus unerfindlichen Gründen versetzt sie jede Reise in einen Zustand grenzenloser Euphorie, beinahe des Amoks.

Ja, es ist nicht Workuta, es ist Syktywkar.

Ich weiß nicht, wo Syktywkar liegt, und habe vergessen, eine Karte mitzunehmen. Durch tiefen Schnee stapfen wir zum Flughafengebäude. Drinnen ist es heiß, stickig und überfüllt. Keine Rede davon, einen freien Platz auf einer Bank zu ergattern. Auf allen Bänken schlafen Menschen, so tief und fest, fast möchte ich sagen, so endgültig, als hätten sie längst jede Hoffnung fahrenlassen, jemals wieder von hier wegzukommen.

Ich beschließe, die Passagiere meines Fluges nicht aus den Augen zu lassen, damit sie nicht abfliegen und mich allein zurücklassen können. Wir stehen in der Mitte eines großen Saals, denn selbst die Plätze an den Wänden sind alle besetzt.

Wir stehen, mehr können wir nicht tun.

Wir stehen und stehen.

Ich trage einen Lammfellmantel (immerhin bin ich zum Polarkreis geflogen) und beginne daher in dem überfüllten, furchtbar überheizten und ungelüfteten Saal bald zu schwitzen. Soll ich den Mantel ausziehen? Doch was soll ich damit anfangen? In den Händen halte ich mein Gepäck, und Kleiderhaken sind nirgends zu sehen. Wir stehen schon über eine Stunde so da, und dieses Stehen wird immer beschwerlicher.

Doch nicht die stickige Luft und der Schweiß sind am schlimmsten. Am schlimmsten ist, daß ich nicht weiß, was weiter geschehen wird. Wie lange werde ich so in Syktywkar stehen müssen? Noch eine Stunde? Einen Tag? Den Rest meines Lebens? Und warum stehe ich eigentlich da? Warum sind wir nicht nach Workuta geflogen? Werden wir überhaupt je hinfliegen? Wann? Besteht eine Chance, irgendwann den Mantel auszuziehen, sich setzen und ein Glas Tee trinken zu können? Wird das je möglich sein?

Ich mustere meine Nachbarn.

Sie stehen da und starren stur vor sich hin. Genau das: Sie stehen da und starren vor sich hin. Ihnen ist keine Ungeduld anzumerken. Keine Beunruhigung, Verärgerung, Wut. Vor allem aber stellen sie keine Fragen. Vielleicht fragen sie nicht, weil sie alles wissen?

Ich erkundige mich bei jemandem, ob er weiß, wann wir abfliegen. Wenn man hier unvermutet eine Frage stellt, muß man sich mit Geduld wappnen. Man kann dem Gesicht des Befragten deutlich ablesen, daß er erst unter Einwirkung dieses Reizes (der Frage) gleichsam zum Leben erwacht und die mühselige Reise von einem anderen Planeten zur Erde antritt. Und das braucht seine Zeit. Dann beginnt sich auf seinem Gesicht leise, sogar amüsierte Verwunderung abzuzeichnen – was hat dieser Dummkopf zu fragen?

Zweifellos hat der Befragte recht, wenn er den Fragenden einen Dummkopf nennt. Denn all seine Erfahrung lehrt ihn, daß es zwecklos ist, Fragen zu stellen, daß der Mensch ohnehin nur so viel erfährt, wie man ihm – auch ungefragt – mitteilt (oder eher: nicht mitteilt), und daß es, im Gegenteil, sogar sehr gefährlich sein kann, Fragen zu stellen, weil der Mensch, der sie stellt, großes Unglück auf sich ziehen kann.

Seit der Zeit des Stalinismus sind zwar etliche Jahre verstrichen, doch die Erinnerung daran ist immer noch wach, und die Lehren, Traditionen und Gewohnheiten von damals sind geblieben, haben sich ins Bewußtsein eingegraben und werden noch lange das Verhalten der Menschen prägen. Wie viele von ihnen (oder von ihren Angehörigen und Bekannten) sind nur deshalb ins Lager gewandert, weil sie bei Versammlungen oder auch privaten Zusammenkünften dieses oder jenes fragten? Wie viele haben sich damit die Karriere ruiniert? Wie viele die Arbeit verloren? Wie viele ihr Leben?

Jahrelang kannten Bürokratie und Polizei ein ausgeklügeltes System der Nachforschung und des Zuträgertums, das einer einzigen Frage nachspürte: Hat jemand Fragen gestellt? Was hat er gefragt? Nenne den Namen des Fragers!

Das Gespräch zweier enger Freunde vor der Versammlung: »Weißt du, ich möchte auf der Versammlung eine Frage stellen.« – »Ich bitte dich, tu das nicht, sie werden dich einsperren!«

Oder das Gespräch zweier anderer Freunde: »Fedja, ich will dir einen Rat geben.« – »Bitte schön.« –»Ich habe bemerkt, daß du zu viele Fragen stellst. Willst du dich ins Unglück stürzen? Sei gescheit, beherrsch dich, hör auf zu fragen!«

In der Literatur (etwa bei Grossman) finden sich Szenen, die die Heimkehr aus dem Lager beschreiben. Der Mensch kommt nach zehn Jahren Lagerhaft in Sibirien zurück. Er sitzt am ersten Abend zu Hause am Tisch, mit seiner Frau, den Kindern, den Eltern. Sie essen gemeinsam zu Abend, vielleicht unterhalten sie sich sogar, doch keiner fragt den Ankömmling, wo er in all diesen Jahren war, was er gemacht hat, was er ertragen mußte.

Warum soll man ihn fragen?

Der weise Satz aus dem Ekklesiastes: »Wo viel Weisheit ist, da ist viel Grämen.«

In Weiterführung dieses bitteren Gedankens schrieb Karl Popper einmal (ich zitiere aus dem Gedächtnis), daß Unwissen nicht einfach ein passiver Mangel an Wissen ist, sondern eine aktive Haltung, die Weigerung, Wissen anzunehmen, die Abneigung, sich dieses anzueignen, die Ablehnung von Wissen. (Mit einem Wort: Unwissen ist eher Anti-Wissen.)

Das weite und, wie man meinen sollte, für das Leben unverzichtbare Gebiet der Fragen war nicht nur ein verbotenes Minenfeld, es wurde geradezu zu einem feindlichen, verhaßten Teil der menschlichen Sprache erklärt, weil in der sowjetischen Praxis das Monopol, Fragen zu stellen, den Untersuchungsrichtern vorbehalten war. Als ich einmal mit dem Zug von Odessa nach Chișinău fuhr, wollte ich mit einem Mitreisenden ein Gespräch anknüpfen. Er war ein Kolchosbauer vom Dnjestr. Ich fragte ihn nach seiner Arbeit, seinem Zuhause, seinem Einkommen. Je mehr ich fragte, um so mißtrauischer wurde er. Schließlich schaute er mich argwöhnisch an und knurrte: »Was wollen Sie, sind Sie etwa ein Untersuchungsbeamter?« Und er weigerte sich, weiter mit mir zu sprechen.

Genau das ist es! Wäre ich ein Untersuchungsbeamter, würde er es verstehen, der Untersuchungsbeamte darf Fragen stellen, dazu ist er ja da. Doch ein gewöhnlicher Mensch? Einer, der im Abteil des Zuges von Odessa nach Chișinău sitzt?

»Hier bin ich es, der die Fragen stellt!« brüllt der Untersuchungsrichter Liwanow die verschreckte, unschuldig eingesperrte Jewgenija Ginsburg an (Jewgenija Ginsburg, *Marschroute eines Lebens*). Ja, nur er, der Untersuchungsbeamte, hat das Recht, Fragen zu stellen.

Alle wissen, daß die Frage des Untersuchungsbeamten nicht akademisch, uneigennützig ist, daß er nicht fragt, um in mühevollem, doch anregendem Forschen die düsteren Geheimnisse unserer Existenz zu ergründen. Jede Frage des Vernehmers enthält eine tödliche Sprengladung, denn sie wird nur gestellt, um dich zu vernichten, in den Boden zu stampfen, auszuradieren. Es ist kein Zufall, daß der Begriff *Kreuzverhör* an *Kreuzfeuer* erinnert, an die Sprache des Kampfes, der Front, des Krieges, des Todes.

In der Folge gab es im Imperium immer weniger Menschen, die Fragen stellten, und überhaupt immer weniger Fragen. Weil die Untersuchungsrichter, die sogenannten *Organe*, die Diktatur sich die Fragesätze angeeignet hatten, signalisierte jeder Satz, der irgendwie den Wunsch ausdrückte, etwas in Erfahrung zu bringen, schon eine Bedrohung, die Ankündigung eines unheilvollen Fatums.

Daher kam auch langsam die Kunst abhanden, Fragen zu formulieren (denn das ist eine Kunst!, siehe die Studie Roman Ingardens *Über essentielle Fragen*), und sogar die Notwendigkeit überhaupt, nach etwas zu fragen. Alles stellte sich immer mehr so dar, wie es sein sollte. Es obsiegte die Wirklichkeit, die nicht in Frage gestellt, nicht angezweifelt werden durfte. Aus diesem Grund gab es dann auch keine Fragen mehr.

An ihre Stelle traten zahllose Sprüche, Ausrufe und Wendungen, die eine Billigung des herrschenden Zustands, Gleichgültigkeit, mangelnde Verwunderung, ergebenes Gewährenlassen und Resignation zum Ausdruck brachten.

»Sollen sie doch!« – »Was kümmert es mich!« – »Möglich ist alles!« – »Ist schon recht!« – »Was geschehen soll, wird geschehen!« – »Gegen die ganze Welt kannst du nichts ausrichten!« – »Wir werden schon sehen!« – »Die oben wissen es besser!« – »So ist das Leben!« – »Was Besseres kriegst du nicht!« –»Ein folgsames Kalb saugt bei zwei Müttern!« –»Den Vogel im Flug kannst du nicht fangen!« An solchen Sprüchen ist die Sprache ungemein reich.

Doch eine Zivilisation, die keine Fragen stellt, die alle Unruhe, alle Kritik, alles Suchen – die ja in Fragen ihren Ausdruck finden – aus ihrem Gesichtskreis verbannt, ist eine Zivilisation, die stillsteht, gelähmt ist, sich nicht bewegt. Und genau das wollten die Menschen im Kreml, denn eine unbewegte, stumme Welt ist am leichtesten zu regieren.

Nach ein paar Stunden fliegen wir von Syktywkar nach Workuta (bis heute weiß ich nicht, was hinter diesem Zwischenstopp und dem sinnlosen, ermüdenden Warten steckte). Wenn man diese Strecke am Abend fliegt, erlebt man einen großartigen Kunstgenuß. Nachdem das Flugzeug eine Höhe von ein paar tausend Metern erreicht hat, gleitet es plötzlich hinter die Kulissen eines gigantischen kosmischen Theaters. Die Bühne ist nicht mehr zu sehen, sie versinkt irgendwo auf der Erde im Dunkeln. Wir sehen nur den vom Himmel wallenden Lichtvorhang. Ein leichter, pastellfarbener Vorhang, ein paar hundert Kilometer hoch, in gelben und grünen Farbtönen.

Dieser Vorhang schimmert in einem pulsierenden, bebenden Licht. Das Flugzeug scheint durch diese hellen, farbigen Draperien zu irren, als hätte es den Weg, die Orientierung verloren und kreise unruhig zwischen den über den Himmel gespannten bunten Faltenwürfen. Grün! Am frappierendsten ist das Grün! »Grün und Blau verstärken ihre Farbe im Halbschatten«, schreibt Leonardo da Vinci in seinem *Traktat über die Malerei*. Und wirklich, vor dem Hintergrund des schwarzen, ölschwarzen, abgrund-schwarzen Himmels verliert das Grün seinen natürlichen Frieden und Gleichmut und nimmt einen so intensiven, starken Ton an, daß die anderen Farben vor ihm verblassen und zurücktreten.

Wir sind schon über dem Flughafen, als das Polarlichttheater plötzlich verlöscht, von der Dämmerung verschluckt wird.

Eine Temperatur von minus 35 Grad. Ich spüre sofort die Kälte, die wütenden Bisse des Frostes, bekomme Probleme mit dem Atmen, Schüttelfrost. Alle fahren in verschiedenen Richtungen davon. Der Platz vor dem kleinen Flughafengebäude ist leer. Leer und schwach beleuchtet. Was tun? Ich weiß, daß ich es in diesem Frost nicht lange aushalten kann. In dem Gebäude gibt es einen Milizposten. Ein in einen riesigen Schaffellmantel gehüllter Milizionär sagt, gleich käme ein Autobus, mit dem ich in die Stadt, zum Hotel fahren könne. »Hier gibt es nur ein Hotel«, fügt er hinzu, »das findest du ohne Probleme.«

Ein kleiner, alter Autobus, überfüllt, gerammelt voll. Die Menschen dick eingewickelt, eingehüllt, eingemummt in Pelzmäntel, Kopftücher, Filzüberwürfe – große, steife, reglose Kokons. Wenn der Autobus bremst, neigen sich die Kokons ruckartig nach vorn, wenn er plötzlich wieder anfährt, schaukeln sie nach hinten. An jeder Haltestelle verschwinden ein paar Kokons im Dunkeln, und ihre Plätze nehmen andere ein (das heißt, ich glaube, daß es sich um andere handelt, denn alle Kokons sehen gleich aus). Manchmal tritt mir jemand mit solcher Wucht auf die Füße, daß mir scheint, meine Knochen würden zermalmt: Ein kleiner Kokon kämpft sich zum Ausgang durch. Die Frage nach dem Hotel muß ich an den oberen Teil des Kokons richten, das heißt an das sichtbare kugelförmige Objekt, ganz so, als spräche ich in ein Mikrofon. Dann muß ich die Ohren spitzen, weil die Antwort nicht an mich gerichtet wird, sondern dorthin, woher beim Kokon die Stimme kommt. So eine Fahrt hat den Nachteil, daß man neben einem wunderschönen Mädchen stehen kann, ohne es auch nur zu ahnen, weil die Gesichter unsichtbar sind. Man kann auch nicht ausmachen, wo man sich befindet, weil die Fenster von einem dicken Eispanzer und einem üppigen Bukett von Rokokoblumen bedeckt sind. Mein Aufenthalt unter den Kokons währt nicht lange, nach einer halben Stunde sind wir in der Nähe des Hotels angelangt. Als die Tür ächzend aufgeht, weichen die Kokons freundlich zur Seite, damit sich der Ankömmling aus der großen Welt aus dem Autobus zwängen, aussteigen und in der Dunkelheit und Kälte verschwinden kann.

Kein Louvre, keine Loire-Schlösser sind imstande, so einen angenehmen, unvergeßlichen Eindruck zu vermitteln wie das düstere und ärmliche Innere des Hotels *Workuta*. Hier kommt das ewige Gesetz der Relativität zur Geltung. In Paris ist ein Ausflug in den Louvre nicht gleichzusetzen mit dem Eintritt ins Paradies, wenn man jedoch in Workuta von der Straße in die Hotelhalle tritt, hat man sehr wohl diesen Eindruck. Die Halle rettet einem das Leben, weil es hier warm ist, und Wärme ist an diesem Ort wertvoller als alles andere.

Ich nehme meinen Schlüssel und laufe auf mein Zimmer. Doch kaum habe ich die Türe geöffnet, pralle ich entsetzt zurück: Nicht nur, daß das Fenster offensteht, nein, der Rahmen ist so dick mit einer massiven Eisschicht überzogen, daß gar nicht daran zu denken ist, das Fenster wieder zu schließen. Mit dieser Hiobsbotschaft eile ich zum Zimmermädchen. Das Zimmermädchen ist nicht im geringsten verwundert. »So sind unsere Fenster nun einmal«, versucht es mich zu beruhigen. Was kann man tun, so ist das Leben, so sind die Fenster im Hotel *Workuta* nun einmal.

Die alte Leninsche Frage (die vielleicht noch in die Zeiten Dobroljubows und Tschernyschewskis zurückreicht) – was tun? Wir beratschlagen lange. Schließlich muß ich erkennen, daß dem Mädchen keine Lösung einfallen wird, solange ich nicht meine Vorräte an wertvollem Eau de Cologne *made in New York* hervorhole. Sofort blitzt eine ebenso einfache wie praktische Idee in ihrem Kopf auf. Sie verschwindet kurz, um dann aus dem dunklen Korridor mit einer Axt aufzutauchen, die sie triumphierend schwingt wie ein Indianerhäuptling seinen Tomahawk nach einem siegreichen Kampf gegen die Yankees.

Wir machen uns ans Werk. Es ist eine Arbeit, deren sich kein Schweizer Uhrmacher schämen müßte. Es geht darum, riesige Eiskrusten von den Fensterrahmen zu schlagen, ohne gleichzeitig die Scheiben zu beschädigen. »Wenn wir die Scheibe einschlagen, ist die ganze Arbeit umsonst«, erläutert das Zimmermädchen, »denn eine neue Scheibe kann man erst im Sommer einsetzen«, das heißt in einem halben Jahr, wenn ich längst über alle Berge bin. »Und bis dahin?« – »Bis dahin müssen wir uns abrackern«, antwortet sie achselzuckend und seufzt. Es dauert lange, doch schließlich haben wir in den rechteckigen Eisrahmen Rillen gehauen, tief genug, daß sich das Fenster irgendwie schließen läßt, wobei es mit einem für diesen Zweck gedachten Brett, das unter dem Bett liegt, festgeklemmt werden muß. Um mich aufzuheitern, bringt das Zimmermädchen noch einen Kessel heißes Wasser. Der Dampf soll das Zimmer für einige Zeit erwärmen.

Ich habe die Telefonnummer eines Menschen dabei, den ich treffen will. Ich rufe an. Ein krächzendes Geräusch am anderen Ende der Leitung. »Gennadi Nikolajewitsch?« frage ich. Ich höre ein gekrächztes Ja. Ich freue mich, und auch er freut sich, er weiß von meinem Kommen, hat mich schon erwartet. »Steig in den Autobus und komm«, sagt er. Ich denke, es ist doch Nacht, doch dann erinnere ich mich, daß es hier die meiste Zeit finster ist, und ich sage: »Ich bin schon unterwegs.«

Ich sage: »Ich bin schon unterwegs«, ohne zu wissen, daß ich in den Tod gehe.

Problem, Drama und Grauen Workutas sind aus der Verbindung von Kohle mit dem Bolschewismus entstanden. Workuta liegt in der Republik Komi, jenseits des Polarkreises. In den zwanziger Jahren wurden hier große Kohlevorkommen entdeckt. Rasch entstand ein Kohlenrevier. Es wurde vor allem von Sträflingen ausgebaut, den Opfern des stalinistischen Terrors. Dutzende Lager entstanden. Bald wurde der Name Workuta, neben Magadan, zu einem Symbol, das Furcht und Schrecken verbreitete, zu einem gespenstischen Ort der Verbannung, oft ohne Wiederkehr. Dazu trugen der Terror des NKWD in den Lagern, die mörderische Arbeit in den Gruben, der Hunger, der die Häftlinge unbarmherzig dezimierte, und die furchtbare, unerträgliche Kälte bei. Denn die eisige Kälte schüttelte hilflose, halbnackte, chronisch hungrige, bis zum Umfallen erschöpfte Menschen, die raffiniertesten Grausamkeiten ausgeliefert waren.

Workuta ist nach wie vor ein Kohlenrevier. Es besteht aus dreizehn Gruben, die in einem weiten Ring um die Stadt liegen. Jede Grube hat ihre eigene Bergmannssiedlung. Einige dieser Siedlungen sind ehemalige Lager, in denen immer noch Menschen leben. Die Siedlungen und Gruben sind durch eine Ringstraße verbunden, auf der, in beiden Richtungen, ein Autobus verkehrt. Autos sind immer noch eine Seltenheit, deshalb ist der Bus das einzige Verkehrsmittel.

Also fahre auch ich mit dem Autobus zu Gennadi Nikolajewitsch, wobei ich nur weiß, daß ich nach der Komsomolsiedlung, Haus Nummer 6, fragen soll. Nach einer Stunde hält der Fahrer an einer Stelle, wo sich angeblich die Haltestelle Komsomolsiedlung befindet, öffnet die Tür und deutet in eine Richtung, in die ich gehen soll, allerdings tut er es so unbestimmt, daß ich ebensogut auf einen der Millionen Sterne des Milchstraßensystems zugehen könnte. Andererseits finde ich bald heraus, daß die Richtung ohnehin keine Bedeutung hat, weil ich, kaum daß der Autobus verschwunden ist, sofort die Orientierung verliere.

Zunächst weiß ich nur, daß es um mich herum völlig finster ist. Anfangs vermag ich nichts zu sehen, doch nachdem sich meine Augen an die Dunkelheit gewöhnt haben, kann ich immerhin ausmachen, daß sich um mich herum hohe Schneeberge türmen. Mächtige Windböen toben gegen die Gipfel dieser Gebirge und wehen dichte Schneewolken hoch; es sieht aus, als spien die Gipfel immer wieder Fontänen weißer Lava aus. Ringsum nur Schneeberge, keine Lichter, keine Menschenseele. Und ein Frost, der mir den Atem raubt, weil jeder tiefe Atemzug meine Lungen vor Schmerzen zu zerreißen droht.

Mein Selbsterhaltungstrieb müßte mir sagen, daß der einzige Ausweg in dieser Situation darin liegt, an der Haltestelle zu bleiben und auf den nächsten Autobus zu warten, der schließlich irgendwann kommen muß (obwohl es schon nach Mitternacht ist). Doch mein Instinkt läßt mich im Stich, und getrieben von verhängnisvoller Neugierde oder vielleicht auch einfach Gedankenlosigkeit, mache ich mich auf, die Komsomolsiedlung und dort Haus Nummer 6 zu suchen. Diese Gedankenlosigkeit erklärt sich durch den Umstand, daß ich keine Ahnung habe, was es heißt, nachts am Polarkreis herumzuirren, in einer Schneewüste, in grimmiger Kälte, die mein Gesicht gepackt hat und mich so würgt, daß ich kaum mehr atmen kann.

Ich stapfe vor mich hin, ohne zu wissen, wo ich mich befinde und was ich tun soll. Ich wähle einen Hügel als Ziel, doch ehe ich ihn – im tiefen Schnee einsinkend, nach Luft schnappend und immer mehr Kraft verlierend – erreicht habe, ist er schon wieder verschwunden. Der unablässig tobende polare Schneesturm trägt die Hügel von einem Ort zum anderen, ändert ihre Lage, ihre Umrisse, die gesamte Landschaft. Es gibt nichts, worauf ich meinen Blick heften, was ich als Anhaltspunkt nehmen könnte.

Mit einem Mal sehe ich vor mir eine Vertiefung und darin ein ebenerdiges Holzhaus. Ich rutsche und kollere den vereisten Hang hinunter. Doch es ist ein Laden, fest verriegelt und verschlossen. Der Platz scheint angenehm und heimelig, und ich will schon bleiben, als ich mir die Warnungen von Polarforschern in Erinnerung rufe, daß so eine warme Kuhle in der Schneewüste nur zu leicht zum Grab wird.

Ich kämpfe mich also wieder den Hügel hinauf und stapfe weiter. Aber wohin? Wohin soll ich gehen? Ich sehe kaum mehr etwas, der Schnee verklebt mein Gesicht, meine Augen. Ich weiß nur, daß ich weitergehen muß, daß ich, wenn ich mich im Schnee niederlege, unweigerlich verloren bin. Ich spüre Angst, die tierische Angst eines Menschen, der von einer schrecklichen Kraft, die er nicht kennt und der er nichts entgegenstellen kann, gehetzt und weitergetrieben wird, immer weiter in den weißen Abgrund, während er immer schwächer und willenloser wird.

Ich bin am Ende meiner Kräfte, doch ich raffe mich immer wieder zu ein paar Schritten auf, bis ich schließlich die vom Wind gebeutelten, gekrümmten Umrisse einer Frau entdecke. Ich grabe mich zu ihr durch und krächze: »Haus Nummer 6.« Ich wiederhole: »Haus Nummer 6«, mit so viel Hoffnung in der Stimme, als verspräche diese Adresse meine Erlösung.

»Du gehst in die falsche Richtung, Mann«, ruft sie, bemüht, den Wind zu überschreien. »Du gehst auf die Grube zu, du mußt aber dorthin«, und ähnlich wie der Busfahrer deutet sie auf einen der zahllosen Sterne im Milchstraßensystem.

»Ich will auch dahin«, sagt sie. »Komm mit, ich zeige dir den Weg.«

In das Haus, in dem Gennadi Nikolajewitsch wohnt, gelangt man genauso wie in alle anderen Häuser dieser Siedlung. Das heißt: Wenn wir aus der Entfernung einen Schneehügel ausmachen, können wir annehmen, daß in seinem Inneren, auf seinem Grund ein Haus steht. Wir müssen nun den Gipfel des

Hügels erklimmen. Von dort sehen wir, unter uns, das Dach eines einstöckigen Gebäudes. Von der obersten Kuppe des Hügels bis zur Tür führen Stufen, aus einer eisigen Schneewand gehauen. Wir machen uns nun voll Mühe, ängstlich und vorsichtig an den Abstieg. Unten angekommen, stemmen wir, mit Hilfe der Hausbewohner, die zugeschneite Tür so weit auf, daß wir ins Haus schlüpfen können.

Die Ankunft eines Menschen ist hier so ein außergewöhnliches Ereignis, daß alle Bewohner zur Begrüßung erscheinen (es gibt in dem Haus mehrere Wohnungen). Jeder möchte den Ankömmling wenigstens für einen Moment sehen.

Gennadi Nikolajewitsch, Bergarbeiter, ist eben fünfzig geworden und in Pension gegangen. Diese frühe Pension ist das einzige Privileg, das einem für die Arbeit unter diesen schrecklichen polaren Bedingungen zusteht. Im übrigen ein eher zweifelhaftes Privileg, denn nur rund zwanzig Prozent der Bergarbeiter erreichen das fünfzigste Lebensjahr. Ein breiter, mächtiger Brustkasten. Er spricht heiser und pfeifend – Anzeichen einer fortgeschrittenen Staublunge. Er kam mit 16 Jahren zur Arbeit hierher. Ins Lager? Nein, in seiner Kolchose in der Nähe von Kursk herrschte damals schrecklicher Hunger. Irgend jemand sagte ihm: »Wenn du essen willst, mußt du nach Workuta fahren, dort gibt es angeblich zu essen.«

Und wirklich konnte er hier Brot kaufen und manchmal sogar ein Stück Fleisch. Jetzt hat sich die Versorgung verschlechtert, man bekommt höchstens Rentierfleisch, das steinhart ist. »Schade um die Zähne!« sagt Gennadi Nikolajewitsch und zeigt lachend sein Gebiß. Einige Zähne sind aus Gold, andere aus Silber. Die Farbe der Zähne ist wichtig, sie zeigt, welchen Platz in der sozialen Hierarchie man einnimmt. Je höher eine Person gestellt ist, desto mehr goldene Zähne besitzt sie. Die niedriger Gestellten haben Zähne aus

Silber. Die Untersten – künstliche Zähne, die in Farbe und Aussehen den natürlichen gleichen. Ich würde gern fragen, was für Zähne Stalin hatte. Aber ich kenne die Antwort im voraus: Das weiß keiner, weil Stalin nie lächelte.

Ich frage ihn nach den Baracken, die ich auf dem Weg hierher gesehen habe. »Das sind alte Lager«, erklärt er. »Aber ich habe Licht in den Fenstern gesehen!« – »Ja«, sagt er, »weil dort Menschen wohnen.« Die Lager wurden nur insofern geschlossen, als es keine Urteile, keine Wächter, keine Folter mehr gibt. Viele ehemalige Lagerinsassen sind weggezogen. Doch ein Teil ist geblieben – sie haben keinen Ort, wo sie hinkönnten, keine Familien, keine Freunde. Hier haben sie immerhin ein Dach über dem Kopf und Arbeit und Kollegen. Workuta ist der einzige Ort, wo sie zu Hause sind.

Für Gennadi Nikolajewitsch ist die Grenze zwischen dem Lager und der Welt außerhalb des Lagers verwischt. Es gibt keine Trennlinie zwischen Unfreiheit und Freiheit. Eher handelt es sich um verschiedene Abstufungen von Unfreiheit. Denn was heißt es, er ist freiwillig nach Workuta gekommen? Freiwillig? Er ist gekommen, weil ihn der Hunger von zu Hause vertrieben hat! Oder was soll das heißen, er könnte jederzeit wegfahren. Wegfahren? Aber wohin? Und wo soll er wohnen? Wovon leben? Gennadi Nikolajewitsch stimmt eher mit Iwan Solonewitsch überein, einem der wenigen Lagerinsassen, denen schon 1934 die Flucht in den Westen gelang:

Ganz Rußland befand sich im Lager.

Er weiß, daß ich gekommen bin, weil hier die Bergleute streiken. Seine Grube hat den Streik schon beendet, doch andere sind noch im Ausstand. Wenn ich will, können wir zur Grube gehen. Wir tauchen in ein Meer der Finsternis, in einen Eissturm. Wir klammern uns aneinander, damit uns der Wind nicht von den Beinen reißt, uns nicht zurücktreibt.

In Workuta spüre ich den Frost zum ersten Mal nicht als

durchdringende Kälte, sondern als scharfen körperlichen Schmerz. Mein Kopf droht zu platzen. Hände und Füße schmerzen so, daß ich nichts anrühren kann.

Im dichten Schneetreiben tauchen immer wieder menschliche Schatten auf, verschwommene Silhouetten, gekrümmte Gestalten.

»Das ist die zweite Schicht«, brüllt mir Gennadi Nikolajewitsch, nach Atem ringend, ins Ohr, »die zweite Schicht geht nach Hause.«

Wir kommen an Menschen vorbei, die monatelang kein Tageslicht sehen. Sie fahren in die Grube ein, wenn es noch dunkel ist, unten ist es natürlich auch finster, und wenn sie nach Hause gehen, herrscht Dämmerung. Sie sind wie die Besatzung eines Unterseebootes – nur ihre Uhren und die wachsende Erschöpfung, der Hunger und die Schläfrigkeit sagen ihnen, daß die Zeit verstreicht.

Die Grube *Komsomolskaja* – schmutzstarrende Wände, schmutzverkrustete Konstruktionen, trübe Lampen, unter den Füßen eine schwarze, feuchte Masse. Frauen, die Säcke austeilen, Hebel umstellen, Balken, Stützen. »Willst du mit ihnen reden?« fragt Gennadi Nikolajewitsch. Aber was soll ich mit ihnen reden? Diese Kälte, diese Feuchtigkeit, diese Traurigkeit. Und sie, abgearbeitet, schwerfällig, erschöpft, vielleicht machen sie sich Sorgen, vielleicht haben sie Schmerzen? Ich will ihnen etwas Achtung zeigen, ihnen ihr Los zumindest dadurch erleichtern, daß ich nichts von ihnen will, ihnen keine zusätzliche Anstrengung abverlange, und bestünde diese auch nur in der Beantwortung einiger Routinefragen.

Zu Hause erwarten mich zwei junge Bergarbeiter. Jewgeni Alexejewitsch und Michail Michailowitsch. Sie wollen mich zur Grube *Wargaschowskaja* mitnehmen, wo noch gestreikt wird und eine Versammlung stattfinden soll, doch bis dahin ist noch Zeit. Michail, hager, großgewachsen, brünett, ständig in Bewegung, immer erregt, ist wütend, weil seine Grube (die ich gerade besucht habe) den Streik abgebrochen hat. Und sie hat ihn abgebrochen, weil der Direktor eine Verbesserung der Versorgung versprach. »Dieses Volk wird nie etwas erreichen«, sagt Michail zornig. »Für diese Menschen ist nur eines wichtig – das Fressen.« Er gerät in Wut und schreit: »Fressen! Fressen! Fressen!«, so eindringlich, daß man geradezu fühlen kann, wie er Speichel ansammelt. »Der Hunger ist es, der uns treibt, er ist wie ein tollwütiger Hund.«

Er will mir offenbar zu verstehen geben, daß er, Michail, anders, aus besserem Holz geschnitzt ist. Stolz holt er aus einer Schublade der Kommode seinen größten Schatz hervor: eine schön illustrierte Sergejewsche Bibelausgabe aus dem Jahr 1900. Er schaut mich prüfend an, ob ich auch beeindruckt und begeistert bin. Dann schlägt er das große Buch aufs Geratewohl auf und liest:

»So nimm nun zu dir Weizen, Gerste, Bohnen, Linsen, Hirse und Spelt und tue alles in ein Faß und mache dir Brot daraus ...«

Verblüfft und verärgert hält er inne. Sogar die Bibel spricht vom Fressen!

»Was liest du noch?« frage ich ihn später. Er liest Vauvenargues. Er zeigt mir eine Leningrader Ausgabe, in grünes Leinen gebunden, aus dem Jahre 1988. »Es gibt hier ein paar ganz interessante Sachen«, sagt er über die Sammlung des französischen Denkers aus dem 18. Jahrhundert. ›Die Knechtschaft erniedrigt den Menschen so weit, daß er sie liebgewinnt.‹ – Wie wahr das ist!« Er nickt. »Aber hier: ›Wenig erreicht man mit Findigkeit.‹ – Das stimmt nicht. Bei uns erreichst du mit Findigkeit alles.«

Es kommen immer mehr Nachbarn, im kleinen Zimmer Michail Michailowitschs wird es eng. Jewgeni Alexejewitsch schaltet den Farbfernseher ein, der auf der Kommode steht. Die große, kirschrote Kiste beginnt bedrohlich zu brummen, als wollte sie gleich das Fell sträuben. »Dynamo spielt gegen Spartak«, klärt mich Jewgeni Alexejewitsch leise auf, denn die anderen wissen es schon.

Ich schaue auf den Bildschirm. Es gibt kein klares Bild, sondern nur zahllose verschiedenfarbige Blitze, die auf der gewölbten Glasscheibe in alle Richtungen stieben. Der Fernseher ist kaputt, und in der Kornsomolsiedlung gibt es keine Möglichkeit, so ein Gerät reparieren zu lassen.

So etwas habe ich noch nie erlebt. Ein Dutzend Personen starrt gebannt auf einen erleuchteten Bildschirm, auf dem von Zeit zu Zeit Blitzknäuel zerbersten wie bei einem Feuer, in das jemand einen trockenen Zapfen wirft. Lichtflecken, -linien und -punkte tanzen, zucken und pulsieren wie ätherische Fata Morganen hin und her. Ein ungeahnter Reichtum an Lichtformen, die unablässig die verrücktesten Pirouetten drehen. Das Wirbeln und Flimmern scheint mir ohne jeglichen Sinn, doch ich irre. Hinter diesem Zucken der farbigen Teilchen, ihren blitzartigen Richtungsänderungen steckt ein gewisses System. Einmal beginnt plötzlich die linke Hälfte des Bildschirms rot zu blinken, rote Pfeile jagen dahin, pulsieren, spielen verrückt, und mit einem Mal gellt ein Schrei durchs Zimmer: »Goal! Dynamo hat ein Tor geschossen!« – »Woher willst du das wissen«, frage ich Jewgeni Alexejewitsch, denn der Ton des Fernsehers funktioniert auch nicht. »Was heißt, woher?« erwidert er verblüfft, »Dynamo spielt doch in Rot!« Wenig später gibt es auf der rechten Seite des Bildschirms eine Zusammenballung blauer Pfeile und Blitze (die Farbe Spartaks), und das Zimmer stöhnt auf: Ausgleich! (Denn die Versammelten halten Dynamo die Daumen.) Während der Pause beruhigen sich die Blitze, verharren sogar, reglos und gleichmäßig über den ganzen Bildschirm verteilt, um dann wieder zu neuen Pirouetten und Scharmützeln davonzujagen. Aber es ist spät geworden, wir müssen zur Versammlung.

Was vor dem Hintergrund der weißen, eisigen Finsternis leuchtet, das sind die Lichter der *Wargaschowskaja* – der nördlichsten Grube des Reviers Workutakohle. 180 Kilometer weiter liegt das Karische Meer (das zum Eismeer gehört).

Durch die Kontrolle am Tor schlüpfe ich in der Wattejacke eines Bergmannes, das Gesicht in einer riesigen Mütze aus Rentierfell versteckt. Später fragt mich keiner mehr nach einem Passierschein oder einer Legitimation, einer zeigt mir sogar freundlich den Versammlungssaal. Es ist der übliche Saal mit einem Lenin aus Gips, mit Transparenten, die den Sieg des Kommunismus verkünden, und einem mit rotem Stoff bespannten Rednerpult.

Der Saal faßt etwa dreihundert Personen. Er ist voll. Eine Atmosphäre, geprägt von Neugierde, aber auch Unruhe: Die Erfahrung hat diese Menschen gelehrt, daß es eine ernste Angelegenheit ist, sich mit der Macht anzulegen. Andererseits haben die in Moskau verkündet, daß nun das neue Denken herrscht, vielleicht hat sich ja etwas geändert.

Gleich zu Beginn der Versammlung gibt es Verwirrung, Tumult, Chaos. Wer soll die Versammlung leiten? Wer hat das Recht, anderen das Rederecht zu geben? Wer darf entscheiden, daß zuerst der Großgewachsene reden soll und dann der Kleine, zuerst einer am Ende des Saales und dann erst die auf der linken Seite, die sich schon so lange zu Wort meldet? Und überhaupt – was ist das Ziel unserer Versammlung? Wir sind zusammengekommen – und was weiter? Wir haben einen Streik ausgerufen – und was nun?

Es ist nicht zu übersehen, daß Führerpersönlichkeiten fehlen. Immer wieder versucht einer, die Versammlung in den Griff zu bekommen. »Koslow! Koslow soll die Leitung übernehmen!« Koslow sammelt seine Gedanken, windet sich, stottert. Er kann sich nicht entscheiden, wen er zuerst zu Wort kommen lassen soll – den, der wissen möchte, wann endlich die Scheiben im Laden Nummer 5 eingesetzt werden, oder den, der die Frage in den Saal brüllt, wann endlich alle Bände der gesammelten Werke Lenins publiziert werden? »Petrow!« rufen welche, die mit Koslow nicht zufrieden sind. »Gebt uns Petrow!« Aber auch Petrow stammelt herum. Auch Petrow schwitzt und hat keine Ahnung, was er mit dem ungeduldigen Saal machen soll.

Schließlich findet sich ein Ausweg. Und es ist klar, was für einer. Selbstverständlich taucht die Direktion auf. Einige Direktoren betreten den Saal, in dem die Streikenden immerhin schon zwei Transparente angebracht haben: »Fort mit der Bürokratie!« und »Fort mit der Partokratie!« Die Streikenden sind konsterniert, nicht aber die Direktoren. Die Direktoren lächeln spöttisch, als wollten sie sagen – ja, genau, fort, fort mit uns, aber ohne uns könnt ihr keinen einzigen Schritt tun!

Und was soll man sagen – die Direktoren haben recht. Nirgends ist die Teilung der Gesellschaft in die Klasse der Herrschenden und die Klasse der Beherrschten so deutlich zu erkennen wie hier. Diese Teilung existiert übrigens mindestens seit den Zeiten Peters des Großen. Nur die Namen der Klassen haben sich verändert; die Abhängigkeit, die Asymmetrie, die Hörigkeit sind gleichgeblieben. Sogar das einfache Wissen, wie man eine Versammlung organisiert und leitet, ist der herrschenden Klasse vorbehalten. Und wirklich. Der Generaldirektor kommt in den Saal und stellt sich mit derselben Selbstsicherheit und Selbstverständlichkeit ans Rednerpult, mit der Richard Strauss oder Arturo Toscanini ans Dirigentenpult traten.

Im Saal wird es still.

»Wer möchte das Wort?« fragt der Direktor ruhig.

Einige Hände heben sich. Der Direktor bestimmt die Reihenfolge der Redner und bringt einen, der sich vordrängen will, mit einem einzigen Blick zum Schweigen. Vor allem aber spricht er selbst.

»Die Versammlung dauert jetzt schon fünf Stunden«, sagt er, »zu welchem Ergebnis seid ihr gelangt?«

Stimmen aus dem Saal: »Das ist es ja, zu gar keinem.«

»Na eben«, gibt sich der Direktor besorgt, »na eben – zu gar keinem. Ich aber habe die Angelegenheit unserer Grube in Ordnung gebracht. Ja, ich habe sie in Ordnung gebracht! Ich bin gestern aus Moskau zurückgekehrt.« (Wenn man hier sagt, man sei in Moskau gewesen, klettert man gleich ein paar Stufen in der Rangleiter hinauf.)

Er hält inne und blickt in den stillen Saal. Dann sagt er mit Pathos: »Wir selbst werden, ohne jede Vermittlung Moskaus, unsere Kohle nach England und Amerika exportieren! Wir, direkt aus der *Wargaschowskaja*-Grube!«

Erregung im Saal, Tumult, hektische Freude. Was heißt das – nach Amerika? Das heißt – daß es Dollars gibt! Und was bedeuten Dollars? Sie bedeuten, daß es alles, einfach alles geben wird.

Ich sehe, wie dieser Mann, der gestern aus Moskau zurückgekommen ist, diese armen, durchfrorenen Leute an der Nase herumführt. Ich sehe es, aber ich kann nicht aufstehen und rufen: »Leute, glaubt ihm nicht!« Ich kann das schon deshalb nicht tun, weil ich ihnen nicht diesen Funken Wärme rauben will, der in dem Gedanken steckt, daß die Grube Wargaschowskaja Kohle nach England und Amerika exportieren wird.

Nachdem sie den Beschluß gefaßt haben, den Streik zu beenden, bringt mich Michail mit einem klapprigen, doch flotten Moskwitsch in die Stadt, zum Hotel. Das sind dreißig Kilometer auf einer mit dickem Glatteis bedeckten Straße. Michail jagt mit einer Geschwindigkeit von hundert Stundenkilometern dahin. Wir haben die Chance, bis zum ersten

auftauchenden Stein zu überleben. Bei dieser Geschwindigkeit bedeutet ein Stein auf der Straße den sicheren Tod. Ich
schaue geradeaus und denke: Aha, so also sieht dein letztes
Bild von der Welt aus – diese Dunkelheit, das Licht der
Scheinwerfer und die vor uns aufragende blitzende Klinge
der vereisten Straße, die uns vielleicht schon im nächsten
Moment in Stücke reißt.

Ich bin nach Workuta gekommen, um den Streik zu sehen,
aber auch als Pilger. Denn Workuta ist ein Leidensort, ein heiliger Ort. In den Lagern von Workuta kamen Hunderttausen-
de Menschen ums Leben. Wie viele genau? Niemand hat sie
gezählt. Die ersten Häftlinge wurden 1932 hierher gebracht,
die letzten 1959 entlassen. Die meisten Menschen kamen
beim Bau der Eisenbahnlinie um, die heute die Kohle nach
Archangelsk, Murmansk und Petersburg bringt. Während der
Bauarbeiten soll ein NKWD-Offizier gesagt haben: »Es fehlen Schwellen? Das macht nichts! Dann werdet ihr als
Schwellen dienen!«

Und so geschah es. Entlang dieser Eisenbahnlinie erstreckt
sich über Hunderte von Kilometern ein unsichtbarer Friedhof. Nur wer entlang des Bahndamms die Tundra durchstreift
(das ist nur in den zwei oder drei Monaten im Jahr möglich,
in denen kein Schnee liegt), findet hier und da morsche Pfäh-
le mit aufgenagelten Brettchen. Wenn er auf dem Brett zum
Beispiel die Aufschrift A 81 liest, bedeutet das, daß hier tausend Tote begraben liegen. Diese Symbole – A 52, A 81 –
brauchten die Lagerbuchhalter für ihre Statistik: Die Zählung
der Ermordeten und Verstorbenen gestattete ihnen, die Anzahl der Brotrationen zu reduzieren.

Die Menschen wurden hier nicht auf eine bestimmte Art
und Weise ums Leben gebracht, sondern sie fielen einer
ganzen Palette von Grausamkeiten zum Opfer, die sich der
NKWD hatte einfallen lassen.

Hier, im Norden, war (neben dem NKWD) die Kälte der schlimmste Feind des Verurteilten:

»Schreckliche, unmenschliche Sklavenarbeit. Im Schein der lodernden Feuer blitzten in der Polarnacht Hunderte, Tausende Spaten, die den vom Pflug zusammengeschobenen Schnee von den Gleisen schaufelten. Solange man genug Verstand und Kraft hatte, um ständig in Bewegung zu bleiben, hatte man auch eine Chance zu überleben, durchzukommen. Doch jeden Tag scharten sich um die lodernden Feuer einige gekrümmte, in alle möglichen Fetzen gehüllte Leiber. Sie drängten sich im Kreis um die rettende Wärme, die von den lustig knatternden Scheiten ausging, und blieben reglos hocken. Nichts mehr konnte Gesundheit und Leben dieser Menschen retten. Von der einen Seite durch die Glut des Feuers gewärmt, geselcht durch den beißenden Rauch der glosenden Zweige, waren sie auf der anderen Seite dem erbarmungslosen Frost ausgesetzt, der dreißig Grad unter Null und mehr erreichte. Kein Organismus war imstande, solche Temperaturschwankungen in seinem Inneren auszugleichen. Das in den Adern von Gesicht, Händen, Brust und Bauch erhitzte Blut wurde von einem geschwächten Herzen in Körperteile gepumpt, die faktisch einen Zustand der Hibernation erreicht hatten. Im Körper des Menschen kam es zu Reaktionen, die er selber nicht beschreiben konnte, er wurde von Müdigkeit und Schwere, von einem Gefühl immer tieferer Kälte erfaßt. Er schob sich immer näher ans Feuer, bis er fast schon die Flammen spürte. Nach einigen Stunden lag nur mehr eine Leiche dort oder ein Mensch, der seinen Atem aushauchte. Es gab keine Kraft, die imstande gewesen wäre, diese Menschen vom Feuer zu verjagen. Keine Gewalt, keine Prügel, kein Versuch, die erstarrten Muskeln und das stockende Blut anzutreiben – das half alles nichts. Wenn man diese Menschen gewaltsam vom Feuer wegzerrte, fielen sie wie Klötze in den Schnee und blieben reglos liegen. Es gab keinen Tag, an dem nicht ein paar oder ein ganzes Dutzend steifgefrorener Leichen auf Tragen ins Lager gebracht wurden.« (Marian Marek Bilewicz, *Der Finsternis entronnen*)

Ich stapfe durch das dunkle, eisige, schneeverwehte Workuta. Wenn man bis ans Ende der Hauptstraße geht, sieht man am Horizont langgestreckte, flache Gebäude – die Baracken der alten Lager. Und die beiden alten Frauen an der Bushaltestelle? Welche von ihnen war im Lager eingesperrt und welche die Aufseherin? Alter und Armut haben sie ausgesöhnt, und bald wird der gefrorene Boden sie endgültig und für immer versöhnen. Ich wate durch Schneewächten, an gleichförmigen Straßen und Häusern vorbei, ich weiß nicht mehr, wo ich mich befinde. Die ganze Zeit über habe ich vor meinen Augen die Vision Nikolai Fjodorows.

Fjodorow war ein Philosoph, ein Visionär, viele Russen halten ihn für einen Heiligen. Er besaß sein Leben lang nichts, nicht einmal einen Mantel nannte er im eisigen Klima Rußlands sein eigen. Er bewohnte eine winzige Kammer, in der er auf einer nackten Kiste schlief, unter dem Kopf ein paar Bücher. Er lebte von 1828 bis 1903. Er ging ständig barfuß. Er starb, weil eines Tages strenger Frost herrschte und ein Wohlmeinender ihm den Rat gab, einen Schaffellmantel anzuziehen und mit dem Schlitten zu fahren. Am nächsten Tag bekam er eine Lungenentzündung und starb. Fjodorow meinte, Ruhm und Popularität seien Zeichen der Schamlosigkeit, weshalb er seine Texte unter einem Pseudonym veröffentlichte, die meisten blieben ungedruckt. Nach dem Tode des Meisters sammelten seine beiden Schüler seine Werke und gaben sie unter dem Titel *Philosophie der gemeinsamen Sache* in einer Auflage von 480 Exemplaren heraus, die sie unter den Menschen verteilten.

Fjodorow war der Ansicht, das Fundament des christlichen

Glaubens sei die Idee der Auferstehung, die aus der Überzeugung von der Ewigkeit des Lebens resultiert.

Besessen von diesem Gedanken, überlegte er, wie man alle Verstorbenen ins Leben zurückrufen könne. Alle, die jemals gestorben waren, auf der ganzen Welt. Er meinte, das müßte möglich sein, das könnte erreicht werden, wenn der Mensch die Kräfte der Natur beherrscht. Die Kräfte der Natur sind gefährlich und dem Menschen feindlich, solange sie blind und unabhängig sind. Um sich gegen sie zur Wehr zu setzen, hat der Mensch den Selbsterhaltungstrieb entwickelt. Dieser Instinkt ist die Quelle aller Feindschaft unter den Menschen, aller Kriege, alles Tötens. Wenn wir die Wissenschaft entwickeln und uns die Natur untertan machen, verkümmert der Selbsterhaltungstrieb – weil es nichts mehr gibt, was wir fürchten müssen. Auf Erden zieht ein Reich der Freundschaft und Liebe herauf. Die Wissenschaft ermöglicht uns auch, alle Toten zum Leben zu erwecken. Weil nämlich die Menschheit eine einzige Familie ist, die der Tod nicht zu trennen vermag. Erst wenn der Mensch den Tod besiegt, wenn er ihm alle entreißt, die dieser sich genommen hat, kann der Mensch seinen wahren Triumph feiern.

Doch wie würde die Rückkehr der Toten nach Workuta aussehen? Würden plötzlich Kolonnen armer Teufel, von Wächtern getrieben, durch die Straßen ziehen? Ausgemergelte, mit Fetzen bedeckte menschliche Schatten? Ein Marsch von Skeletten? Nikolai Fjodorow träumte davon, sie alle ins Leben zurückzurufen. Aber in was für ein Leben?

An einer Straße sehe ich einen hölzernen Kiosk. Ein dunkelhäutiger Aserbaidschaner verkauft die einzigen Blumen, die man hier zu kaufen bekommt: rote Nelken. »Such die schönsten aus«, sage ich, »die du hast.« Er wickelt den Nelkenstrauß sorgfältig in Zeitungspapier. Ich will sie irgendwo niederlegen, aber ich weiß nicht, wo. Ich denke, ich werde sie in eine Schneewächte stecken, doch überall sind Menschen, und ich fürchte, daß es sie seltsam anmuten könnte. Ich gehe weiter, doch in der nächsten Straße dasselbe Bild: viele Menschen. Inzwischen erfrieren die Blumen und werden steif. Ich suche einen leeren Hof, aber überall spielen Kinder. Ich habe Angst, sie würden die Nelken finden und mitnehmen. Meine Finger spüren, wie die Blumen steif und brüchig wie Glas werden. Ich gehe also aus der Stadt hinaus und lege die Blumen zwischen zwei Schneewächten.

Über die Pfützen hüpfen

»Wie heißt du?«

»Tanja.«

»Und wie alt bist du?«

»In zwei Monaten werde ich zehn.«

»Was machst du jetzt?«

»Jetzt? In diesem Augenblick? Ich spiele.«

»Und was spielst du?«

»Ich hüpfe über die Pfützen.«

»Hast du keine Angst, von einem Auto überfahren zu werden?«

»Hier fährt doch kein Auto vorbei!«

Tanja hat recht. Seit gestern hat der Frost nachgelassen, zu Mittag ist es viel wärmer geworden und die ganze Stadt versinkt im Morast. Die Stadt Jakutsk ist ein sibirisches Kuweit, Hauptstadt einer reichen Republik, die auf Gold und Diamanten ruht. Die Hälfte aller Glitzerdinge aus Diamanten und Brillanten, mit denen sich reiche Damen in aller Welt schmücken und die man in den Schaufenstern der Juwelierläden von New York, Paris und Amsterdam bewundern kann, kommt aus Jakutsk (gar nicht zu reden von den Diamanten, die bei geologischen Bohrungen und in der Metallverarbeitung Verwendung finden).

Tanjas Gesichtchen ist blaß. Im Winter ist es hier immer finster, und selbst wenn sich die Sonne einmal zeigt, wärmt sie nicht, sondern scheint grell und blendend, aber gleichzeitig fern und kalt. Das Mädchen trägt einen zu kurzen Mantel mit großen, grünbraunen Karos. Was soll man tun, man kann nicht jedes Jahr einen neuen Mantel bekommen. Woher soll Mutter das Geld nehmen? Und auch wenn sie so viel Geld besäße – Tanja lächelt verträumt –, wer sollte sich dann in der Schlange anstellen und warten, bis sie Mäntel nach Jakutsk bringen, die einem zehnjährigen Mädchen passen? Noch dazu einem, das so dünn und großgewachsen ist?

Tanja bedenkt und beurteilt das alles ganz erwachsen.

Auch das Hüpfen über die Pfützen. Man muß genau und präzise hüpfen, um nicht ins Wasser zu fallen und die Schuhe naß zu machen, denn wo soll man welche zum Wechseln auftreiben?

»Gewiß«, pflichte ich ihr bei, »außerdem könntest du dich erkälten und eine Grippe bekommen.«

»Mich erkälten?« wundert sich das Mädchen. »Jetzt, wo schon das Eis zu schmelzen beginnt und es warm wird? Du hast gewiß keine Ahnung, was ein richtiger Winter ist.«

Und die kleine Sibirierin betrachtet diesen Menschen, der zwar schon älter ist, aber offenbar keinen wirklich harten Frost kennt, mit einem deutlichen, wenn auch diskret zurückgehaltenen Gefühl der Überlegenheit.

Harten Frost, erläutert sie dann, erkennt man daran, daß ein heller, schimmernder Nebel in der Luft schwebt. Wenn jemand kommt, entsteht in diesem Nebel so etwas wie ein Korridor. Dieser Korridor hat die Umrisse des Menschen, der durch den Nebel geht. Der Mensch geht weiter, doch der Korridor bleibt, zieht sich reglos durch den Nebel. Ein großer Kerl hinterläßt einen großen Korridor, ein kleines Kind – einen kleinen. Hinter Tanja bleibt ein schmaler Korridor, weil sie schlank ist, doch für ihr Alter ist er hoch – klar, sie ist ja auch die Größte in ihrer Klasse. Am Morgen kann Tanja an den Korridoren ablesen, ob ihre Freundinnen schon vorbeigekommen sind – jeder weiß, wie die Korridore der nächsten Nachbarn und Freundinnen aussehen.

Ein breiter, niedriger Korridor mit präzisen Konturen zum Beispiel besagt, daß die Schuldirektorin Klawdija Matwejewna vorbeigegangen ist.

Wenn am Morgen überhaupt keine Korridore zu sehen sind, die in Höhe und Größe den Schülern der Grundschulklassen entsprechen, heißt das, daß der Unterricht wegen Kälte ausfällt und die Kinder zu Hause bleiben.

Manchmal sieht man einen Korridor, der im Zickzack dahinläuft und dann plötzlich abbricht. Das bedeutet – Tanja senkt ihre Stimme –, daß hier ein Betrunkener entlanggetaumelt, gestolpert und dann gestürzt ist. Bei großem Frost kommt es oft vor, daß Betrunkene erfrieren. Dann sieht der Korridor aus wie eine Sackgasse.

Ich bedaure nicht, daß ich nach Jakutsk gekommen bin, wo ich so ein wunderbares, kluges Mädchen kennenlerne, noch dazu ganz zufällig, während ich durch die Straßen des Viertels spaziere, das Saloschnja heißt. Tanja ist das einzige Lebewesen, dem ich in der leeren Landschaft dieses Viertels begegne (es ist Mittag, und alle Menschen sind um diese Zeit auf Arbeit), und da ich mich verlaufen habe, frage ich sie, wie ich von hier zur Krupskaja-Straße gelangen könnte, wo ich verabredet bin.

»Ich bringe dich hin«, sagt Tanja bereitwillig, »allein findest du den Weg nicht.« In Wahrheit will sie mich in ihr Spiel einbeziehen, denn um in die Krupskaja-Straße zu gelangen, muß man über viele Pfützen springen.

Und das also ist die Siedlung Saloschnja: rechtwinklig angelegte, breite Straßen. Weder Asphalt noch Pflastersteine. Jede Straße ist ein langgestreckter, flacher, morastiger Archipel von Pfützen, Lachen und morastigen Tümpeln. Es gibt keine Gehsteige, nicht einmal Bretterstege, wie wir sie bei uns in Pińsk kannten. Die Straße ist gesäumt von ebenerdigen Holzhäusern. Diese sind alt, das Holz ist schwärzlich, feucht und morsch. Winzige Fenster mit dicken Scheiben im Rahmen, abgedichtet mit Watte, Filzstreifen und Lumpen. Die Scheiben erwecken den Eindruck, als starrten uns die Häuser durch dicke Brillengläser an, wie sie alte, halbblinde Frauen tragen.

Im Viertel Saloschnja ist der Frost eine Erlösung. Der Frost zwingt die Umgebung, die Umwelt, den Boden zu strenger Disziplin, zu eiserner Ordnung, zu kraftvollem und stabilem Gleichgewicht. Die auf den gefrorenen, betonharten Boden gesetzten Häuser stehen kerzengerade und sicher da, man kann durch die Straße gehen oder fahren, die Reifen versinken nicht in glitschigem Morast, die Schuhe bleiben nicht in klebrigem Brei stecken.

Es genügt jedoch ein einziger Tag wie der, an dem ich Tanja getroffen habe, das heißt: Es genügt, daß es nur ein wenig wärmer wird.

Die aus dem eisernen Griff des Frostes entlassenen Häuser werden schief und sinken in die Erde. Die Häuser stehen schon seit Jahren tiefer als das Niveau der Straße, weil sie, auf den Dauerfrostboden gebaut, durch ihre Eigenwärme im vereisten Untergrund Gruben bilden, in die sie mit jedem Jahr tiefer einsinken. Jedes Haus steht in einer eigenen Mulde.

Nun stürmt die Aprilwärme gegen das Viertel Saloschnja, und seine krummen, armseligen Häuschen werden noch schiefer, noch ungestalter, geraten aus allen Fugen und graben sich noch tiefer ein. Das ganze Viertel schrumpft, macht sich klein, sinkt nieder, so daß mancherorts nur mehr die Dächer zu sehen sind − wie eine große Flotte von Unterseebooten, die langsam ins Meer abtauchen.

»Siehst du das?« fragt Tanja.

Ich schaue, wo sie hinzeigt, und sehe, wie der schmelzende, auftauende Morast von der Straße in Rinnsalen, Bächen, Strömen, Güssen direkt in die Häuser fließt. Die Natur in Sibirien ist extrem, alles hier ist gewaltig und radikal, wenn daher in Jakutsk der Morast in die Häuser dringt, ist das kein Tröpfeln, kein Sickern einer flüssigen, grauschwarzen Masse, sondern eine Lawine, die sich plötzlich und unaufhaltsam auf Veranden und Türen zubewegt und Durchgänge und Höfe füllt. Die Straßen scheinen über die Ufer zu treten und die Häuser in Saloschnja zu überschwemmen.

Im Haus geht man durch Schlamm, Schlamm bedeckt die Böden, ist überall. »Er riecht auch nicht sehr angenehm«, fügt Tanja hinzu, »denn Saloschnja besitzt keine Kanalisation, es gibt daher im Schlamm alle möglichen Dinge«, sie runzelt die Stirn und sucht offenbar die passenden Worte, aber dann gibt sie es auf und wiederholt: »nun, alle möglichen Dinge.«

Auf noch etwas muß ich hinweisen, nämlich auf die Schildchen, die hier und da aus dem Boden ragen und davor warnen, hier irgendwo zu graben. Warum? Weil die elektrischen Leitungen ohne Schutz in die Erde verlegt wurden, und wenn jemand den Spaten in die Erde sticht und dabei auf eine Leitung stößt, kann es ihm passieren, daß ihn ein Stromschlag tötet. Das heißt, man kann sich im Viertel Saloschnja bis zum Gürtel mit Kot bespritzen, mit Morast beschmieren, man kann aber auch in den Dreck stürzen und sogar sein Leben verlieren. Daher ist der Winter sicherer, weil es im Winter keinem einfällt, in der Erde herumzustochern.

In der Nähe der Krupskaja-Straße sehen wir vor einem Haus eine alte Frau, die mit energischen Bewegungen ihres Besens die Schlammfluten daran hindern will, in das Vorhaus einzudringen.

»Eine schwere Arbeit«, sage ich, um ein Gespräch zu beginnen.

»Ach«, antwortet sie und zuckt mit den Achseln, »das Frühjahr ist immer so schlimm. Alles fließt.«

Stille tritt ein.

»Wie lebt es sich?« stelle ich die nächste banale, idiotische Frage, um das Gespräch in Gang zu halten.

Die alte Frau richtet sich auf, stützt die Hände auf den Besenstiel, blickt mich an, lächelt sogar und sagt dann etwas, was den Kern der russischen Lebensphilosophie trifft. »Wie es sich lebt?« wiederholt sie nachdenklich und sagt dann mit einer Stimme, in der Stolz schwingt und Entschlossenheit, Leid und Freude: »Wir atmen!«

Von Krankheiten und der Einsamkeit des Reporters

Malaria habe ich ständig. Sogar in Europa bekomme ich Malaria-Schübe, manchmal sehr üble. Es könnte auch jetzt passieren. Der Körper zittert, es fühlt sich an wie kurze Explosionen. Das einzige, was hilft, ist alle schweren Sachen auf einen zu legen. Bretter, Türen, auf denen Menschen sitzen bleiben, bis der Anfall vorüber ist. Man wird gepreßt wie eine Blume. Das kann Stunden dauern, danach ist man wie tot. Aber Malaria hat auch etwas sehr Faszinierendes. Ganz Wundervolles.

Die Gefühle während eines Malaria-Schubes sind eine interessante Erfahrung, die man sonst nicht macht. Es sind Momente der Erleuchtung, der Visionen. Übrigens, die afrikanische Tuberkulose hat mich schlimmer erwischt. Ich war wochenlang apathisch, mein Kopf war blutverschmiert ... Irgendeine Krankheit hatte ich immer.

Tropenkrankheit – Tropenkoller

Ein Opfer Gottes, liege ich seit zwei Monaten in Lagos und kämpfe mit einer Krankheit. Es ist eine tropische Infektion, eine Blutvergiftung oder die Wirkung irgendwelcher geheimnisvoller Toxine. Jedenfalls bin ich aufgeschwollen, und mein Körper ist übersät von Pusteln, Eiterbeulen und Geschwüren. Ich habe keine Kraft mehr, gegen die Schmerzen anzukämpfen, und bitte Warschau um die Genehmigung zur Rückkehr. In Afrika werde ich oft krank, denn in den Tropen vermehrt sich alles übermäßig und maßlos, und dieses Gesetz der Vervielfältigung und des unnatürlichen Wucherns gilt auch für Bakterien und Seuchen. Es gibt keinen Ausweg: Wenn man in die dunkelsten, bedrohlichsten und unbekanntesten Ecken dieses Kontinents reisen will, muß man damit rechnen, daß man dies mit seiner Gesundheit, vielleicht sogar mit seinem Leben bezahlt. Aber so ist das mit allen gefahrvollen Leidenschaften – sie sind wie ein Moloch, der uns zu verschlingen droht. Manche entscheiden sich in einer solchen Situation für eine paradoxe Existenz, das heißt, sie tauchen nach der Ankunft in Afrika in Fünf-Sterne-Hotels unter, sie wagen sich keinen Schritt aus den Luxusvierteln der Weißen, mit einem Wort, obwohl sie sich topographisch in Afrika befinden, leben sie weiterhin in Europa, nur eben in einem verkleinerten Ersatz-Europa, in einer Kopie. Doch eine solche Existenz ist eines echten Reisenden unwürdig und für einen Reporter, der alles an der eigenen Haut erfahren muß, vollends unmöglich.

Schlimmere Zerstörungen als Malaria und Amöben, Fieber und Ansteckungen richtet jedoch in unserem Inneren die Einsamkeit an, der Tropenkoller. Um sich dagegen zu schützen, braucht man große Widerstandskraft und eisernen Willen. Doch selbst dann fällt es nicht leicht. (Hier beginnen, den Koller zu beschreiben. Die totale Erschöpfung nach einem leeren Tag schildern, der ins Nichts mündet.) Dann die schlaflose Nacht, die morgendliche Kraftlosigkeit, die langsame Verwandlung in schmierigen, klebrigen Schleim, in unangenehme, abstoßende Masse. Wie wir uns selber voll Ekel betrachten. Wie abstoßend weiß wir sind. Unerquicklich, unappetitlich weiß. Kreideweiße, wächserne Haut, sommersprossig, pickelig, gänsehäutig und schuppig – in diesem Klima, dieser Sonne! Eine Scheußlichkeit. Und noch dazu alles verschwitzt: Kopf, Rücken, Bauch, Hintern, als wären alle diese Teile unter einen schlecht zugedrehten Wasserhahn geraten, aus dem fortwährend (das Fortwährende betonen) ein warmer, farbloser, dünner, unnachsichtig scharf riechender

Strahl rinnt. Schweiß. »Ach, ich sehe, daß Sie stark schwitzen.« – »Ja, gnädige Frau, ich schwitze stark, doch das ist gesund. Schweiß in den Tropen – das ist Gesundheit. Wer stark schwitzt, der erträgt das Klima besser, der muß nicht so sehr darunter leiden.« – »Wissen Sie, mein Herr, ich kann überhaupt nicht schwitzen. Ein kleines bißchen – das schon, aber richtigen Schweiß, den kenne ich eigentlich gar nicht. Ich weiß gar nicht, was das ist.« – »Man muß viel trinken. Trinken und nochmals trinken, alles, was Sie gerade bei der Hand haben, müssen Sie trinken. Fruchtsäfte, Erfrischungsgetränke, auch ein klein wenig Alkohol schadet nicht. Besser herausgeschwitzt als herausgepißt, da haben die Nieren weniger Arbeit.« – »Mein Gott, dauernd diese Gespräche über den Schweiß, bis einem die Ohren dröhnen.« – »Aber das ist doch eine ganz natürliche Sache, der man sich nicht zu schämen braucht.« – »Wissen Sie, mein Herr, das ist ja beinahe psychologisch, daß jemand, den man darauf hinweist, daß er schwitzt, gleich noch stärker zu schwitzen beginnt.« – »So ist es, gnädige Frau, ich schwimme in diesem Moment förmlich im Schweiß.« Wir danken der Dame und dem Herrn für dieses Gespräch und denken uns: arme weiße Menschen, von den Tropen zermalmt, in den Tropen nach Luft schnappend, wie auf den Sand geworfene Fische, zermatscht, erschlafft, zerquetscht, ausgewrungen und eben – verschwitzt (sie weniger, er um so mehr). Den charakteristischen Schweißkomplex schildern, der bloß eine Abart des Komplexes der Schwäche ist.

Der Weiße fühlt sich in den Tropen geschwächt, geradezu nichtig; daher seine vermehrte Neigung zu Ausbrüchen und Aggressionen. Menschen, die in Europa freundlich, bescheiden, fast demütig sind, lassen sich hier leicht zu Ausbrüchen hinreißen, sind zänkisch, rachsüchtig, suchen Händel, haben größenwahnsinnige Vorstellungen von ihrem eigenen Ansehen und ihrer Bedeutung und prahlen ohne jegliche Selbstkritik mit dem Einfluß, den sie zu Hause genießen. Aus dieser Position der eingebildeten Macht heraus schwören sie ihren Feinden Rache (und dieser Feind ist nicht der Imperialist, sondern der biedere Kollege am Schreibtisch nebenan). Wenn man so einem Menschen sagt: »Mein lieber Herr, klopfen Sie sich doch an die Stirn« (was ich oft gern tun würde), ist er tödlich beleidigt. Die Menschen machen sich zum Narren und sind sich dessen gar nicht bewußt. Andererseits, wenn das nicht so wäre, gäbe es keine Literatur – die Schriftsteller hätten nichts zu beobachten. Alle diese Erscheinungen – die Schwächen und Aggressionen, der Ekel und die Manie – sind Produkte des Tropenkollers, den eine emotionelle Labilität auszeichnet. Da sitzen etwa zwei Freunde seit ein paar Stunden in einer Bar und trinken Bier. Durchs Fenster sind die Wellen des Atlantiks, Palmen, ein Strand voller Mädchen zu sehen. Doch das interessiert sie nicht, sie sind versunken in ihren Koller, die Augen sind tot, die Seelen wund und die Körper müde. Den ganzen Abend sitzen sie stumm und gleichgültig da. Plötzlich packt einer seinen Bierkrug und läßt ihn auf den Schädel seines Gegenübers niedersausen. Ein Schrei, Blut, das Poltern des fallenden Körpers. Was ist passiert? Eigentlich gar nichts oder nur folgendes: Der Koller quält uns, und wir versuchen, uns von ihm zu befreien. Doch die dafür nötige Kraft strömt uns nicht in einem Augenblick zu, es braucht Zeit, bis wir genügend Kraft gesammelt haben, um den Koller zu überwinden. Wir trinken unser Bier und warten auf den ersehnten Moment. Und dabei kommt es durch die Wirkung der Tropen zu einer pathologischen Verschiebung. Wenn nämlich der Augenblick naht, in dem wir unseren Koller in Ruhe und Würde überwinden könnten, gibt es in unserem Inneren mit einem Mal einen Kraftstau, dessen Ursprung wir nicht kennen, einen Stau, der uns zu zerreißen droht, der eine Blutwelle durch unser Gehirn jagt; und um diesen Kraftstau abzuleiten, müssen wir unserem

Freund den Schädel einschlagen. Das ist der Moment, in dem der Koller ausbricht – eine Erscheinung, die alle Tropenreisenden kennen. Wenn wir Zeugen einer solchen Szene werden, brauchen wir nicht einzuschreiten, das ist nicht mehr nötig, mit diesem einen Schlag hat sich der Mann vom Kraftstau befreit und ist nun eine normale, vernünftige, vom Koller befreite Person. Anderes Benehmen unter dem Einfluß des Kollers schildern. Die physiologischen Veränderungen im Zustand der Langeweile: den Schlaf der grauen Zellen, die Fühllosigkeit der Fingerspitzen, den Verlust der Fähigkeit, Farben zu unterscheiden, die allgemeine Dämpfung der Sehkraft, den zeitweisen Verlust des Gehörs usw. Da gäbe es viel zu beschreiben.

Im Inneren des Eisbergs

Als ich die Augen öffnete, sah ich einen weißen, großen Bildschirm, und auf seinem hellen Hintergrund das Gesicht eines schwarzen Mädchens. Ihre Augen musterten mich für einen Moment aufmerksam, dann verschwanden sie zugleich mit dem Gesicht. Nach einiger Zeit erschien der Kopf eines Inders auf dem Bildschirm. Er mußte sich über mich gebeugt haben, weil ich das Gesicht plötzlich in Großaufnahme sah, gleichsam mehrfach vergrößert.

»Gott sei Dank, du lebst«, hörte ich. »Aber du bist krank. Du hast Malaria. *Malaria cerebralis.*«

Ich kam sofort zu mir und wollte mich sogar aufsetzen, doch ich spürte, daß ich keine Kraft besaß, daß ich völlig kraftlos dalag. Malaria cerebralis ist der Schrecken des tropischen Afrika. Früher einmal ging sie in jedem Fall tödlich aus. Aber auch heute noch ist sie gefährlich und oft genug tödlich. Auf der Fahrt hierher waren wir bei Arusha an einem

Friedhof ihrer Opfer vorbeigekommen, den Spuren einer Epidemie, die vor ein paar Jahren hier durchgezogen war.

Ich versuchte mich umzusehen. Der weiße Bildschirm über mir war die Decke des Zimmers, in dem ich lag. Ich war im eben erst eröffneten Mulago Hospital als einer seiner ersten Patienten. Das Mädchen war eine Krankenschwester und hieß Dora, und der Inder war Arzt, Doktor Patel. Sie sagten mir, ich sei am Vortag von einer Ambulanz eingeliefert worden, die Leo gerufen hatte. Leo war nach Norden gefahren, hatte die Murchison-Fälle besichtigt und war nach drei Tagen nach Kampala zurückgekehrt. Er kam in mein Zimmer und fand mich dort bewußtlos liegend. Er lief zur Portiersloge, um Hilfe zu rufen, aber das war gerade an dem Tag, da die Unabhängigkeit Ugandas ausgerufen wurde, weshalb die ganze Stadt tanzte, sang und in Bier und Palmwein schwamm. Leo war ratlos und wußte nicht, was er tun sollte. Schließlich fuhr er selber zum Spital und holte die Ambulanz. Und so lag ich hier, in einem Einzelzimmer, alles war ruhig, wohlgeordnet, alles roch frisch, sauber und nach Ordnung.

Das erste Signal eines bevorstehenden Malariaanfalles ist eine innere Unruhe, die uns plötzlich und ohne ersichtlichen Grund befällt. Etwas ist mit uns geschehen, etwas Schlimmes. Wenn wir an Geister glauben, wissen wir, was das ist: Ein böser Dämon ist in uns gefahren, weil jemand einen Zauber gegen uns gesprochen hat. Dieser Dämon hat uns überwältigt und gefesselt. Wenig später überkommt uns dann auch schon eine Stumpfheit, Lähmung, Trägheit. Gleichzeitig geht uns alles auf die Nerven. Vor allem das Licht stört uns, das Licht hassen wir. Und die anderen Menschen stören uns – ihre lauten Stimmen, ihr abstoßender Geruch, ihre rauhe Berührung.

Doch wir haben nicht viel Zeit für unseren Abscheu und

Ekel. Denn wenig später, manchmal ganz plötzlich, ohne jede Vorwarnung, packt uns der Anfall. Es ist eine plötzliche, gewaltsame Attacke von Kälte. Subpolarer, arktischer Kälte. Da hat uns jemand, nackt und eben noch in der Hölle des Sahels oder der Sahara schmorend, gepackt und mit einem Mal in die eisigen Höhen Grönlands und Spitzbergens geschleudert, mitten in den Schnee hinein, in Eisstürme und Wächten. Was für ein Schlag! Was für ein Schock! Blitzschnell überfällt uns entsetzliche, durchdringende, höllische Kälte. Wir beginnen zu zittern, zu beben, zu bibbern. Doch wir spüren gleich, daß dieses Zittern nicht von der Art ist, wie wir es aus früheren Erfahrungen kennen, aus Zeiten, als wir im winterlichen Frost froren, sondern daß es sich dabei um Zuckungen und Konvulsionen handelt, die uns so gründlich durchschütteln, daß sie uns im nächsten Moment in Stücke reißen werden. Und um uns irgendwie davor zu bewahren, beginnen wir um Hilfe zu rufen.

Was verschafft uns in einem solchen Augenblick die größte Erleichterung? Es gibt eigentlich nur eines, was uns auf der Stelle helfen kann: Jemand muß uns zudecken. Aber nicht so, daß er einfach einen Kotzen, eine Satteldecke oder ein Plaid über uns breitet. Es handelt sich darum, daß uns dieses Material, mit dem wir zugedeckt werden, mit seinem ganzen Gewicht niederdrücken soll, daß es uns in eine Preßform einschließt, uns zermalmt. Ja, genau davon träumen wir in diesem Moment: daß wir zermalmt werden. Wir wünschen uns nichts sehnlicher, als daß uns eine Straßenwalze überrollt!

Einst erlitt ich in einem armen Dorf, wo es keine wärmenden Decken gab, einen starken Malariaanfall. Die Bauern packten mich schließlich unter den Deckel einer Kiste und blieben geduldig so lange darauf sitzen, bis mein ärgster Schüttelfrost vorüber war. Am ärmsten sind Menschen, die einen Anfall von Malaria erleben, aber nichts haben, um sich zuzudecken. Wir sehen sie oft am Wegrand, im Busch oder in den Lehmhütten halb ohnmächtig auf dem nackten Boden liegen, in Schweiß gebadet, wie von Sinnen, während ihre Körper von den rhythmischen Wellen der Malariakrämpfe geschüttelt werden. Doch selbst wenn wir uns in ein Dutzend Decken, Jacken und Mäntel hüllen, klappern wir immer noch mit den Zähnen und stöhnen vor Schmerzen, weil wir spüren, daß diese Kälte nicht von außen kommt – draußen hat es eine Hitze von vierzig Grad! –, sondern daß wir sie in unserem Inneren haben, daß dieses Grönland und Spitzbergen in uns selber sitzt, daß alle diese Eisschollen, Eistafeln und Eisberge durch unseren Körper driften, durch unsere Adern, Muskeln und Knochen. Dieser Gedanke würde uns vielleicht mit Furcht erfüllen, wenn wir uns dazu aufraffen könnten, überhaupt noch etwas zu fühlen. Doch dieser Gedanke kommt uns in einem Moment, da der Höhepunkt des Anfalls nach vielen Stunden langsam abflaut und wir kraftlos in einen Zustand der äußersten Erschöpfung und Ohnmacht versinken.

Ein Malariaanfall bedeutet nicht nur Schmerzen, sondern er ist, wie jeder Schmerz, auch ein mystisches Erlebnis. Wir betreten eine Welt, von der wir noch vor einem Moment nichts wußten, dabei stellt sich jetzt heraus, daß sie gleich neben uns existierte, bis sie uns schließlich übermannte und wir zu einem Teil ihrer selbst wurden: Wir entdecken in unserem Inneren eisige Täler, Spalten und Abgründe, deren Existenz uns mit Leid und Schrecken erfüllt. Doch dieser Moment der Erkenntnis geht vorüber, die Dämonen verlassen uns, machen sich wieder davon und verschwinden, was aber zurückbleibt, unter diesem Gebirge der seltsamsten Entdeckungen, ist wirklich erbarmungswürdig.

Ein Mensch unmittelbar nach einem starken Malariaanfall ist ein körperliches Wrack. Er liegt in einer Pfütze von Schweiß, immer noch fiebernd, kann weder Arme noch Beine rühren. Alles tut ihm weh, er verspürt ein Schwindelgefühl und Übelkeit. Er ist erschöpft, schwach und schlaff. Wenn man so einen Menschen auf Händen trägt, hat man den Eindruck, er besäße keine Knochen oder Muskeln. Und es vergehen viele Tage, ehe er wieder auf die Beine kommt.

Jahr für Jahr leiden in Afrika viele Millionen Menschen an Malaria, und dort, wo sie am häufigsten vorkommt – in niedrig gelegenen, feuchten Gebieten, in Sumpfregionen – stirbt jedes dritte Kind daran. Es gibt verschiedene Arten von Malaria, manche, die harmloseren, macht man wie eine Grippe durch. Aber sogar diese zerstören jeden, der ihnen zum Opfer fällt. Zum einen, weil einem in diesem mörderischen Klima noch das kleinste Unwohlsein schwer zu schaffen macht, und zum anderen, weil die Afrikaner oft schlecht ernährt und geschwächt sind und dauernd Hunger leiden. Es geschieht oft, daß wir hier Menschen begegnen, die schläfrig wirken, apathisch, wie betäubt. Sie sitzen oder liegen stundenlang an Straßen und Wegen herum, ohne etwas zu tun. Wir sprechen sie an, doch sie hören uns nicht, wir schauen sie an, doch wir haben den Eindruck, daß sie uns nicht sehen. Wir wissen nicht, ob sie uns einfach nicht beachten, ob sie Faulpelze und Nichtstuer sind, die nur herumlungern, oder ob sie gerade ein Anfall von Malaria gepackt hat und fertigmacht. Wir wissen nicht, was wir davon halten sollen, was wir tun sollen.

Meine alten Bekannten

Meine alten Bekannten verlassen mich auf zwei Arten: Die einen verschwinden auf den Friedhof, für immer, die anderen bleiben am Leben, doch ich verliere den geistigen Kontakt zu ihnen. Manche erwecken den Eindruck, sie seien nicht älter geworden, hätten keine Erfahrungen gesammelt. Sie sprechen noch dieselbe Sprache wie vor 20–30 Jahren und denken in denselben starren Bahnen. Ich weiß nicht, was ich ihnen antworten, wie ich zu ihnen sprechen soll. Das Bewußtsein dieser Menschen erinnert mich an das Objektiv eines Fotoapparates, in dem nur einmal die Blende geöffnet wurde. Der Film notiert ein gewisses Bild der Welt, dann schließt sich die Blende, und so bleibt es.

Die Einsamkeit des Reporters

Die Einsamkeit des Reporters, der durch die Welt reist, in ferne Länder: Er schreibt über Menschen, die ihn nicht lesen, für Menschen, die sich kaum für seine Helden interessieren.

Er ist einer, der dazwischen steht, zwischen den Kulturen schwebt, die er übersetzt. Seine Frage und sein Problem: Wie weit kann ich in eine andere Kultur eindringen, diese kennenlernen, da sie doch aus internen, geheimen Codes besteht, die wir, die Ankömmlinge aus einer anderen Welt, nicht entziffern und begreifen können.

Epilog:
Pińsk und die Welt

Von jedem Weg denke ich gern, er sei endlos, verlaufe rund um die Welt. Das kommt daher, daß man von meinem Heimatstädtchen Pińsk mit einem Boot in alle großen Welt-meere gelangen konnte. Wenn man vom kleinen, aus Holz erbauten Pińsk aufbrach, konnte man um die ganze Welt segeln.

Busch auf polnisch

Das Feuer trennte und verband uns. Der Junge legte Holz nach, die Flamme stieg höher, erhellte die Gesichter.

»Wie heißt dein Land?«

»Polen.«

Polen war weit, jenseits der Sahara, jenseits des Meeres, im Norden und im Osten. Der Nana wiederholte es laut.

»Richtig?« fragte er. »Richtig«, antwortete ich. »Genau so.«

»Dort gibt es Schnee«, meinte Kwesi.

Kwesi arbeitet in der Stadt, in Kumasi, jetzt war er auf Ur-laub da. Einmal hatte es im Kino, auf der Leinwand, ge-schneit. Die Kinder hatten Beifall geklatscht und gerufen: »anko, anko!«, damit sie noch mal Schnee zeigten. Fein war das: Kleine, weiße Knäuel fallen und fallen.

Diese Länder haben Glück; sie müssen keine Baumwolle anbauen, die Baumwolle fällt vom Himmel. Sie nennen sie

»Schnee«, laufen darauf herum und werfen sie sogar in den Fluß.

Es war Zufall, daß wir in dem Ort steckenblieben. Der Chauffeur, mein Freund aus Accra, Kofi, und ich. Als der Reifen platzte, war es schon dunkel. Es passierte auf einer Nebenstraße, im Busch, in der Nähe des Dorfes Mpango in Ghana. Zu dunkel, um ihn zu reparieren. Ihr könnt euch gar nicht vorstellen, wie dunkel die Nacht sein kann. Man streckt die Hand aus und kann sie nicht sehen. Hier gibt es solche Nächte. Wir gingen ins Dorf.

Der Nana begrüßte uns. Einen Nana gibt es in jedem Dorf, denn Nana bedeutet Vorsteher. Der Vorsteher ist sozusagen ein Schulze, aber er hat mehr Macht. Wenn du Marina heiraten willst, kann der Schulze dich nicht abhalten, aber der Nana kann das. Er hat den Ältestenrat hinter sich. Die Greise halten Versammlungen ab, schalten und walten, erörtern Auseinandersetzungen. Wenn ein Junger sich auflehnt, muß er in die Stadt fliehen. Früher war der Nana ein Gott. Aber jetzt gibt es eine unabhängige Regierung in Accra. Die Regierung erläßt ein Gesetz, der Nana muß es befolgen. Ein Nana, der es nicht befolgt, ist aristokratisch und wird entfernt. Ein großer Nana ist Führer eines Stammes, ein gewöhnlicher Nana ist Führer einer Sippe, und ein kleiner Nana ist Dorfvorsteher. Oft ist der Nana gleichzeitig Zauberer. Dann hat er doppelte Macht: über die Körper und über die Seelen. Die Regierung ist darum bemüht, daß alle Nanas in der Partei sind, und viele Nanas sind Sekretäre der Parteiorganisationen in ihren Dörfern.

Der Nana aus Mpango war knochig und kahlköpfig und hatte schmale, sudanesische Lippen. Kofi stellte sich, den Chauffeur und mich vor. Er erklärte, woher ich sei und daß sie mich wie einen Freund behandeln sollten.

»Ich kenne ihn«, sagte er, »er ist ein Afrikaner.«

Das ist das größte Kompliment, das einem Europäer widerfahren kann. Dann öffnen sich ihm alle Türen.

Der Nana lächelte, und wir drückten uns die Hände. Dem Nana muß man bei der Begrüßung immer mit beiden Händen seine rechte drücken. So erweist man ihm Achtung. Er setzte uns ans Feuer, wo gerade die Alten tagten. Er tat groß und sagte, daß sie oft tagten, was mich nicht wunderte. Das Feuer war mitten im Dorf, und zur Rechten und Linken, die Straße entlang, brannten andere Feuer. So viele Feuer wie Hütten, denn in den Hütten gibt es keinen Herd, und kochen muß man. Vielleicht zwanzig. Man sah also die Feuerstellen, die sich bewegenden Frauen- und Männergestalten, die Umrisse der Lehmhütten, alles vor dem Hintergrund einer Nacht, die so schwarz war, daß man sie wie eine Last spürte, wie eine Beklemmung.

Der Busch war verschwunden, und doch war er überall, er begann hundert Meter von hier; ein unbewegliches Massiv, ein kompaktes, zerfurchtes Dickicht, schloß er das Dorf ein, uns, die Feuer. Der Busch schrie und weinte, stapfte und krachte, lebte, existierte, vermehrte sich und fraß sich auf, roch nach mattem Grün, schreckte und lockte, man konnte ihn anfassen, sich verletzen und sterben, aber anschauen konnte man ihn nicht, in dieser Nacht war er nicht zu sehen.

Polen.

So ein Land kannten sie nicht.

Die Alten schauten mich unsicher oder argwöhnisch an, einige auch neugierig. Ich wollte dieses Mißtrauen irgendwie überwinden. Ich wußte nicht wie und war müde.

»Wo liegen eure Kolonien?« fragte der Nana.

Mir fielen fast die Augen zu, aber jetzt kam ich wieder zu mir. Sie fragten mich oft so. Als erster hatte mich damals Kofi darauf angesprochen. Ich hatte es ihm erklärt. Es war eine Entdeckung für ihn, und von da ab lauerte er ständig auf die Frage nach den polnischen Kolonien, um in einer kurzen Ausführung ihre Absurdität zu enthüllen.

»Sie haben keine Kolonien, Nana. Nicht alle weißen Länder haben Kolonien. Nicht alle Weißen sind Kolonialisten. Du mußt wissen, daß die Weißen oft Kolonialisten den Weißen gegenüber waren.«

Das klang schockierend. Die Alten zuckten zusammen, schnalzten. »Ts, ts, ts«, wunderten sie sich. Früher hatte ich mich gewundert, daß sie sich wunderten. Jetzt nicht mehr. Ich kann diese Sprache nicht ausstehen: weiß, schwarz, gelb. Der Mythos der Rassen ist ekelhaft. Worum geht es da? Daß jemand wichtiger ist, wenn er weiß ist? Bisher hatten die meisten Halunken weiße Haut. Ich sehe keinen Grund, warum man sich freuen oder sich Sorgen machen sollte, daß man so oder so ist. Darauf hat keiner Einfluß. Das einzige, was wichtig ist, ist das Herz. Alles andere zählt nicht.

Später erklärte Kofi:

»Hundert Jahre lang haben sie uns beigebracht, daß Weiß etwas Besseres ist, super, extra. Sie hatten ihre Klubs, ihre Schwimmbäder, ihre Viertel. Ihre Huren, Autos, ihre glucksende Sprache. Wir wußten, daß es auf der Welt nur England gibt, daß Gott Engländer ist und sich über die ganze Erde nur Engländer bewegen. Wir wußten kaum das, von dem sie wollten, daß wir es wissen. Jetzt ist es schwer, sich das abzugewöhnen.«

Mit Kofi war ich einig, wir berührten das Thema der Hautfarbe nicht mehr, aber hier, unter neuen Gesichtern, mußte die Sache wieder aufleben.

Einer der Alten fragte:

»Sind alle eure Frauen weiß?«

»Ja.«

»Sind sie schön?«

»Sehr schön«, antwortete ich.

»Weißt du, Nana, was er gesagt hat?« warf Kofi ein. »Wenn bei ihnen Sommer ist, dann ziehen ihre Frauen sich aus und legen sich in die Sonne, um eine schwarze Haut zu bekommen. Die, die dunkel werden, sind stolz darauf, und die anderen bewundern sie, wenn sie braun wie Negerinnen sind.«

Hervorragend! Na, Kofi, das hast du gut gemacht! Du hast sie ordentlich in Schwung gebracht. Den alten Knochen läuft das Wasser im Mund zusammen bei diesen von der Sonne gebräunten Körpern, ihr wißt ja, wie das ist – die Männer sind auf der ganzen Welt gleich, das gefällt ihnen. Die Alten rieben sich die Hände, freuten sich, Frauenkörper in der Sonne, das Feuer vertrieb ihnen jetzt das Rheuma, sie machten es sich bequem in ihren weiten Kenen nach dem Muster der römischen Togen.

»Mein Land hat keine Kolonien«, sagte ich. Aber es gab eine Zeit, da war mein Land eine Kolonie. Ich schätze eure Geduld, aber bei uns war es schrecklich. Es gab Straßenbahnen, Restaurants, Viertel »nur für Deutsche«. Es gab Lager, Krieg, Hinrichtungen. Ihr kennt keine Lager, Kriege und Hinrichtungen. Das hieß Faschismus. Das ist der schlimmste Kolonialismus.«

Sie hörten zu, runzelten die Stirn und schlossen die Augen. Merkwürdige Dinge sind da gesagt worden, die Gedanken müssen das verarbeiten. Zwei Weiße die nicht zusammen in einer Straßenbahn fahren können.

»Sag, wie sieht eine Straßenbahn aus?«

Die Realien sind wichtig. Vielleicht können sie nicht zusammen fahren, weil es zu eng ist. Nein, es ist nicht eng, hier geht es um Verachtung. Ein Mensch tritt den anderen mit Füßen. Nicht nur Afrika ist ein verfluchtes Land. Jedes Land kann es sein. Europa, Amerika, viele Orte gibt es auf der Erde. Die Welt hängt von den Menschen ab. Natürlich kann man die Menschen in verschiedene Typen einteilen. Zum Beispiel der Mensch in der Haut einer Schlange. Die Schlange ist weder schwarz noch weiß. Sie ist schlüpfrig. Ein Mensch in schlüpfriger Haut. Das ist das Schlimmste.

»Und später waren wir frei, Nana. Wir bauten Städte, in die Dörfer kam das Licht. Wer nicht lesen konnte, lernte es.«

Der Nana stand auf und drückte mir die Hand. Die übrigen Alten ebenso. Jetzt waren wir *friends, drusja, amigos*. Ich wollte etwas essen. In der Luft roch es nach Fleisch. Nicht nach Dschungel, Palmen oder Kokosnüssen, sondern nach Schweinekotelett für 11,60 Złoty im masurischen Gasthof. Und ein großes Bier.

Statt dessen aßen wir Ziege.

Polen –

– es schneit, Frauen in der Sonne, keine Kolonien, früher Krieg, man baut Häuser, jemand bringt jemandem Lesen bei.

Etwas habe ich doch gesagt, sage ich mir. Für Einzelheiten ist es zu spät, ich möchte schlafen, im Morgengrauen fahren wir weg; hierbleiben, um einen Vortrag zu halten, ist unmöglich.

Aber plötzlich fühlte ich mich beschämt, unbefriedigt – das Gefühl nach einem Fehlschluß. Das, was beschrieben wurde, ist nicht mein Land. Moment mal: Schnee, keine Kolonien – das stimmt doch. Aber das ist nichts, nichts von dem, was wir wissen, was wir in uns tragen, ohne uns darüber Gedanken zu machen, was unser Stolz und unsere Verzweiflung ist, unser Leben, unser Atem, unser Tod.

»Also, Nana« – Schnee, das stimmt, er ist wunderbar und schrecklich, er befreit dich in den Bergen auf den Skiern und bringt einen Betrunkenen am Zaun um, Schnee, im Januar, die Januaroffensive, Asche, alles Asche – Warschau, Breslau und Stettin, Backstein, die Pfoten werden kalt, der Wodka wärmt, der Mensch legt Backsteine, hier wird das Sofa stehen und hier der Schrank, das Volk kommt in die Stadtmitte, Eis auf den Scheiben, Eis auf der Weichsel, Wassermangel, wir fahren ans Wasser, ans Meer, Sand, Wald, Hitze, Sand, Zelte und Mielno, ich schlafe mit dir, mit dir, mit dir, jemand weint, es ist leer und Nacht, also weine ich, diese Nächte, unsere Versammlungen bis zum Morgen, harte Diskussionen, jeder sagt etwas, Genossen! Glanz und Sterne, in Schlesien, die Öfen, August, siebzig Grad in den Öfen, die Tropen, unser Afrika, schwarz und heiß, heiße Wurst, warum geben Sie eine kalte, Moment, Kollege, treten Sie ein, Kollege, kein Jazz, logo, Sienkiewicz und Kurylewicz, Keller, Feuchtigkeit, da faulen die Kartoffeln, kommt, ihr Weiber, Erdäpfel behacken, Weiber in Nowolipki, bitte schneller durchgehen, kein Wunder, was heißt das, hübsch ist das im Krieg, laßt mir meine Ruhe mit dem Krieg, wir wollen leben, uns freuen, glücklich sein, ich sag dir was, du bist mein Glück, Wohnung, Fernsehapparat, nein, zuerst ein Motorrad, wenn das brummt, Lärm macht, erwachen die Kinder im Park statt zu schlafen, so eine Luft, keine Wolken, kein Zurück, Kerle zum Pferdestehlen, warum nicht zum Arbeiten, wenn wir das nicht lernen, unsere Schiffe fahren über alle Meeren, Erfolge beim Export, Erfolge beim Boxen, die Jugend in Handschuhen, feuchte Handschuhe ziehen Traktoren aus der Erde, Nowa Huta, man muß bauen, Tychy und Wizow, farbige Häuser, Aufstieg des Landes, Aufstieg der Klasse, gestern Hirte, heute Ingenieur, die TH fährt immer schwarz, feine Ingenieure, Lachen in der Straßenbahn (sag, wie sieht eine Straßenbahn aus), ganz einfach, vier Räder, ein Bügel, aber es reicht, es reicht, das ist eine Chiffre, nur Zeichen im Busch, in Mpango, der Schlüssel zu der Chiffre liegt in meiner Tasche.

Wir nehmen ihn immer mit in fremde Länder, in die Welt, zu anderen Menschen, und es ist der Schlüssel unseres Stolzes und unserer Ohnmacht. Wir kennen kein Schema, aber es ist nicht möglich, ihn anderen zugänglich zu machen. Es wird immer nicht da sein, selbst dann, wenn man es unbedingt will. Etwas wird nicht gesagt werden, das Wichtigste, das Wesentlichste.

Ein Jahr meines Landes erzählen, ganz egal welches, sagen wir 1957, nur einen Monat dieses Jahres, nehmen wir den Juli, nur einen Tag, sagen wir den sechsten.

Es ist nicht möglich.

Und doch existiert dieser Tag, dieser Monat, dieses Jahr in

uns, muß existieren, denn es gab doch damals, wir gingen die Straße entlang, förderten Kohle, fällten Holz, wir gingen die Straße entlang, wie kann man eine Straße in einer Stadt beschreiben (zum Beispiel in Krakau), so, daß sie ihre Bewegung, ihre Atmosphäre spüren, das, was dauert, und das, was sich verändert, ihren Geruch und Lärm, so, daß sie sie sehen.

Sie sehen sie nicht, nichts sieht man, es ist Nacht, Mpango, dichter Busch, Ghana, langsam verlöschen die Feuer, die Alten gehen schlafen, wir auch gleich (im Morgengrauen fahren wir ab), der Nana döst, irgendwo fällt Schnee, Frauen wie Negerinnen, denkt er, sie lernen lesen, so etwas hat er gesagt, denkt er, sie hatten Krieg, uuuch Krieg, das hat er gesagt, ja, keine Kolonien, keine Kolonien, dieses Land, Polen, weiß, und keine Kolonien, keine Kolonien, dieses Land, Polen, weiß, und keine Kolonien, denkt er, der Busch schreit, seltsam diese Welt.

Natürlich habe ich furchtbare Dinge erlebt. Aber es gibt kein Land, in das ich nicht gerne zurückginge. Ich mag wohl die Menschen. Ich habe fast überall hilfsbereite, offene Leute getroffen. Das ist natürlich Reporterglück, und über die entsprechenden Länder sagt man dann bei der Abreise, sie seien interessant.

Anhang

Nachweis der Texte dieses Bandes:

Abkürzungen der ins Deutsche übersetzten Bücher Ryszard Kapuścińskis:
Soweit nicht anders vermerkt, wurden die Texte von Martin Pollack ins
Deutsche übertragen

Lapidarium = L
Die Welt im Notizbuch = NZ
Der Fußballkrieg = F
König der Könige = K
Schah-in-schah = S
Wieder ein Tag Leben (Angola) = WT
Imperium = I
Afrikanisches Fieber = A

Anfangsmotti
aus: »Womit ich mich auskenne, das sind Menschen«, Interview mit Edith
Heller. Frankfurter Rundschau, 16.3.1994 / L 31/ NZ 80

1. Anfänge in der Dritten Welt Europas

Pińsk
Holzschuhe und Kuhweide (Titel Hg.) NZ 42
Gedächtnisübungen (Erstabdruck in: *Das Ende. Autoren aus neun Ländern erinnern sich an die letzten Tage des Zweiten Weltkriegs*, Köln: Kiepenheuer & Witsch
1985, S. 207-220)
Geschichtsstunden nach dem Krieg (Titel Hg.) NZ 102f.
Begegnung mit einer anderen Welt (übersetzt von Edith Heller, Erstabdruck:
Der Standard, 17.11.1995)

Polen und die Anfänge
Motto aus: »Am Montag verboten, am Freitag gedruckt«, Interview mit
Burkhard Baltzer, Saarbrücker Zeitung, 9.1.1995
Notizen von der Ostseeküste (1980), Erstabdruck, gekürzte Version in 32–38

2. In die weite Welt

Motti aus: »Europortrait Ryszard Kapuściński«, Interview mit Ina Boesch, Radio DRS 2 und »Der Augenzeuge«, Interview mit Harald Willenbrock, Medium Magazin 4/93

Als Korrespondent in Afrika

Motto aus: »Ehrlich gesagt: Ich mag Malaria«, Interview mit Andrea Seibel und Jörg Lau, taz, 19.3.1994

Die Geburt der Dritten Welt (Titel Hg.): aus: »Der Augenzeuge«, Interview mit Harald Willenbrock, Medium Magazin 4/93

Im Herz der Finsternis (Titel Hg.): F45-50; 77-97

Der Weg nach Kumasi: A 17-21

Eine Stadt wird zugemacht: WT 5-34

Meine kleine Gasse: A 110-119

Abkühlende Hölle: A 232-237

Im Schatten der Eukalyptusbäume (Titel Hg.): A278-80

Von der Heimkehr

Motto aus: »Malaria ist etwas Wundervolles«, Interview mit Lars Reichardt und Norbert Thomma, Der Tagesspiegel, 22.8.1999

Wenn ich am Schreibtisch sitze, fühle ich das Ende nahen (Titel Hg.): F 236-241

Lateinamerika

Motto: L 12

Südamerikanischer Barock (Titel Hg.): F 243-249

Der Fußballkrieg: F 251-289

Von Hindernissen und Hinterhalten

Brennende Barrikaden: F193-202

Fetascha: K 35-39

Ein Hinterhalt (Titel Hg.): A 148-150

Biograph der Macht

Über *König der Könige*: Aus einem Gespräch mit Hans Magnus Enzensberger, K 252-255

Aus: *König der Könige* K 5-25;

Über die iranische Revolution (Titel Hg.): NZ 48-50

Aus *Schah-in-schah*: S 143-152; 164-172

Über das Schreiben

Motto: L 128

»Geschichte im Werden«: Aus einem Gespräch mit Frank Berberich, Lettre International Berlin, Nr. 29, Sommer 1995, S. 66-68

Stimmung der Andacht zum Schreiben: L 143

Physischer Kontakt zum Schreibgerät: L 143

Schreiben ist ein Dialog: NZ 205

3. Nach dem Fall des Kommunismus

Motto aus: »Maastricht wird von innen gesprengt«. Ein Gespräch zwischen Hans Magnus Enzensberger und Ryszard Kapuściński, Interview mit Adam Krzemiński, Wochenpost, 26.5.1994

Deutschland, Amerika und die westliche Welt

Motto aus: »Ehrlich gesagt: Ich mag Malaria«, Interview mit Andrea Seibel und Jörg Lau, taz, 19.3.1994

Aus Köln, 1984: L 96-100; Aus Berlin, 1994: NZ 62; 248f. Aus Berlin, 1996: 271f.; Aus London, 1993: NZ 120; Aus Zürich, 1993: NZ 126; Aus New York, 1983: L 131f., L 76f., L 81, L 82; Aus New York, 1988: L204; L 227: Modelle des Konsums: L 58; Tendenzen der modernen Welt: NZ 2623

Paradoxe der Macht

Motto aus: »Ryszard Kapuściński«, Artikel und Gespräch mit Krisztina Koenen, FAZ-Magazin, Juni 1991

Die irrationalen Momente der Geschichte (Titel Hg.): NZ160

Anatomie eines Staatsstreichs: A 101-107

Macht und Revier (Titel Hg.): L 12

Architektur der Macht: F 296-299

Die Stille in Diktaturen (Titel Hg.): F 289-291

Timur Lenk und die Schönheit (Titel Hg.): I 103-105

Das Sowjetische Imperium

Motto: NZ 116

Die Existenz Europas: »Maastricht wird von innen gesprengt«. Ein Gespräch zwischen Hans Magnus Enzensberger und Ryszard Kapuściński, Interview mit Adam Krzemiński, Wochenpost, 26.5.1994

Das Dritte Rom: I 109-112 ,

Stacheldraht (Titel Hg.): I 34-40

Am Feuer erfrieren: I 185-211
Über die Pfützen hüpfen: I 239-244

Von Krankheiten und der Einsamkeit des Reporters
Motto aus: »Malaria ist etwas Wundervolles«, Interview mit Lars Reichardt und Norbert Thomma, Der Tagesspiegel, 22.8.1999
Tropenkrankheit/Tropenkoller: F 227-231
Im Inneren des Eisbergs: A 56-59
Meine alten Bekannten: L 93
Die Einsamkeit des Reporters: NZ 236

Epilog: Pińsk und die Welt
Motto: NZ 149
Busch auf polnisch: Übersetzt von Renate Schmidgall (Erstdruck: Wochenpost 7.4.1994)

Abschlußmotto aus: »Ehrlich gesagt: Ich mag Malaria«, Interview mit Andrea Seibel und Jörg Lau, taz, 19.3.1994

Kurzes über Ryszard Kapuściński

Es muß irgend etwas mit ihm zu tun haben. Eine Art Aura? Wer weiß.

Selbst als ich mit ihm an einem verträumt-sonnigen Tag auf der Terrasse eines unscheinbaren Cafés im menschenleeren Warschau saß, die Straßen leergefegt – es war Nationalfeiertag, der zweite von dreien, das Wetter wunderbar, die Stadtbevölkerung auf den Datschen oder bei Verwandten auf dem Land –, blitzte plötzlich ein Gefühl der Gefahr auf, das den Adrenalinspiegel nach oben trieb.

»This man is from Ukraine«, hatte er mit einem seltsam beunruhigt-vergnügten Blick gesagt, als er, nahe der Warschauer Innenstadt, seinen bescheidenen Kleinwagen neben einen neuen, breiten Straßenkreuzer parkte, in dem regungslos ein Mann saß, »is Mafioso, I hope he won't shoot us.« Ich hatte es für einen Scherz gehalten, aber als wir im Café saßen, ich mit den Rücken zum Parkplatz und Ryszard Kapuściński, statt konzentriert auf unser Gespräch zu achten, ständig – und wie ich fand – immer auffälliger den Kopf wie ein nervöser Vogel in Richtung jenes Mannes reckte, wurde mir doch ein wenig mulmig.

Auf meine ein wenig beunruhigte Frage, woran er denn den Mafioso erkannt haben wolle, meinte er nur »you see it from number plate«. Hier habe er noch nie die Mafia gesehen, da sei etwas im Gange. Während ich mit zart angespannter Nackenmuskulatur versuchte, möglichst demonstrativ ruhig sitzenzubleiben und die Konzeption von »Die Erde ist ein gewalttätiges Paradies« zu erläutern, drehte ich hin und wieder den Kopf in Richtung Parkplatz – und richtig: Der Mann aus dem Auto war ausgestiegen, stand eine Zeitlang zigaretterauchend am Straßenrand, dann fuhr ein Kleinbus mit vier recht finster dreinblickenden Männern vor, es gab eine kurze Beratung, unser Mann, er hatte offenbar das Sagen, schnippte die Zigarette weg, bestieg seinen Straßenkreuzer, parkte ihn aus, und der Kleinbus mit den vier nun nervös im Wageninneren hin und her ruckenden Gestalten folgte servil seiner Spur.

Die Schießereien fänden eigentlich immer auf der anderen Flußseite statt, das Warschau dort sei eine völlig andere Stadt, als der Teil, in dem wir hier säßen – aber hier habe er noch nie ein Kommando sich treffen und formieren sehen, erklärte mir, sichtlich gut gelaunt und mit einer Mischung aus fast kindlicher Neugier und Erstaunen immer noch dem davonfahrenden Wagen nachlinsend, mein Gesprächspartner.

Ob er recht hatte, ich weiß es nicht, aber eigentlich muß Ryszard Kapuściński es wissen. Schließlich saß ich mit einem Mann zusammen, der unlängst in einem Interview auf die Bemerkung, er habe über 30 Revolutionen, Staatsstreiche und Kriege miterlebt, geantwortet hatte: »Eine genaue Zahl kann ich nicht nennen, weil es ständig irgendwo Umstürze gab.«

Daß er sie nicht nur er-, sondern und vor allem überlebt hat, verdankt er wahrscheinlich auch ebenjener hellwachen, aber unschuldig-kindlich wirkenden Aura der Gutmütig- und Harmlosigkeit, die er auch jetzt ausstrahlte.

Der Mann, dem ich gegenübersaß, war am 4.3.1932 in dem kleinen Ort Pińsk geboren worden, aber schon 1956/57, nach den Wirren des Weltkriegs, dem umgestoßenen Plan, Priester zu werden, und dem Geschichtsstudium, hatte seine erste große Reise ihn nach Indien, Pakistan, Afghanistan, Japan und Honkong geführt; dann war er Berichterstatter in China gewesen. 1962 bis 1967 war er als Auslandskorrespondent der polnischen Nachrichtenagentur PAP in Afrika, 1967-1972 in Lateinamerika gewesen und ab 1973 für PAP und andere Zeitschriften und Zeitungen immer auf Reisen. Erst seit 1981, als die polnische Wochenzeitung *Kultura*, für die er damals arbeitete, nicht zuletzt wegen seines (in der vorliegenden Sammlung aufgenommenen) Artikels zu den

Streiks an der polnischen Ostseeküste, geschlossen wurde, ist er freier Schriftsteller. Und nur einmal, 1989, als er für einen Posten als Diplomat oder als Minister gehandelt wurde, überlegte er kurz, ob er seinen Beruf gegen einen anderen eintauschen sollte. Aber er zog es vor, das zu bleiben, was er war und womit er berühmt und wahrlich wirksam geworden war – eine einzigartige Mischung aus Reporter, Geschichtsphilosoph und Schriftsteller.

Seine Entscheidung ist ein Gewinn für die Literatur, denn eine Weltkenntnis, die seiner gleichkommt, haben – wenn überhaupt – wohl nur ganz wenige Zeitgenossen aufzuweisen. Wer außer ihm hat Reden von Nasser und Nkrumah mit eigenen Ohren gehört, Salvador Allende, Idi Amin, Ché Guevara und Patrice Lumumba persönlich getroffen, und wer wäre dazu gleichzeitig fähig, die Codes der Gewalt und der Herrschaft zu beschreiben wie er? Seine Bücher, vor allem die veröffentlichten Teile seiner Trilogie der Macht (*König der Könige*, *Schah-in-schah*, das über Idi Amin blieb Projekt, in *Afrikanisches Fieber* ist ihm dafür ein Kapitel gewidmet) wurden auf der ganzen Welt als aktuelle Studien und allgemeingültige Parabeln gelesen – in totalitären oder kommunistischen Staaten wie in den Großraumbüros von Firmenimperien gleichermaßen. In vielen Ländern waren sie lange Zeit verboten – heutzutage ist das, so Kapuściński, nur in China noch der Fall. In über dreißig Sprachen sind Ryszard Kapuścińskis Bücher übersetzt, nicht nur Politiker, auch Schriftsteller wie Salman Rushdie, Tom Stoppard, John Updike und Hans Magnus Enzensberger gehören zu den erklärten Fans des polnischen ›Reporters des Jahrhunderts‹.

Da saßen wir also, an jenem verschlafenen Tag in der Maihelle Warschaus und sahen der davonfahrenden Wagenkolonne nach; welchen Grund hätte es geben sollen, an seiner Sicht der Dinge zu zweifeln?

Wolfgang Hörner

Bibliographie:

Busz po polsku. Historie przygodne (Busch polnisch. Unvorhergesehene Geschichten) 1962; *Czarne gwiazdy* (Schwarze Sterne) 1963; *Kirgiz schodzi z konia* (Der Kirgise steigt vom Pferd) 1968; *Gdyby cała Afryka...* (Wenn ganz Afrika...) 1971; *Dlaczego zginął Karl von Spreti* (Warum Karl von Spreti ums Leben kam) 1970; *Chrystus z karabinem na ramieniu* (Christus mit dem Karabiner über der Schulter) 1975; *Jeszcze dzień życia* (Wieder ein Tag Leben. Innenansichten eines Bürgerkriegs, dt. 1994) 1976; *Wojna futbolowa* (Der Fußballkrieg, dt. 1990) 1978; *Cesarz* (König der Könige, dt. 1984) 1978; *Szachinszach* (Schah-in-schah, dt. 1986) 1982; *Notes* (Notizen, Gedichte) 1987; *Lapidarium* (Lapidarium, dt. 1992) 1990; *Imperium* (Imperium, dt. 1993) 1993; *Heban* (Afrikanisches Fieber, dt. 1999) 1998; *Lapidarium II, Lapidarium III* (Die Welt im Notizbuch, dt. 2000) 1996 / 1997; *Z Afryki* (Aus Afrika, Bildband, dt. 2000) 2000; *Lapidarium IV* und *Lapidarium V* (Notizen eines Weltbürgers, dt. 2007) 2000 und 2002; *Autoportet reportera* 2003; *Podróże z Herodotem* (Meine Reisen mit Herodot, dt. 2005) 2004; *Prawa natury* (2006); *Ten Inny* 2006; *Lapidarium VI* 2007.

Lieve Joris
Die Tore von Damaskus
Eine arabische Reise.
Aus dem Niederländischen von
Barbara Heller. 301 Seiten.
Piper Taschenbuch

Wie ein Roman liest sich die Geschichte der jungen syrischen Soziologin Hala, die mit ihrer Tochter Asma allein in Damaskus lebt. Zwölf Jahre zuvor hatte die Geheimpolizei bei einer Razzia Halas Wohnung gestürmt und ihren Mann Ahmed verhaftet – er war Marxist. Halas Leben wird nun bestimmt von der konservativen Familie ihres Mannes, der wechselhaften Tagespolitik und ihrem eigenen Wunsch nach einem selbständigen, unabhängigen Leben. Lieve Joris begleitet sie auf ihren Fahrten kreuz und quer durchs Land, wo sich karge Wüstenlandschaften und üppige Oasen abwechseln, modernste Großstädte und kleine Dörfer. Hinter dieser farbenprächtigen Welt verbirgt sich jedoch Halas Lebenstragödie, denn längst hat sie aufgehört, ihren Mann zu lieben. Nun aber steht eine Amnestie bevor und damit auch die Rückkehr von Ahmed …

Ryszard Kapuściński
Die Welt im Notizbuch
Aus dem Polnischen von Martin
Pollack. 336 Seiten.
Piper Taschenbuch

Kaum ein Mensch hat so viel von der Welt gesehen wie Ryszard Kapuściński. Er war einer der bedeutendsten Journalisten der Gegenwart. In »Die Welt im Notizbuch« beobachtet er globale Entwicklungen wie mikroskopische Details, stellt sie nebeneinander, verbindet oder reflektiert sie, bezieht sie in verblüffender Weise aufeinander. Aus Gedankensplittern, Reportagen, Fragmenten und Essays vieler Jahre formt sich eine Welt, die wir zu kennen meinten, die wir so aber noch nie gesehen haben.

»Manchmal ist Ryszard Kapuściński mehr als ein Reporter, sicher kein Soziologe, aber ein erzählender, reisender, phantasierender Geschichtsdenker.«
Frankfurter Allgemeine Zeitung

05/1071/02/L   05/1420/03/R

Martin Dugard
Auf nach Afrika!
Stanley, Livingstone und die Suche nach den Quellen des Nils. Aus dem Amerikanischen von Ulrike Frey. 336 Seiten mit 25 Abbildungen. Piper Taschenbuch

Am 4. April 1866 marschiert der große britische Afrikareisende David Livingstone mit seiner Karawane in Sansibar los, um die Quellen des Nils zu finden. Mit dem Augenblick, in dem er den Urwald betritt, verschwindet er für die Außenwelt von der Bildfläche, verschluckt vom sumpfigen Dickicht des Dschungels. Fünf Jahre später glaubt niemand mehr, daß Livingstone noch leben könnte. Bis sich der Draufgänger und Sensationsjournalist Henry Morton Stanley in die Sümpfe und Wälder im Herzen Afrikas aufmacht – und in sein größtes Abenteuer stürzt …

»Dugard beschreibt einen Kontinent, der von Kriegen, Krankheiten und sengender Hitze geprägt ist. Und schildert gleichzeitig eine einzigartige Landschaft, die selbst den erfahrenen Livingstone immer wieder aufs neue beeindruckt hat.«
Süddeutsche Zeitung

Andreas Pröve
Mein Traum von Indien
Mit dem Rollstuhl von Kalkutta bis zur Quelle des Ganges. 325 Seiten und 21 Farbfotos von Andreas Pröve und Nagender Chhikara. Piper Taschenbuch

Wer bis jetzt geglaubt hat, dass Rollstuhlfahrer keine großen Abenteuerreisen unternehmen können, wird eines Besseren belehrt. Mit seinem für extreme Touren umgerüsteten roten Rollstuhl folgt Andreas Pröve dem Ganges über 2700 Kilometer von Kalkutta bis zu seiner Quelle im Himalaja. Für ihn die Erfüllung eines persönlichen Traums und – eine ganz normale Reise.

»Andreas Pröve versteht es, mit ansteckendem Witz und der Offenheit dessen zu erzählen, der das Leben liebt.«
Globetrotter

PIPER

Erstmals auf Deutsch: frühe polnische Reportagen von Ryszard Kapuściński

Ryszard Kapuściński
Ein Paradies für Ethnographen
Polnische Geschichten
124 Seiten / geb./SU
€ 16,95 (D) / sFr 27,90 / € 17,50 (A)
ISBN 978-3-8218-5837-1

Die Helden in Kapuścińskis Reportagen, die in Wahrheit immer auch grandiose Erzählungen sind, sind kleine Leute: Umsiedler, die das Schicksal von einem Ende Polens an das andere geworfen hat, Menschen auf der Suche nach Arbeit und besseren Löhnen, deutsche Frauen, die sich nach Kriegsende nicht mehr zurechtfinden.
Die große Politik bleibt ausgesperrt, stattdessen belauscht Kapuściński die Gespräche und findet Geschichten, in denen die Wirklichkeit der Zeit – der fünfziger und sechziger Jahre in Polen – unvergleichlich aufscheint.

eichborn
der verlag mit der fliege